Dias em Trujillo

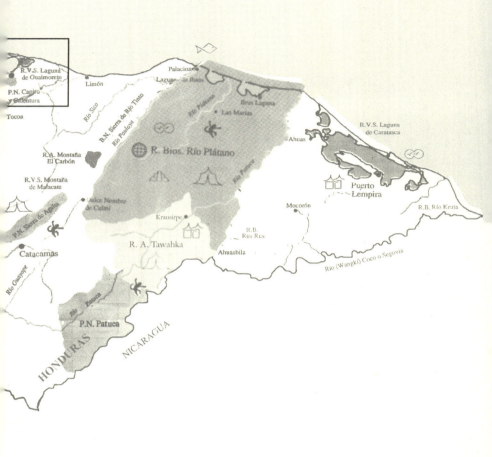

Supervisão Editorial:	J. Guinsburg
Assessoria Editorial:	Plinio Martins Filho
Tradução:	Sylvia Hedwig Layher Takeda e Sonia I. Fantauzzi
Revisão de Texto:	Sérgio Sálvia Coelho
Revisão de Provas:	Cristiane Layher Takeda
Projeto Gráfico:	Adriana Garcia
Capa:	T. B. Martins e Plínio Martins Filho
Produção:	Ricardo W. Neves e Adriana Garcia

RUY COELHO

DIAS EM TRUJILLO
UM ANTROPÓLOGO BRASILEIRO EM HONDURAS

Prefácio de Antonio Candido

Dados Internacionais de Catalogação na Publicação (CIP)
(Câmara Brasileira do Livro, SP, Brasil)

Coelho, Ruy, 1920-1990
   Dias em Trujillo : um antropólogo brasileiro em
Honduras / Ruy Coelho ; prefácio de Antonio
Candido ; [tradução Sylvia Hedwig Layher Takeda e
Sonia I. Fantauzzi]. -- São Paulo :
Perspectiva : CESA - Sociedade Científica de Estudos
da Arte , 2000.

   ISBN 85-273-0227-6

   1. Antropologia social - Honduras 2. Coelho,
Ruy, 1920-1990 3. Negros - Honduras 4. Trujillo
(Honduras) - Condições sociais I. Candido,
Antonio, 1918- II. Título: Um antropólogo
brasileiro em Honduras.

00-2739   CDD-306.097283

      Índices para catálogo sistemático:
   I. Honduras : Antropologia social : Sociologia
      306.097283

Direitos reservados à
EDITORA PERSPECTIVA LTDA.
Av. Brigadeiro Luís Antônio, 3025
01401-000 – São Paulo – SP – Brasil
Tel.: (0--11) 3885-8388
Telefax: (0--11) 3885-6878
www.editoraperspectiva.com.br
2000

Sumário

Nota de Edição... 7
Prefácio... 9

1947.. 15

Outubro... 17
Novembro.. 23
Dezembro.. 51

1948.. 69

Janeiro... 71
Fevereiro... 93
Março.. 117
Abril.. 121
Maio.. 145
Junho.. 189
Julho... 251

NOTA DE EDIÇÃO

O texto que se lerá a seguir não foi escrito para a publicação. Trata-se de uma exigência acadêmica da Northwestern University, um relatório diário sobre o andamento da pesquisa que serviria de base para a tese de doutorado do autor, sob a orientação de Melville Herskovits. Escrito originalmente em inglês, e enviado regularmente de Trujillo em Honduras para a faculdade norte-americana entre outubro de 1947 e julho de 1948, o diário de campo foi preservado sob forma de cópia em carbono e permaneceu inédito até hoje, quando é publicado graças aos esforços da Editora Perspectiva e da Sociedade Científica de Estudos da Arte (CESA), constituindo assim o primeiro volume de uma série que abrangerá os escritos esparsos de Ruy Galvão de Andrada Coelho.

Por não se tratar propriamente de um texto acadêmico, o leitor notará uma variação de tons que vai do meramente descritivo até o confessional não destituído de valor estético (tendo sido o autor um profundo conhecedor do universo proustiano, suas observações pessoais denotam uma unidade de estilo de quem se vê, na última linha do diário, como "o cronista dos últimos dias de Trujillo"). Alguns termos em Caraíba e outras alusões a dados culturais são referidos sem maiores explicações no texto original, pelas mesmas razões. Para não desestimular o leitor não especialista, esta edição insere algumas notas explicativas, que se baseiam em sua maior parte na própria tese de doutorado do autor ("Os Caraíbas Negros de Honduras", a ser publicada em breve por esta editora). No entanto, sendo essencialmente o presente diário o relato da busca pelo sentido desses mesmos termos, tais notas não são extensivas, para que o leitor não se prive de compartilhar com o autor, no correr de seus *Dias em Trujillo*, da progressiva familiaridade com a cultura caraíba.

Prefácio

Este livro é a tradução do diário de campo de Ruy Coelho, escrito em inglês durante a pesquisa que levou a cabo em Honduras, de outubro de 1947 a julho de 1948, a fim de colher material para a sua tese de doutorado na Universidade de Northwestern, defendida e aprovada em 1954. Um dos requisitos era que o pesquisador enviasse constantemente ao orientador o registro das atividades quotidianas: daí a formação de um texto como este. A tese, *The Black Carib of Honduras*, traduzida para português com o título "Os Caraíbas Negros de Honduras" e publicada em 1964, focaliza a forte unidade cultural do grupo estudado, que conseguiu fundir de maneira harmoniosa a herança das etnias africanas originárias com a indígena e a espanhola, de maneira a se poder falar, segundo Ruy Coelho, mais em síntese do que em sincretismo.

Os caraíbas negros descendem de africanos apresados nos séculos XVI e XVII e destinados à América, mas foragidos em conseqüência de naufrágios dos navios negreiros nas costas da Ilha de São Vicente, uma das Pequenas Antilhas, aos quais se juntaram escravos foragidos de ilhas próximas. Eles ocuparam parte de São Vicente, miscigenaram-se pouco com os habitantes, índios caraíbas, mas adotaram a sua língua e assimilaram muito dos seus costumes e crenças, a ponto de chegarem a se considerar descendentes deles. Daí a designação étnica.

Os caraíbas negros tiveram uma história agitada por tensões e conflitos armados com os colonizadores franceses e ingleses, conseguindo manter identidade e independência que os tornaram incômodos, de tal modo que os ingleses acabaram por deportar quase todos eles no fim do século XVIII para a Ilha de Roatan e o vizinho litoral do Mar das Caraíbas, onde são hoje os países Belize, Guatemala e Honduras. Da vida anterior na Ilha de São Vicente ficou em sua tradição uma idéia de paraíso perdido. Cristianizados na Segunda metade do século XIX, mantiveram contudo muito das crenças, sem que uma linha religiosa prejudicasse a outra, e com isso se destacaram pela fisionomia cultural própria. Em Honduras, quando Ruy Coelho os estudou, localizavam-se numa faixa estreita ao longo do litoral, em número de aproximadamente 20.000, ou seja, menos de 2% da população do país, formada na maioria absoluta por índios e mestiços de índio e branco*.

A pesquisa se desenvolveu na pequena cidade de Trujillo, que tivera momentos de maior importância, mas, no momento, era uma pequena aglomeração de 3.500 habitantes. O campo de trabalho foi escolhido por sugestão do orientador da tese em Northwestern, Melville J. Herskovits, especialista nos estudos afro-americanos. Ruy Coelho se ajustou bem na localidade e um dos aspectos interessantes do diário é o prestígio que adquiriu, a confiança e estima que despertou pela sua personalidade aberta e a sua invariável polidez, além do saber notório. A comunidade se sentiu visivelmente honrada por ser objeto da atenção de alguém cujo valor pressentiu, e muitos lastimaram a partida de "Don Ruy".

Interessado basicamente na aculturação, ele deu realce ao estudo de suas conseqüências na vida mágico-religiosa, que entre os caraíbas negros é rica e cheia de aspectos interessantes. Para eles, a alma é tríplice, e como uma das suas partes componentes pode permanecer algum tempo na terra depois da morte, há toda a sorte de relações entre o mundo natural e o sobrenatural, suscitando um culto dos mortos cujos ritos e práticas constituem fator poderoso de sociabilidade.

Ruy Coelho estudou tais relações não apenas analisando as práticas coletivas, mas procurando penetrar na mente dos indivíduos pela observação participante, a entrevista e o teste de Rorschach, no qual se havia iniciado por sugestão de Irving Hallowell graças a um curso no Instituto Rorschach de Nova York em 1946. Em seguida pôde adquirir o tirocínio necessário como colaborador de Hallowell numa pesquisa entre os índios Ojibwa de Lac du Flambeau, no Estado de Wisconsin.

Ao longo do diário nós o vemos mencionar as aplicações do teste e a receptividade variável das pessoas em relação a ele. Mas o seu interesse abrangia toda a cultura, que estudou com penetração, publicando resultados parciais, antes da tese, em estudos de relevo, sobre o conceito de alma, no *Journal de la Société des Américanistes*; sobre a couvade, em *Man*; sobre as

---

* Os dados sobre a história dos caraíbas negros foram extraídos da tese de Ruy Coelho.

festas, em *Anhembi*. Na tese tudo isso se enraíza numa visão ampla, na qual predomina, todavia, o setor dedicado aos fenômenos mágico-religiosos.

O convívio com os habitantes lhe permitiu traçar o perfil de vários tipos humanos e compreender a dinâmica da comunidade, na qual acabou por inserir-se, chegando não raro ao nível da confidência. Muito interessante sob este aspecto são as suas relações com o informante Sebastian, que ficou de certo modo a seu serviço, ou com a cozinheira Maria. A irmã desta, Lídia, que a substituiu durante algum tempo, moça bonita e inteligente, chegou a se abrir de maneira muito sincera sobre a sua vida afetiva, levando-nos a pensar que talvez estivesse executando pelo menos em parte uma espécie de manobra amavelmente sedutora em relação ao jovem pesquisador de vinte e sete anos.

Na sucessão das entradas vamos percebendo como se acumulou o material que serviria de base para a análise e interpretação, aqui apenas esboçada: pequenas observações, tentativas malogradas, acasos, situações planejadas, inesperadas descobertas que surgem no fim de um caminho que parecia levar a outra parte. Ao mesmo tempo, vai ganhando contornos para nós o espaço físico e social: praia, regatos, árvores, bares, casa, reuniões. O leitor da tese de Ruy Coelho pode sentir aqui a fermentação da qual ela resultou, como sente no diário de campo de Malinovski o dia-a-dia por vezes penoso, mas sempre sugestivo, do qual emergiram mais tarde as obras notáveis sobre tantos aspectos da vida trobriandesa.

Deste diário ressaltam a boa vontade, o equilíbrio e a tolerância do autor. Essa disposição básica serve de alicerce ao observador aberto e compreensivo, extremamente bem disposto em relação ao objeto, capaz por isso mesmo de penetrar no âmago da cultura e das pessoas. Por isso o diário é uma lição, um modelo para quem se dispuser a trabalhar sem preconceitos no universo das culturas alheias, dando realmente de si com rigor e desprendimento. O nosso diarista se comportou assim entre os caraíbas negros, e a propósito é eloqüente certa comparação que faz da sua atitude com a de um colega que confiava demais nos caprichos da inspiração. Segundo Ruy Coelho, isso era "diferente da minha concepção de pesquisa sistemática, exercida dia-a-dia", e completa: "Quero saber sobre a variação dos costumes, como pessoas diferentes têm concepções diferentes, o grau de variabilidade, a existência ou não de uma estrutura oficial de conhecimento, etc. Não há desculpa para não se explorar profundamente a cultura".

Aí está, numa declaração breve, o pesquisador íntegro e tenaz, que talvez surpreenda quem, conhecendo-o superficialmente, ache contraditória essa atitude em relação ao ritmo não raro caprichoso de sua vida, quando não tinha pela frente uma tarefa obrigatória. Mas quem o conheceu bem não se surpreende ao vê-lo narrar como enfrentou toda a sorte de dificuldades, fez caminhadas extensas, percorreu picadas difíceis, levantou muitas vezes de madrugada, - ele que, habitualmente, deitava e acordava muito tarde. E se menciono este pormenor é para dizer que tal hábito foi com certeza, ao contrário do que pode parecer, um dos fatores da sua enorme cultura, pois durante toda a vida aproveitou as horas mortas para ler, ler infatigavelmente, como ogre de livros que sempre foi. O diário mostra que o profundo intelectual, pouco dado aos exercícios físicos, cuja acentuada vocação sedentária se acomodava melhor na querência do gabinete de trabalho, podia ser também o investigador incansável que supera os comodismos e se ajusta aos mais difíceis requisitos da pesquisa.

Na verdade, Ruy Coelho tinha um corte original e podia surpreender pelos contrastes, que no fundo nada mais eram do que projeção da sua personalidade complexa sob aparente placidez. Por exemplo: nunca desejou ter cargos nem se meteu na política universitária, no entanto acabou sendo diretor de nossa Faculdade e a dirigiu muito bem num momento difícil. Outro exemplo: sob a brandura e a delicadeza que o caracterizavam, era muito firme, como demonstrou enfrentando os inquisidores ao ser preso no tempo da ditadura militar.

O que também parecia contraditório era a curiosa relação que havia nele entre saber e publicar. Saber, saber muito, saber sobre os assuntos mais variados foi sempre a sua disposição fundamental. No entanto, parecia acumular conhecimentos e reflexões por mero prazer, e só os publicava quando havia solicitação externa: concurso, pedido de colaboração, homenagem a colega. Neste último caso, era o primeiro a entregar a matéria prometida e elaborada com o mais rigoroso cuidado. Por aí se vê que era o contrário de muitos que, na Universidade, só lêem e investigam a fim de "fazer currículo" e, embora pouco ou nada tenham a dizer, acumulam implacavelmente material impresso.

O desprendimento de Ruy Coelho era tal que não se lembrava de dar os seus livros. Eu, que fui seu amigo desde o primeiro ano da Faculdade e pela vida afora, com bastante convivência e confiança mútua, só recebi dele o pequeno volume publicado em 1944 pela Editora Flama, reunindo o ensaio famoso e precoce sobre Marcel Proust e um outro sobre método crítico. Mais nada...

No entanto, adorava comunicar-se pela conversa e podia varar a noite falando de livros, autores, idéias, demonstrando sempre uma erudição surpreendente, como só vi igual em Sérgio Buarque de Holanda, com quem tinha afinidades, inclusive a variedade de informação, que ia da culinária, da heráldica e do romance policial até a lógica e a música renascentista. Por isso, nunca se preocupou em reunir os seus valiosos ensaios, e a publicação deste diário pode ser o começo de uma série de outros volumes, que dariam ao público a oportunidade de ler uma obra importante e pouco conhecida. Assim, a reserva e o desinteresse do autor seriam compensados por essa espécie de comemoração póstuma.

Antonio Candido

1947

Vista do porto de Trujillo, com a goleta "Julia H.".

Outubro

26

Hoje descobri que perdi meu diário. A explicação freudiana é evidente: resumi os dados contidos nele e senti-me extremamente desapontado. Após ter enviado a cópia pelo correio, talvez, na profundeza de meu inconsciente, eu pensasse que seria melhor me livrar daquelas escassas anotações. De agora em diante, vou datilografar meu diário com papel carbono.

Hoje pela manhã estive em Cristales e fui até a casa de Alfredo Miranda, lá encontrei Sebastian Tifre e Polo Lopez. Polo Lopez é ladino, mas nasceu em Aguán onde, naquele tempo, a única família de brancos era a sua. Ele fala tanto o caraíba como o espanhol, casou-se com uma moça caraíba e foi mais ou menos adotado pelo grupo. Mais tarde duas pessoas juntaram-se a nós, Sabás Gotay e Pablo Sandoval. Sabás estava bêbado, embora fossem apenas dez horas da manhã. Conversamos por algum tempo e, finalmente, paguei uma bebida para todos, depois de um discurso feito por Sabás, que continha longas palavras, nem sempre bem empregadas, e que terminou com o pedido de uma bebida.

Depois Sebastian, Miranda, Polo e eu fomos a pé até Rio Grande para um passeio. Miranda tinha uma *tarraia* e usou-a umas quatro ou cinco vezes com resultados negativos. Conversamos sobre a alegria e as representações com máscaras durante a época natalina, sobre pequenas criaturas do mar e sobre a *sucia*[1]. À tarde fui ver um baile na casa da comunidade. Estavam tocando marimbas e dançavam rumbas, boleros, valsas e *jitterbugged*[2]. Era quase igual à dança "ladina". Começou às duas e terminou às cinco horas da tarde.

---

1. *Sucia*: espíritos femininos que atormentam rapazes sozinhos sob a forma de suas amadas. (N. de R.)
2. Tipo de dança jazzística com gestos muito rápidos. (N. de T.)

27

Hoje Sebastian Tifre chegou, como de costume, às oito horas e conversamos, a princípio, sobre *úmeo*[3] e *sucia*; em seguida, espontaneamente arriscou informações sobre o *udahadu*[4]. Estou muito satisfeito em tê-lo como informante. O único problema é que ele é muito fluente e eu tenho certa dificuldade em manter uma conversação com ele. Sinto que meu inglês está rapidamente se desintegrando; estou começando a sonhar em espanhol. Recebi duas cartas dos Estados Unidos, uma do sr. Herskovits e outra de Bill Bascom. Eu estava quase enviando um radiograma para Northwestern, perguntando sobre o cheque que não havia chegado. Depois de ler as cartas, modifiquei o conteúdo do meu radiograma e enviei-o ainda assim.

28

Trabalhei com Sebastian tomando notas sobre as máscaras da época natalina. Ele descreveu *uaríne*[5], *pastoras*, *comedies*, *máscaros* e *pihamanádi*. *Uaríne*, *máscaros*[6] e *pihamanádi* fazem parte do *uanáragua*. Falamos então sobre magia amorosa e filtros do amor e suas aplicações. Tive a revelação de poderes inesperados concedidos por Santo Antônio aos seus devotos.

29

Trabalhei pouco hoje. Pela manhã fui com Sebastian à praia, por onde perambulamos um pouco e, finalmente, ficamos conversando com um grupo de pescadores. Sei o nome só de um deles, Marin. Dirigi a conversa para assuntos sobrenaturais, mas nada consegui; falamos principalmente sobre Boris Karloff, Bela Lugosi e seus filmes. Eles adoram filmes de terror e falam sobre isso com tanta satisfação que nada poderia levá-los a outro assunto.

---

3. *Úmeo* (ou *umeu*): seres sobrenaturais protetores dos peixes, que provocam doenças nas crianças pequenas. (N. de R.)

4. *Udahadu*: sentimento de inveja capaz de se materializar em maldições. (N. de R.)

5. *Uaríne*: dançarino vestido de folhas, flores e conchas, que dança de casa em casa na véspera do Natal. (N. de T.)

6. Aqui existe uma anotação do autor em letras manuscritas – *idênticos* – ligando as palavras máscaros e *uanáragua*. (N. de R.)

Não estou decepcionado, pelo que sei devo esperar muitos dias iguais a este. Preciso ser filosófico como um pescador que ouvi há dias atrás dizer "o que posso fazer? Aqueles peixes velhacos não querem morder a isca!"

Um pequeno boato que ouvi hoje: parece que o principal motivo da partida repentina do meu jovem amigo introspectivo e estudioso Teófilo Martinez não foi ele estar farto da vida rigorosa que o velho Martinez impõe à sua família. Parece que o tímido e reservado rapaz deixou uma moça com problemas e a família dela ameaçou processá-lo, um procedimento um tanto quanto fora do comum por esses lados[7]. Ele provavelmente estava mais assustado com a atitude de seu avô do que com o hipotético processo. Ele está voltando para Trujillo, visto que o inspetor da escola o chamou; não se demitiu e deve continuar no cargo como professor. Dizem que provavelmente ele voltará e tudo será arranjado para a satisfação de todos. Eu perguntei se ele irá se casar com a moça e a resposta foi que provavelmente não.

À tarde veio Maria, a moça que vai cozinhar para mim. Passamos a maior parte da tarde fazendo listas de coisas para comprar e conferindo-as na chegada. A casa estava um tumulto: Sebastian, Maria, América (cozinheira do juiz Alvarado) e o rapaz do armazém do Glynn que trouxe as compras e as colocava no lugar rindo e, principalmente, falando fluentemente em caraíba e espanhol. Maria pareceu-me enérgica e dominadora; ela queria uma menina sob seu comando para levar recados. Eu lhe disse que não era necessário, visto que Sebastian estava sempre pelos arredores da casa e poderia fazer isso muito bem. Ela não gostou da sugestão: "Ele é um homem adulto, não fará o que eu quero. Como espera que eu consiga dominá-lo?" O verbo *dominar* já tinha sido usado também por Sebastian quando conversávamos sobre os meios mágicos que uma esposa tem para submeter o marido à sua vontade.

30

Hoje Maria veio cozinhar para mim pela primeira vez. Logo neste primeiro dia, ela se ressentiu da presença de Sebastian e reclamou de uma suposta tendência dele em interferir nas coisas da cozinha. Penso que o pobre Sebastian é totalmente inocente dessa intenção. Quando ela encontrou todas as panelas arrumadas na cozinha, berrou: "Quem é o maricas que está fazendo serviço

---

7. Existe uma anotação do autor em letras manuscritas: *isto é, realmente abrir um processo.* (N. de R.)

de mulher?" (A palavra que ela usou foi *maricón*, em inglês *sissy*, que está mais perto do sentido britânico que do americano.) Eu respondi: "Fui eu, Maria." Ela levou sua mão à boca e riu. Não ficou nada embaraçada. Disse: "Eu pensei que fosse Sebastian." Ela cozinha muito bem, mas serviu-me pratos ladinos: feijão, arroz, costeletas, bananas fritas, batatas, "doce de leite"[8], ou melhor, *dulce de leche*. Ela não acredita que eu a quero para cozinhar principalmente a comida típica caraíba.

Sobraram-me apenas vinte dólares e muitas dívidas. Estou preocupado com o cheque que não chega. Lembro-me quando a Universidade não pagou minha bolsa de estudos por mais de dois meses. Espero que o pagamento chegue logo.

Conversei com Sebastian sobre reencarnação, tabus alimentares, morte sobrenatural causada pela fúria dos espíritos, as comemorações de 2 de novembro no culto aos mortos; houve um parênteses e Sebastian falou-me sobre seus projetos "matrimoniais"; depois falamos sobre velórios e as histórias que se contam neles. Não está muito claro se Juan Lagarto conta histórias d'*As Mil e Uma Noites* com músicas segundo o estilo africano. Seria um caso curioso de transculturação.

31

Pedi a Sebastian que me contasse as histórias que geralmente se contam em velórios. Ele concordou prontamente e começou a contar uma delas, mas não conseguia se lembrar muito bem, tentou outras duas com o mesmo resultado. Disse-lhe que, mesmo assim, eu iria tomar notas e que, talvez, falando lentamente e com todos os detalhes, ele conseguisse se lembrar. Ele contou-me outra vez, com mais detalhes, a história do irmão e da irmã que foram ajudados pelo *bútio*[9] e bem ao estilo de Pedro Alvarez: cantou a canção, imitou o *bútio* no seu vôo e recorreu à ação quando os eventos dramáticos da história assim o requeriam, mas não conseguiu lembrar o final da história. Disse que vai perguntar para o Alfredo Miranda e amanhã me contará. Eu estava interessado no papel atribuído à aranha naquela história e perguntei qual era a palavra em caraíba correspondente a aranha. Ele disse a palavra e

---

8. Em português no original.
9. Falcão de aproximadamente 60 cm de comprimento que voa em grandes altitudes. Possui asas grandes e cauda larga. (N. de R.)

não vi nenhum elo familiar. Mesmo assim, insisti e perguntei se a palavra *anansi* tinha algum significado para ele. Respondeu-me que em caraíba eles chamam de *anasi*[10] o rapaz esperto, "mas aquele que é muito esperto e confunde os outros com suas palavras."

Pedi-lhe para me contar alguns provérbios e ele não conseguiu se lembrar de nenhum. Após algum esforço disse: "Bem, aqui está um. O *bútio* disse para a formiga de maneira desdenhosa: 'Ínfima criatura! Toda sua vida você vive imersa na lama enquanto eu vôo entre as nuvens!' A formiga respondeu: 'Sim, mas um dia você cairá e eu encherei meu travesseiro com suas penas e farei minha casa com seus ossos.' Isto significa que aquele que está em posições mais altas está mais exposto aos perigos e que é preferível ter uma vida obscura, porém segura." Ele tentou se lembrar de outros provérbios, mas não conseguiu. "Não entendo o que está acontecendo comigo hoje. Quando eu vou com Miranda para o mar, estamos sempre contando piadas e provérbios." Decidimos parar de trabalhar e saímos. Eu também não me sinto bem hoje. Sebastian atribui isso à mudança da lua. Mais tarde ele me deu outra explicação: seu pai morreu há quase um mês e agora seu corpo deve estar se decompondo. Aqui há uma crença comum que, nesta fase, os parentes próximos da pessoa que morreu sentem como se houvesse uma dissolução em seus próprios corpos. "Nada realmente sério, nada que não possa ser curado com um bom drinque."

---

10. Foi mantida a variação de grafia que existe no original: *anansi/anasi* que é explicada pelo autor no registro de 8 de abril de 1948. (N. de R.)

Paisagem ribeirinha de Trujillo.

NOVEMBRO

01

Sebastian pareceu um pouco menos distraído essa manhã. Tentei fazer com que ele se interessasse por vários assuntos, mas sem resultado. Ele reintroduziu espontaneamente o assunto da morte, costumes e ritual; tópico que parece estar constantemente na sua mente nestes dias. Falou-me sobre *amúisaruni* e deu mais detalhes sobre o que acontece em caso de morte. Depois falamos sobre espíritos e, pela primeira vez, ele afirmou que realmente tinha visto fantasmas. Ele estava bastante sério e um tanto emocionado. Não penso que ele não estivesse sendo sincero ou estivesse tentando sondar as minhas verdadeiras convicções a respeito da vida espiritual ou me iludir. Se um jovem sensato e inteligente como Sebastian realmente vê fantasmas, o quão fortes devem ser estas crenças na comunidade como um todo!

À tarde tentei encaminhar a conversa para um assunto que me interessava, o relacionamento *endamado*. Não consegui e achei que seria melhor, por ora, deixar este assunto de lado. Fomos a Cristales e procuramos alguns móveis que necessito: mais duas cadeiras e uma mesa para a máquina de escrever. Não encontrei nada pronto e não pude encomendá-los, visto que não há madeira serrada na cidade e há escassez desse artigo em toda a parte no Distrito de Colón. Eles dizem que toda madeira serrada é exportada para os Estados Unidos, onde se obtêm melhores preços. Fizemos uma visita a Alfredo Miranda. Lembrou-me de seu convite para almoçar com ele amanhã. O fato é que conversamos algumas vezes sobre a comida caraíba, um assunto interessante para mim. Um dia, quando o assunto voltou à baila, ele disse: "Certo, você deve provar nossos pratos. Você vai almoçar comigo no próximo domingo." Não achei que ele estivesse falando sério, mas parece que sim.

02

Logo depois do café chegaram Sebastian, Alfredo e um rapaz de um braço só, cuja fisionomia me era vagamente familiar. Sentamo-nos todos e conversamos por alguns momentos. Após alguns minutos eles perguntaram se eu queria ir até Cristales: "Assim cedo?" perguntei e acrescentei que estava atrasado com meu trabalho. Eles concordaram em voltar às dez e meia. Sebastian ficou um pouco atrás e depois que os outros já tinham partido pediu-me para adiantar uma lempira de seu salário. Pobre gente! Deve ser para comprar alguma coisa para o almoço. É a terceira vez que Sebastian pede dinheiro adiantado.

Às dez e meia Sebastian voltou sozinho e fomos para Cristales. Vimos Alfredo rodeado por quatro pessoas falando alto e gesticulando. Chegamos mais perto e vi que as outras pessoas eram o rapaz de um braço só, um ouvinte concorde e dois policiais. Os representantes da lei queriam prender Alfredo e levá-lo para trabalhar em uma ponte. Depois de uma longa negociação, conduzida habilmente por Sebastian, a lei mostrou uma fisionomia menos austera e deixaram Alfredo seguir com a promessa de que ele teria que se apresentar amanhã para trabalhar. Após minha devida demonstração de alegria pela sua libertação, perguntei-lhe o que seria aquele trabalho. Ele me explicou que, aqui no Distrito de Colón, aqueles que não podem pagar seus impostos são obrigados a trabalhar para o governo. Ele, porém, disse que tinha pago seus impostos, há alguma confusão legal ou alguém nos círculos oficiais está agindo contra ele. Registro aqui esta reminiscência da *corvée* em Honduras.

Fomos até a casa de Alfredo onde várias pessoas sentadas conversavam. Dentre elas estavam Lorenzo, o *curandero*, Polo Lopez, o *ladino* que se casou com uma moça caraíba, e outras pessoas conhecidas cujos nomes eu ainda não consegui guardar na memória. Elas deviam ter bebido, pois Polo estava com a cabeça reclinada no ombro de um amigo, cantando suavemente com um sorriso embriagado em seu rosto. Lorenzo estava falando naquela maneira enfática que eles às vezes assumem e que eu, mentalmente, chamo de disposição para o discurso. Fui apresentado a um homem de mais ou menos cinqüenta anos, cujo nome não me lembro, mas Sebastian disse que era alguém que fazia redes para apanhar tartarugas do mar, então eu soube que estava diante de um temível feiticeiro[11]. Ele me pareceu cauteloso e inte-

---

11. *Sorcerer* é a palavra empregada em inglês pelo autor. No entanto, há flutuação de significado no decorrer do diário. No artigo "Personalidade e Papéis Sociais do Xamã entre

ligente, um adversário perigoso de se ter, quer ele empregue ou não recursos mágicos, foi o que pensei imediatamente. Falamos sobre diferentes assuntos, principalmente sobre outros povoados caraíbas que eu não conheço. Ele começou falando em inglês comigo e disse que tinha nascido em Punta Gorda, em Honduras Britânica. Como tinha combinado ontem com Sebastian, mandei-o até a *tienda*[12] ali perto e ele voltou logo com um litro de *guaro*[13]. Pedi para que me servissem menos do que para os outros, o que provocou alguns protestos. Para encurtar a história, quando nos sentamos à mesa para comer, Polo estava tão enjoado que por várias vezes ele teve de sair e nem mesmo tocou em sua comida, Sebastian e Alfredo estavam excessivamente alegres e eu, que comparativamente tinha bebido muito pouco, estava me sentindo um tanto eufórico.

Preciso pedir a Maria que me faça algum dia um almoço assim, e ter a receita também. Eu acho a *machuca* um prato muito saboroso cujo gosto lembra um vatapá menos sofisticado e não tão rico. É feito de peixe seco salgado, cozido com leite de coco, ao qual se junta, enquanto cozinha, pedaços de peixe fresco; come-se com tanchagens moídas maduras ou não, o que constitui propriamente a *machuca*.

A conversa consistiu-se principalmente de provocações mútuas, principalmente com Lorenzo, que era sempre chamado "o Botânico", "el Botánico". Ele dava respostas espirituosas, mas no final ficou um tanto magoado, no entanto, quando chegou o café precedido por *tabletas de coco*, isto é, "coco queimado", ele estava outra vez sorrindo. Por sugestão de Sebastian, ele, Alfredo e eu saímos para andar um pouco. Depois disso voltei para casa e eles insistiram em me acompanhar até à porta.

Às três horas da tarde veio Daniel Alvarez com dois amigos. Evidentemente, eles também andaram comemorando. Parece que 2 de novembro é

---

os Caraíbas Negros", publicado na separata da *Revista de Antropologia* da FFLCH-USP, vol. 9, números 1 e 2, junho e dezembro de 1961, o autor esclarece: "Se a doença, os acidentes de pesca, a perseguição da polícia ou outra calamidade qualquer se abate sobre a família, é necessário descobrir a causa. Para tanto, consulta-se um perito; será, conforme o caso, o *empírico*, que conhece as virtudes das ervas, o *curandero*, sabedor de orações fortes e fórmulas mágicas, o *brujo*, capaz de defender o cliente contra a feitiçaria, ou o *búiei* (xamã). Na prática, não se encontra alguém que se enquadre numa categoria apenas. [...] Mas só quando dirigir os ritos e for capaz de se pôr em comunicação com os espíritos será chamado *búiei*." (página 71.) (N. de R.)

12. Mercearia, armazém de secos e molhados. (N. de R.)
13. Aguardente de cana. (N. de R.)

uma data especialmente apreciada pelo Caraíba; a cidade deve esgotar o *guaro*. Daniel Alvarez disse-me que hoje ele discutiu com seus irmãos e decidiu que me levaria à casa de seu irmão mais velho. A propósito, o relacionamento entre o irmão mais velho e o mais novo parece ser bem marcante e caracterizado por um conjunto de regras. Tenho observado Lorenzo e Sebastian Tifre e outros, mas preciso de mais informações. Eu não tinha nenhuma vontade de ir, mas pensando bem, seria um sério golpe para Daniel Alvarez e, além disso, eu deveria conhecer seus irmãos que são membros proeminentes da comunidade. Novamente saí, apesar da forte chuva e da lama.

Daniel Alvarez estava orgulhoso de me acompanhar. Ele parava para cumprimentar as pessoas uma a uma e fazia com que elas também me cumprimentassem e, às vezes, cobrava esse cumprimento de uma maneira impetuosa, pseudo-agressiva: "Digam alô ao professor que lhes deu a honra de vir estudar vocês, *caraíbas de mierda!*" Paramos em uma pequena *tienda* e, como eu receava, tive de comprar-lhes *guaro* e beber com eles; desta vez eu mesmo peguei a garrafa e coloquei bem pouco em meu copo. Não consigo mais sentir o cheiro desta bebida.

Ele me levou para sua casa e mostrou-me as cartas que recebeu comunicando a sua eleição para *consejero municipal* e, mais tarde, para *consejero departamental*. Ele me disse que é amigo do general Carías e tem cartas dele que algum dia me mostrará. Finalmente chegamos à casa de seu irmão mais velho e lá encontrei seus dois irmãos, seu primo-irmão Pedro, o contador de histórias e um outro senhor cujo apelido era Rapa, que eu tinha encontrado na celebração. Daniel apresentou-me às pessoas que eu não conhecia e quando ele mencionou o nome de seu irmão mais velho, creio que Loreto, disse: "Ele é o meu irmão mais velho, o único de quem eu tenho medo." Ele se comportou como o caçula que fez algo brilhante, o que é um tanto estranho e cômico para um homem de sessenta e cinco anos. Fez um pequeno discurso, na sua melhor retórica, apresentando-me oficialmente ao grupo e Rapa fez um outro. Não me levantei da cadeira para responder, mas disse algumas palavras sobre os objetivos da minha estada entre os Caraíbas, a calorosa simpatia que eles têm tido e como cada um tem colaborado inteiramente comigo. Após alguns minutos de conversa, levantei-me para sair, mas um dos amigos de Daniel quis mostrar uma escrivaninha que gostaria de vender. A escrivaninha é na verdade pequena e parece um tanto dilapidada. Ele propôs reformá-la e vendê-la por doze lempiras, o que penso ser exagerado. Disse que pensaria sobre o assunto e recusei sair novamente para beber. Por fim, desembaracei-me de suas mãos e voltei para casa um tanto cansado com os esforços do dia.

03

Hoje fiz algumas perguntas ao Sebastian sobre o *endamado*. Conversamos um pouco a respeito, mas tão logo eu relaxei e deixei-o conduzir a conversa, ele voltou ao seu assunto favorito, ou seja, os *gubida*, que ele rapidamente descobriu que é também o meu assunto predileto. Fiquei muito entusiasmado com a história da velha a respeito da estrada para o outro mundo, pois é muito parecida com a história contada pelo chefe Berens ao dr. Hallowell. Voltei a ler a informação de Sebastian sobre as danças *digi* e o papel do *búiei* nelas, e que me caia um raio se isto não soa um pouco parecido com a invocação Ojibway! Sim, em ambos os casos temos a casa sacudida, principalmente quando os espíritos vêm, e o sacerdote fala com o espírito que aparece como uma pequena bola de fogo sentada em um canto da casa. A descrição da voz do espírito nos dois casos é muito semelhante. Sebastian diz que ouve o espírito falando com uma voz que parece com uma vitrola quebrada muito rápida. Dr. Hallowell descreve a voz da Grande Tartaruga como ele a ouviu em uma performance no Rio Berens, algo como a voz do Pato Donald. Lógico, são semelhanças superficiais e eu devo ser cauteloso e segurar minhas rédeas, pois tenho uma forte tendência a desembestar diante da mais leve provocação.

No fim da tarde fiquei profundamente perturbado com a notícia do suicídio de um amigo do Brasil. Saí após o jantar e não trabalhei.

04

Outra vez trabalhei pouco hoje. Conversei com Sebastian sobre comidas caraíbas, pratos típicos e a maneira de prepará-los. Fomos freqüentemente interrompidos, primeiro por um homem que veio recolocar um soquete que queimou ontem, quase causando um curto-circuito. Depois vieram os vendedores, em seguida Maria precisou de dinheiro para as compras, posteriormente os meninos vieram entregar as coisas... Parece que eles se juntaram e decidiram que hoje seria o dia para vir à minha casa. À tarde tive uma surpresa: Teófilo, recém-chegado de La Ceiba e Tela, veio me ver. O inspetor das escolas telegrafou para ele e também assim o fizeram pessoas de sua família, ele reconsiderou e decidiu voltar. Disse que ia ficar até o fim do período escolar, então se demitir e ir para Tegucigalpa. A Universidade Nacional anunciou cursos de Odontologia para o próximo ano e ele pretende fazê-los. Se por qualquer razão a Universidade não oferecer os cursos anunciados, ele planeja ir para o México. Quase como os Estados Unidos e, em algumas regiões, mais do que os Estados Unidos, o México é um país que fascina os hondurenhos. Eu gostaria de saber quais são os elementos reais que Teófilo tem para concretizar seus sonhos.

Depois da visita de Teófilo recebi a visita de dois jovens que ouviram Sebastian dizer que tinham chegado as fotos que eu havia tirado. Eles são dois pescadores da aldeia de Cristales, um deles chama-se Luis e possui uma agradável voz de baixo. Permaneceram por algum tempo olhando as fotos e eu prometi lhes dar uma cópia daquelas nas quais eles apareciam, tão logo eu receba mais cópias.

05

Hoje também trabalhei pouco. Mais uma vez muitas visitas interferindo em meu trabalho. Não sei o que devo fazer: por um lado, estimulo as pessoas que querem a vir me visitar, na expectativa de que todos ou quase todos tenham pelo menos uma informaçãozinha que possa ser valiosa; por outro lado, devo cumprir minhas horas diárias de trabalho, se eu quiser concluir alguma coisa. É um dilema embaraçoso. Hoje fui obrigado a pedir ao Sebastian para dizer a um jovem que apareceu aqui que eu tinha mandado as fotografias para Tegucigalpa, a fim de obter outras cópias. Livrei-me do problema, mas não posso inventar mentirinhas para cada um que vem me ver. Preciso montar logo um esquema ou não conseguirei trabalhar. Talvez se eu contasse a Sebastian que eu devo trabalhar determinadas horas, ele diria às pessoas, de uma forma indireta, sem magoar ninguém. Talvez nada disso seja necessário, pois penso que ele já compreendeu isso.

Hoje trabalhei com Sebastian sobre charadas. Um ou dois dias atrás ele não conhecia muitas, mas desde que eu manifestei interesse por elas, ele falou com outras pessoas que conheciam uma porção delas. Sebastian é um apologista dos aspectos que ele desconhece da cultura e fica ansioso para reunir informações sobre eles. Ele me disse que esteve fora de Trujillo por mais de dez anos e, por isso, esqueceu muitas coisas e nunca aprendeu muito sobre outras. Pensando sobre isso, esta é provavelmente uma motivação para ele procurar especialistas e passar-me informações das mais diversas fontes. Primeiro tentei escrever as charadas em caraíba e depois uma tradução palavra por palavra. Isso foi mais difícil do que eu pensei, pois eu tenho somente conhecimento superficial dos símbolos do Alfabeto Fonético Internacional e, com freqüência, fiquei perdido para representar um som particular da língua. Todos que me ouvem quando eu repito as palavras, após eles as pronunciarem para mim, dizem que eu realmente captei os sons da língua. Não sei que parte deve ser atribuída à lisonja nessa opinião. Provavelmente serei obrigado a criar um alfabeto pessoal com o propósito de registrar as coisas que eu quero manter até o Taylor chegar e aí discutirmos a língua mais profundamente. Alfredo Miranda chegou no meio desse trabalho. Ele também conhecia algumas charadas e junto com Sebastian trocaram algumas delas e riram muito. Eles me contaram as charadas e algumas eram realmente engraçadas. Alfredo veio para me contar que tinha apanhado um peixe espada no lago e ia trazer a espada para mim.

Teófilo também veio me ver e conversamos por algum tempo. Toda a história sobre Teófilo está vindo à tona agora. Parece, afinal, que nada realmente sério aconteceu. Sebastian contou como tudo começou. Há uma casa perto do rio, em Cristales, que só recentemente foi *embarrada*[14] e ainda não possui portas. Uma velha senhora, proprietária da casa, viu Teófilo, às cinco horas da manhã, entrar na casa com a moça em questão. Ela correu até eles e fez um estardalhaço; naturalmente, todos os que estavam ao alcance da voz vieram ver o que tinha acontecido e o pobre Teófilo ficou numa situação terrível. A moça alega que Teófilo fazia uso de força, uma alegação que provoca comentários mais do que cépticos. De qualquer forma, a família ameaçou levar o caso à justiça. Sebastian, sem saber minha opinião a respeito, disse que Teófilo fugiu mais porque estava com medo de seu avô do que por qualquer outra razão. Hoje por volta de meio-dia, quando ele voltou para casa, a avó da moça o viu, correu para ele e o fez saber sem sombra de dúvida o que ela pensa sobre ele e seu caráter. Sebastian disse que o pobre rapaz não conseguiu pronunciar uma única palavra e retirou-se debaixo de uma tempestade de vitupérios que foram ouvidos e devidamente apreciados por toda a vizinhança. Sebastian acha que foi um erro Teófilo voltar enquanto

---

14. Revestida com barro. (N. de R.)

"o caso ainda está fervendo". O rumor público acusa-o de ter estado com Simeón Marin, devoto de Santo Antônio e especialista em encantamentos amorosos, e de ter conseguido dele um encantamento certeiro, talvez uma dose daquele famoso pó...

Sebastian, Alfredo e eu combinamos de ir ao lago velejar e remar. Vamos iniciar nossa viagem às três horas da madrugada e levaremos conosco um *avío*[15] especial.

06

Durante a manhã Sebastian falou prolongadamente e com prazer sobre as cerimônias *gubida*. Eu o deixei falar, tentando anotar o mais rápido quanto pude e somente fazendo perguntas quando ele parava por alguns momentos. Talvez seja melhor, com uma pessoa tão fluente quanto Sebastian, deixá-lo solto assim. Decidimos ir a Rio Negro ver Siti à tarde. Sebastian também me pediu dinheiro para mandar fazer uma calça nova e eu lhe dei; portanto, devíamos também parar no alfaiate.

Fomos para Rio Negro às duas e meia da tarde mais ou menos. Primeiro fomos a uma casa onde Sebastian me apresentou à sua irmã. Ela recebia a visita de duas mulheres de fora da cidade e explicou-lhes que Sebastian era seu irmão, porém muito mais moço do que ela. Ele e Lorenzo são filhos da esposa; ela e uma outra moça de Rio Negro são filhas do velho Regino Tifre e de uma *dama*[16] que ele conheceu na juventude.

Alfredo Miranda juntou-se a nós e, enquanto eu conversava com ele e a irmã de Sebastian, este foi ao alfaiate. Quando voltou, sua irmã foi até a rua conosco para mostrar a casa de Siti. Notei que ela pegou seu lenço preto e colocou-o na cabeça, embora ela tivesse somente que dar alguns passos.

A casa de Siti é a última de Rio Negro. Sebastian disse que isso não é por acaso, mas que os "búieis" sempre vivem em lugares afastados, onde o comércio deles com os espíritos não perturbarão os vizinhos. A casa foi abandonada há muito tempo e, parece, está em triste estado de conservação. As paredes de madeira estão quebradas, a chapa de ferro corrugado do telhado está caindo aos pedaços e, para chegar ao aposento maior (há apenas dois),

---

15. Utensílio, suprimento. (N. de R.)
16. Concubina nas ligações amorosas de caráter permanente. Distingue-se da *querida* que caracteriza uma ligação transitória. (N. de R.)

é preciso subir por degraus quebrados com tábuas soltas sobre eles. Siti é um homem no final dos seus trinta ou início dos quarenta anos; ele tem um toque cinza nos cabelos, maneiras tranqüilas e pouco cativantes, absolutamente nada do ser histriônico que eu havia imaginado. Tinha os olhos levemente saltados, os pés inchados e se queixava de indisposição hepática, atribuindo ambos os sintomas a isso. Falamos somente por alguns minutos, isto é, eu ouvia enquanto Sebastian fazia meu pedido em moreno. Ele disse sim, que poderia fazer uma demonstração para mim e que deveríamos voltar às seis horas daquele mesmo dia.

Voltamos para a casa de Perez, o alfaiate, e falamos por algum tempo em espanhol. Quando estávamos prestes a partir Sebastian disse algumas frases em moreno e eles iniciaram animada conversa. Pude perceber palavras como *digi, dibassen, chugu, abaimaha* e outras parecidas. Sebastian entrou outra vez, convidou a mim e a Alfredo para fazermos o mesmo e disse ao Alfredo: "Tire seu chapéu." Fez várias perguntas ao Perez, simultaneamente começou a falar em espanhol pedindo-lhe para fazer o mesmo. Perez é louco pelos *gubida* e fala sempre com muito *gusto*. Ele contou várias histórias sobre ações milagrosas de espíritos e coisas assim. Ele acha que Siti, embora não seja de primeira classe, é muito bom em sua linha. Ele tinha um irmão (ele, Perez) que estava sofrendo de uma doença misteriosa que nenhum médico conseguia curar. Siti veio vê-lo e disse que não era um caso de *gubida*, mas simplesmente de uma queda de cavalo ocorrida há muito tempo atrás. O irmão de Perez então se lembrou daquela queda que quase já tinha se apagado da sua memória. Siti disse que era um caso de cura difícil e que seria melhor ele procurar um médico. O médico não deu muita esperança. Siti voltou e disse que o paciente deveria evitar comidas "frias", principalmente água-de-coco. No dia seguinte o paciente pediu água-de-coco num tom tão suplicante que Perez não teve coragem de negar. Ele comprou o coco e deu a água ao seu irmão, porém teve o cuidado de jogar a casca bem longe da sua casa. Apesar disso, quando Siti chegou, ao primeiro olhar que deu para o paciente, disse: "Quem deu a ele água-de-coco?" Ambos negaram, mas Siti parecia conversar com um espírito para o qual fez uma pergunta e obtendo confirmação disse: "É inútil negar, ele tomou água-de-coco." Levando Perez de lado, disse que era um caso sem esperança, seu irmão teria quatro dias a mais de vida. E foi exatamente o que aconteceu.

Perez é extremamente versado na tradição sobre os *gubida*. Ele conhece muitas histórias e "fatos autênticos" relacionados a isso. Contou-nos sobre o último *digi* em Aguán. Segundo ele, tudo aconteceu por causa da venda de um engenho de açúcar. É o seguinte: a família de fulano, de Aguán, estava de luto fechado pela morte recente do pai. Logo depois uma filha do falecido foi a La Ceiba para se submeter a uma delicada operação ginecológica. Ela voltou para Aguán e estava se sentindo muito bem. Três meses depois a mãe vendeu o engenho de açúcar que eles possuíam, sem estar pressionada por nenhuma necessidade financeira. O espírito de seu marido ficou muitíssimo descontente. A moça que tinha sido operada ainda não estava trabalhando mas, como ela se sentia bem novamente, quis fazer algo de útil em casa. Um dia eles estavam fazendo *casabe*[17] e ela ajudou as outras mulheres e, por quase uma hora, foi deixada sozinha perto do *comal*. Quando as outras pessoas voltaram, encontraram-na caída completamente inconsciente. Eles verificaram também que seu ferimento estava aberto e que estava sangrando. Eles tentaram, por todos os meios, curá-la, mas tudo foi em vão. Finalmente, eles chamaram o *búiei* e o homem adivinhou a verdadeira causa. A mãe prometeu fazer o que fosse necessário e, assim que pronunciou isso, a moça levantou-se da cama. Mas o *búiei*, que havia falado com o espírito, tinha dito que ele queria uma grande *fiesta*, um verdadeiro *digi* ao som de tambores. A mãe refletiu e decidiu que era uma festa muito grande e cara, pois ela tinha de pagar também pela autorização. Assim que ela anunciou sua decisão, a moça sentiu-se mal outra vez e teve de voltar para a cama. Teve febre alta, delírios, mantendo o olhar fixo num canto da casa. Ela contou depois que tinha visto lá os espíritos dançando com metades de porcos e bezerros sobre os ombros, e cobertos de sangue. A família teve de dar um grande *digi* e comenta-se que os espíritos fizeram exigências de *chugu*[18] também, até que eles tivessem gasto cada centavo recebido como pagamento pelo engenho de cana de açúcar e nem um centavo a mais. Tudo isso foi contado com abundância de detalhes e riqueza de gestos, sendo interrompido por exclamações do público.

Havia outros pontos que Perez abordou que me interessaram e me entusiasmaram bastante. Estão relacionados com as famosas "pequenas sepulturas", descritas por Conzemius[19], que me intrigaram desde que li seus artigos. De acordo com Perez, são chamadas *gule* e para evitar dano espiritual só

---

17. Torta de farinha da raiz da mandioca. (N. de R.)
18. A variação com a palavra *cugu* foi mantida. Vide o registro de 25 de novembro. (N. de R.)
19. Eduard Conzemius escreveu vários artigos sobre a cultura caraíba. (N. de R.)

podem ser manipuladas pela mulher mais velha da família. Diante disso, eu exclamei de forma incontrolável: "Ah!" Sebastian, que conhece minhas reações, disse: "Há algo semelhante em alguma parte do mundo, don Ruy?" e eu expliquei-lhes o papel da mulher mais velha na família em Dahomey com relação a cerimônias similares. Fui breve e Perez disse: "Bem, aqui é a mesma coisa, quer dizer, essa mulher mais velha é quem está em contato mais direto com os mortos, por assim dizer. Ela é a pessoa encarregada de queimar tudo o que sobrou da festa, assim como tudo o que foi usado no *adigirahani* por qualquer um que tenha participado dele."

Perez usou uma palavra desconhecida por mim e por Sebastian, algo como *atahani*, eu acho. Tem a ver com pessoas doentes, que ficam em redes de dormir, às quais é dado *guaro* misturado com *híu* (a bebida feita com fibras de *yuca*[20]). Preciso conseguir mais explicações a respeito.

Às seis horas eu tinha o encontro com Siti, assim, logo que voltei, pedi a Maria para servir o jantar mais cedo. Teófilo veio me visitar por volta das cinco e meia quando eu estava quase sentando para jantar. Ele ouviu falar sobre a consulta e ficou bastante animado, disse-me que nunca tinha visto nada semelhante. Talvez Antonio Martinez não o deixasse ver. Convidei-o para jantar comigo. Pouco antes das seis, Sebastian chegou com Miranda e nós saímos. América, a cozinheira do juiz, alcançou-nos quando estávamos em Rio Negro e seguimos para casa de Siti. Ele não estava quando chegamos e não respondeu ao assobio característico que na mente de cada um parece estar associado a ele. Porém, alguns segundos depois, nós o vimos chegar com sua bengala curta. Cumprimentou-nos e entrou na casa, convidando-nos a segui-lo. Entramos e sentamo-nos. Pude perceber que todos estavam excitados, inclusive eu, é claro. Após acender uma vela Siti passou uns dez minutos lendo pequenas tiras de papel à sua luz. Em um momento, ele derrubou a vela e Sebastian acendeu-a outra vez. Ele fez algumas anotações nas tiras de papel, às vezes, apenas um número, me pareceu. Então, colocou todas as tiras em um livro e perguntou-me: "O que você veio fazer aqui?" Respondi que tinha ouvido falar de sua fama como *búiei* e que gostaria de vê-lo trabalhando para mim e, ao mesmo tempo, se ele pudesse me colocar em comunicação com os espíritos, eu poderia, desse modo, aprender muitas coisas. Parou um minuto para pensar e respondeu que isso seria impossível naquela

---

20. Iúca – planta americana da família das Liliáceas, com longas folhas pontiagudas, de margem fibrosa rígida. (N. de R.)

noite, pois tinha passado o dia todo incomodando os espíritos para virem ajudá-lo a preparar alguns remédios para seus pacientes. Mas amanhã à tardezinha ele poderia fazer um pequeno trabalho para mim. Sebastian perguntou: "Podemos trazer mais pessoas ou é melhor ficarem somente duas ou três?" "Você pode trazer mais de cem pessoas, isso não faz nenhuma diferença para mim." Combinamos nos encontrar novamente amanhã por volta das doze horas "porque esta é uma hora propícia." Depois disso voltamos, América para sua casa em Rio Negro, e os rapazes acompanharam-me até parte do meu trajeto para Cristales.

07

Pela manhã examinei as anotações feitas durante minha conversa com Sebastian sobre o *digi* e fiz mais perguntas enquanto as traduzia e datilografava. De agora em diante farei sempre assim, pois descobri que muitos erros podem ser eliminados.

Pedi a Maria para servir o almoço mais cedo e depois Sebastian e eu fomos outra vez à casa de Siti. Desta vez estávamos apenas em dois, os outros tiveram impedimentos de vários tipos que os impossibilitaram de ir.

Siti estava em casa esperando por nós, estava lendo um livro quando entramos. Imediatamente levantou-se, cumprimentou-nos e convidou-nos para sentar. Passou para o outro quarto onde guarda seus escassos e pobres pertences: uma mesa danificada, mais um assento, alguns livros, duas calças penduradas por uma corda e sua rede de dormir. Os livros eram guardados em estantes feitas de caixas de sabão, havia velhos cadernos e colares de sementes e folhas secas guardados com eles. Conchas amarradas com barbantes pendurados em pregos nas paredes. E isso era tudo.

O desempenho foi um tanto decepcionante. Siti arrumou mais uma vez suas tiras, consultou suas anotações, fez mais algumas e finalmente disse: "Com a sua permissão", e fechou a porta do quarto. Alguns minutos depois, a casa tremeu levemente, não mais do que quando nela entramos (a casa de Siti é uma construção um tanto frágil e poderia ser sacudida com um vento forte). Imediatamente depois disso, o espírito começou a falar num canto da casa com a voz bem anasalada. Acho que a impressão de Sebastian sobre isso é uma descrição muito acurada: soou exatamente como uma velha vitrola fora de moda, tal como pode ser vista na logomarca Victor, ligeiramente desarranjada. Por alguns momentos, o espírito falou de uma forma bem confusa, em outros momentos, foi muito claro. Primeiro o espírito cumprimentou Siti, que respondeu respeitosamente chamando-o de "pai". Depois prosseguiu dando-lhe instruções sobre as diferentes folhas e ervas, e o dia e a hora em que deveriam ser colhidas. Ele parecia dizer de vez em quando: "Anote isto." Siti parecia responder: "Já anotei, pai." Como ele nos contou mais tarde, era o espírito de um homem velho, creio que sua visão era bastante fraca... Siti parecia manter, por vezes, um diálogo com ele mas, como Sebastian observou mais tarde, as duas vozes nunca soaram simultaneamente. Ele disse que estava quase pedindo ao Siti para fazer isso, mas não teve coragem.

Depois de tratar de assuntos particulares com Siti, o espírito observou que havia somente dois consulentes, perguntando onde estavam os outros. Siti respondeu-lhe que eles provavelmente haviam tido alguma coisa urgente para fazer e não puderam vir : "Tudo bem, o que eles querem?" Siti falou para nós: "É só perguntar qualquer coisa que quiserem. Não tenham medo do velho, ele é muito amável." Eu pensei na maneira apropriada para se dirigir a um espírito: "senhor" seria muito formal e não poderia forçar-me tampouco a chamá-lo de "irmão". Finalmente resolvi o problema dirigindo-me a ninguém especificamente: "Eu gostaria de ter notícias da minha família no Brasil." O espírito respondeu prontamente que estavam todos bem e que eu não deveria me preocupar. "E meus amigos?" "Eles também estão bem." Então, fiz a pergunta que tinha em mente: "Minha mãe escreveu em sua última carta que um dos meus amigos cometeu suicídio, mas ela não tinha certeza disso. Você pode me dizer o que aconteceu?" O espírito ficou silencioso por alguns segundos e finalmente disse: "Seu amigo tentou se suicidar, mas ele está apenas em um estado delicado. Ele não entrou no túmulo." Sem dúvida o espírito estava um pouco confuso; eu queria realmente saber se era mesmo o meu amigo ou outra pessoa. Fiz um sinal ao Sebastian que ele poderia fazer suas perguntas. Ele, imediatamente: "É verdade que o dinheiro do meu pai foi deixado secretamente para Florentina e sua filha?" "Sim, mas não é uma importância tão grande como as pessoas andam falando, é apenas uma pequena quantia." "Como está meu pai, está bem?" "Não, ele ainda não está bem. Ele foi condenado a sofrer mais um mês nesta terra e depois disso ele descansará em paz." "O que o faz sofrer?" "Como você sabe, a Igreja Católica..." (a voz não estava muito clara a partir daí). O espírito deu mais algumas instruções ao Siti e disse: "Bem, agora sou obrigado a partir. Amanhã, sábado, haverá outros que virão ajudá-lo, mas eles trabalharão em inglês. *Adiós.*" Eu disse instintivamente: "*Adiós.*" Siti tentou chamar outros espíritos, mas eles não vieram. Nós podíamos ouvi-lo murmurar com impaciência: "É sempre assim, aqueles outros nunca vêm." Finalmente ele abriu a porta e saiu.

Siti estava um pouco apologético em relação a seu desempenho e disse: "Aqueles são somente os espíritos da lua no quarto minguante, são um tanto fracos. Vocês deveriam ver os da lua cheia: eles são tão fortes que, certa vez, jogaram-me no rio, no fundo do meu quintal. Vocês podem ver como está essa pobre casa: é tudo trabalho deles." Conversamos por algum tempo, isto é, Sebastian falou em caraíba com ele e, às vezes, em espanhol comigo e a conversa ia se tornando mais genérica. Mais ou menos depois de um quarto de hora, dissemos adeus e voltamos para casa. Disse a Sebastian o quanto o espírito tinha errado no meu caso e tentei ver como ele reagiria diante da minha opinião de que Siti poderia estar usando uma de suas conchas para produzir a voz anasalada. Foi quando ele disse que, realmente, as duas vozes nunca eram ouvidas juntas, como acontece freqüentemente em qualquer conversa. Mas ele acha que a resposta para a sua pergunta foi um tanto astuta. Perguntou-me também se eu tinha ouvido o que o espírito falou sobre a Igreja Católica. Porque há um padre, que foi um grande amigo de seu pai, que estava tentando vê-lo pessoalmente. Assim, no fim das contas, Sebastian não é tão completamente céptico.

Ele me contou que os pontos principais de sua conversa com Siti eram os seguintes: primeiro a eterna questão, o que há dentro do *gule*? Siti disse que o *búiei* e seus assistentes colocam lá dentro três moedas de prata, mas, às vezes, algum inimigo da família poderia também colocar, por pura malícia, um osso humano ali também. Isto poderia atrapalhar tudo por um longo tempo, até que fosse descoberto. Sebastian suspeita que haja outras coisas dentro do *gule* além dessas três moedas. Segundo, uma outra dúvida antiga: qual é o nome do templo? Taylor, em suas cartas, fala em *dabuiaba*; Pedro Moreira disse-me que esse nome é usado para o templo, mas também para o *digi*; outras pessoas chamam o templo de *dibassen*. De acordo com Siti, *dibassen* é a casa onde se penduram as redes e onde se pode realizar um *abáimahani* ou *arúmahani* ou alguma cerimônia menor; enquanto *dabuiaba* é o "templo real" onde o *digi* acontece.

Eu me esqueci de dizer que dei duas lempiras ao Siti na despedida. Ele ficou contente e surpreso. Não creio que ele esperasse tanto. Ele disse: "Isso é para as velas e acenderei uma para você também, portanto será em seu próprio benefício." A muitas das perguntas que Sebastian lhe fez disse que não podia responder, e que teria de consultar os espíritos primeiro. Não sei se isso foi uma confissão de ignorância ou se há barreiras espirituais que devem ser removidas antes que essa informação possa me ser comunicada. Uma dessas questões era a respeito daquela passagem do *digi* quando o *búiei* canta um *úienu* e depois canta como um galo, mas um galo muito triste. Quando ele me contou isso pela primeira vez, pensei que ele quisesse dizer que o *úienu* cantado pelo *búiei* era muito pesaroso e que estivesse tentando descrevê-lo através de uma imagem poética. Parece que o *búiei* realmente imita o canto do galo naquela canção.

08

Hoje proferi outra conferência na escola para os professores, atendendo a um convite de Urtecho. Depois tive de aceitar o convite de Urtecho para tomar uma cerveja com ele. Encontramos o doutor na *cantina* e ele veio se sentar conosco. O lucro líquido disso tudo foi uma manhã perdida. Estou cada vez mais farto dessas obrigações sociais que, felizmente para mim, são poucas. Até o momento não recusei nenhum convite, mas não desejo de forma alguma me envolver na vida social de uma cidadezinha provinciana. Preciso conseguir ser aceito como um tipo de pessoa excêntrica, fanaticamente apegada ao trabalho, talvez assim eles me deixem em paz.

À tarde estava trabalhando com Sebastian, quando recebi a visita de Teófilo e mais dois amigos, um dos quais é neto de Abram Lopez. Conversamos sobre assuntos diversos, mas o que fez a conversa pegar fogo foi como sempre os *gubida*. Sebastian e cada um dos outros tinham sua história para contar. A maioria delas era, como de costume, sobre almas penadas que aparecem aos mortais pedindo missas ou algum outro remédio espiritual para suas aflições.

Não me lembro de todos os detalhes dessas histórias, nem acho que seja necessário registrá-las, visto que diferem muito pouco umas das outras e já tenho um número suficiente registrado. Há um outro assunto que merece mais atenção e que veio à baila pela primeira vez. Penso que foi Sebastian quem primeiro abordou a existência de pessoas que têm "orações fortes" que as protegem contra balas de armas de fogo, facas e outros tipos de ferimentos físicos. Ele contou a história de um amigo seu e o que lhe aconteceu quando ambos estavam trabalhando em Choluteca ou em alguma outra parte da República. A história é muito envolvente e com muitos incidentes. Os incidentes mais significativos estão relacionados com a rivalidade entre o amigo de Sebastian e um índio, cuja mulher mostrou preferência pelo caraíba. Em Honduras, os índios têm uma posição muito melhor que a dos negros. Parece que na América Central isso é até mais acentuado que no México ou na América do Sul. Sempre que Sebastian colocava as palavras na boca do índio, ele o fazia referir ao amigo como "aquele negro", com um tom de muito desprezo. Mas, depois de vários acontecimentos, o caraíba desafiou o índio para um encontro à meia-noite perto da Black Bridge; o negro não deveria levar armas e o índio levaria seu revólver, o mesmo que já tinha falhado uma vez em virtude dos encantamentos possuídos pelo caraíba. O índio foi totalmente derrotado, pois ele não pôde disparar seu revólver, como se algum poder sobrenatural o impedisse. Ele reconheceu sua derrota e ambos voltaram para o quarto de Sebastian, onde seu amigo também estava alojado e juntos beberam duas garrafas de gin da Nicarágua.

Ele mencionou também a "oração do charuto", assunto que ficou um pouco obscuro. Parece que se trata de uma oração que ajuda o marido ou a esposa a recuperar o seu cônjuge.

Esta noite vou a uma festa oferecida pelo melhor da sociedade em Trujillo e tenho de acordar às quatro horas da madrugada para ir a Santa Fé e San Antonio com Sebastian, Miranda e Polo Santiago. Promete ser uma viagem cheia de acontecimentos.

09

Às quatro horas da madrugada, como tinha sido combinado ontem, Sebastian e Miranda vieram me acordar. Dormi apenas três horas, mas me sentia em boa forma. Colocamos em um saco de cânhamo os sanduíches que Maria tinha preparado e uma garrafa térmica cheia de café; com os *géfegus*[21] e *quéques* (bolos) que a mulher do Alfredo tinha preparado, nós estávamos seguros de que não passaríamos fome.

Partimos numa completa escuridão, pois o nascer do sol, nesta época, é por volta das seis horas. Encontramos poucas pessoas indo para Santa Fé, visto que não é comum passar o domingo lá; ao contrário, as pessoas vêm de lá no

---

21. Comida típica, uma mistura de farinha de trigo, leite de coco e gordura. (N. de R.)

sábado para passar o domingo em Trujillo. A viagem é muito mais atraente a pé do que a cavalo, pois pode-se caminhar pela praia o tempo todo.

Passamos por muitos *cayucos*, a maioria carregada de frutas, iúca e milho, somente um ou dois tinham peixe para vender. Passamos também por um grupo de homens carregando uma enorme rede varredoura (*chinchorro*). Falamos o tempo todo sobre as pessoas que vivem nas três aldeias que íamos visitar: Santa Fé (Geriga), San Antonio (Funda) e Guadalupe (Márgurug). Conversamos sobre as danças *digi* celebradas nesses lugares; nos vilarejos uma licença[22] para tal dança custa somente vinte e cinco lempiras; assim, quando alguém necessita de uma celebração tão grande, vai a esses lugares com toda a família e várias outras pessoas. Perguntei se aquilo poderia ser feito, pois eu acabara de ser informado de que a dança *digi* somente poderia acontecer "no lugar onde a família tinha suas raízes". Isso é mais que uma metáfora abstrata, pois quando uma criança nasce o *compañero* (a placenta) é enterrado em um canto da casa, sob a viga mais forte. Esse é o local consagrado aos antepassados, onde a comida lhes é colocada em todas as ocasiões festivas. Responderam-me que o *chugu* (abreviação de *achugahani*) poderia se realizar somente naquela casa, onde o cabeça da família nasceu, mas a dança em si poderia ser realizada em qualquer lugar escolhido ou onde fosse mais conveniente. Contaram-me também que a criança que nasce com o âmnio (*agai*) é considerada especialmente forte e bem aventurada; é chamada *gágaiti*. A mãe deve guardar o âmnio em sal ou secá-lo de forma a obter uma pequena parte dele e reduzi-lo a pó e dá-lo à criança com água à medida que ela cresce. Diz-se que isso mantém a criança fisicamente muito forte e livre dos males espirituais. "Não é qualquer pessoa que pode fazer mal através de meios mágicos a uma *gágaiti*." Disseram-me que, talvez, eu pudesse ver um *dibassen* em Santa Fé e falar com um poderoso *búiei* que vive lá. Contaram-me também sobre as pequenas cestas que são guardadas no templo, chamadas *guágei*. Elas são feitas em vime e há uma para cada membro da família que toma parte no *digi*. Cada um tem sua própria *guágei* que leva ao templo e a deixa lá com uma peça de roupa tingida com *achote* e pendurada do lado de fora. Todas as *guágeis* de uma família são dispostas numa certa ordem, de forma que quando você entra no templo e vê três fileiras de *guágeis*, você já sabe que há três famílias que são responsáveis pelo *digi*.

---

22. Ver *infra*, p. 44. (N. de R.)

NOVEMBRO DE 1947

Visitamos Santa Fé e San Antonio. Não pudemos encontrar o *búiei* em casa, em Santa Fé, mas falei longamente com seu filho e acho que ele ficou bem impressionado comigo. Ele é um rapaz baixo com um ar sério e maneiras educadas e reservadas. Há algo nessa seriedade precoce que ele demonstra que me faz lembrar os filhos dos ministros protestantes que conheci. Ele fala com uma voz trabalhada e usa somente expressões escolhidas. Parece que seu pai estava ausente fazendo um trabalho em algum lugar. A princípio, ele se mostrou desconfiado e disse não ter certeza se seu pai gostaria de conversar comigo sobre assuntos religiosos. Apressei-me em responder que não esperava, numa primeira visita, abordar assunto tão delicado mas, como eu estava interessado nesse tema e conhecia algumas particularidades por experiência própria, o encontro poderia ser vantajoso para ambos. Conversamos a respeito de vários assuntos e eu tentei demonstrar-lhe que possuía um bom conhecimento sobre a maneira como os *búieis* trabalhavam em outras partes do mundo. Polo disse a ele: "Se você sabe muitas coisas e não quer falar sobre elas com aqueles que podem aproveitá-las é muito egoísmo de sua parte." Pancho respondeu que não era egoísmo, mas não se pode falar sobre certas coisas com o primeiro que aparece. Tentei contornar as coisas da melhor maneira possível e partimos para San Antonio que fica apenas a meia hora de caminhada de Santa Fé. Pancho acompanhou-me todo o percurso e conversamos sobre as origens dos caraíbas, suas tradições, etc.

Em San Antonio procuramos por Juan Lagarto, mas fomos informados que ele estava em Guadalupe. Sebastian temeu que a caminhada fosse demasiada para mim, porém disse-lhe que poderia fazê-la perfeitamente. Fomos então para Guadalupe e o encontramos quando já tínhamos desistido da idéia de encontrá-lo. Juan Lagarto é um homem idoso de rosto expressivo e feio, uma voz rouca exagerada e uma perna torta semi-paralisada que o obriga a andar de uma maneira peculiar. Meus amigos o receberam com uma explosão de exclamações e insultos de boa índole. Ele respondeu a tudo de modo espirituoso, sobretudo às alusões feitas às suas supostas façanhas amorosas. Sentamo-nos todos e eu, por sugestão de Polo, mandei buscar meio litro de *guaro*. Depois que o *guaro* estava devidamente distribuído e ingerido, as pessoas pediram as mais diferentes histórias. Juan Lagarto começou a falar e não teria parado nunca, passando de uma coisa para outra sem um minuto de pausa. Ele contou histórias d'*As Mil e Uma Noites* e histórias inventadas por ele mesmo, cantou composições suas e, de repente, começou a recitar algo que soava como um manual de catecismo elementar. Obedecia o bem estabelecido método de perguntas e respostas: "Quem foi Jacó?" "Filho de Abraão." "Conte-me a história de Jacó." E assim por diante. Ele recitava as perguntas e respostas. Usava adjetivos pouco comuns e com apaixonada prodigalidade, não se importando muito com a exatidão do significado. Adjetivos como "conjuntivo", "auxiliário", "impérvio" eram adaptados em quase todas, senão em todas as suas frases. Uma vez, após um período particularmente sonoro, ele parou e disse: "Que bonito! Como é belo ser capaz de falar bem a língua espanhola!"

Juan Lagarto conta todas as histórias no estilo tradicional caraíba, com canções e interrupções dos espectadores. Algumas delas, no entanto, não têm canções, e mal poderiam ser chamadas de histórias, pois o enredo é muito simples e serve tão somente para ilustrar um aspecto moral que é ricamente desenvolvido. Aquelas histórias pareciam-me aprendidas de cor, tiradas de qualquer livro elementar de leitura. A prosa de Juan Lagarto mostra também sinais evidentes da influência de novelas baratas. Suas personagens têm a fronte de mármore, a pele da cor do leite, das rosas, o cabelo tão formoso quanto o nascer do sol, etc. Após ouvi-lo por um tempo bastante longo, veio o pedido de praxe: ele precisava de algum dinheiro para comprar o peixe do dia, eu lhe dei cinqüenta centavos. Ele é realmente mais vivo do que Pedro Alvarez e não tão intelectual, por assim dizer. É menos um ator do que um palhaço e posso perceber que é capaz de dominar uma platéia completamente. Não há nele nenhum refinamento, mas um grande vigor e o uso habilidoso de efeitos fáceis. Insisti para que ele viesse me ver quando de suas visitas a Trujillo, pois gostaria de ter algumas de suas histórias registradas.

Voltamos a Santa Fé, mas o *búiei* não tinha voltado como havíamos desejado. Assim, iniciamos nosso caminho de volta para Trujillo, onde chegamos às cinco e meia.

Estávamos todos impressionados com a popularidade de Polo. Sempre que passávamos por uma aldeia, vinham cumprimentos de todas as casas; especialmente quando passávamos pelo rio, no fim da aldeia, as mulheres lavando suas roupas recebiam-no com ruidosas manifestações de alegria. Ele apontava sua câmera para elas e elas se dispersavam aos gritos, mergulhando no rio. Visto que se banhavam em roupas escassas, às vezes somente uma peça de roupa amarrada à cintura, o que é considerado por todos como um ato pouco civilizado.

Quando voltamos parei na casa do Miranda, enquanto os outros, Polo e o rapaz de um braço só, Juan, foram para algum outro lugar. Na casa do

Miranda encontramos Chinda, a mulher de Polo, que perguntou onde ele estava. Dissemos que Polo tinha ficado em Santa Fé, onde ele tem outra mulher. Alfredo acrescentou que Polo tinha se comportado muito mal o caminho todo, não pensando em nada a não ser correr atrás de mulheres. Chinda levou a brincadeira calmamente e se saiu muito bem. Ela disse: "Bem, deixe-o lá então, eu volto para a dança onde está cheio de homens." Continuamos com brincadeiras do mesmo tipo, as quais considero muito ao gosto dos caraíbas. A mulher de Alfredo, que é um tanto ingênua, entrou nesse momento e disse: "O quê? Polo se comportou assim? Não acredite nessas mentiras, Chinda!" Todos rimos e Chinda mais que todos. Acho que sua reação, embora isso não passasse de uma brincadeira, é bem típica. A mulher caraíba é independente e não aceita com meiguice e humildade os namoricos de seu homem.

Acho que foi um dia proveitoso, embora não tivéssemos podido visitar os *dibassen* em Santa Fé. Pancho disse que tinham sido demolidos, o que todos suspeitam não ser verdade. Entretanto, contatos muito bons foram estabelecidos e, uma vez que as pessoas dessas aldeias constantemente visitam Trujillo, espero vê-las novamente e conseguir muitas informações.

10

Senti-me muito cansado essa manhã. Meus delicados e civilizados pés ressentiram-se da viagem de vinte e quatro quilômetros de ontem; estão inchados e doem quando ando. Decidi não trabalhar muito hoje. Entretanto, senti a necessidade de fazer anotações de coisas que poderão ser esquecidas mais tarde. Pedi ao Sebastian para contar-me sobre a "oração do charuto" que ele havia mencionado durante nossa viagem. Outro fato que é preciso registrar: meu amigo Pedro Moreira, antes de sua conversão ao catolicismo, era evangelista, como eles dizem aqui (provavelmente batista). Preciso saber mais sobre os protestantes em Trujillo.

11

Sebastian passou a noite toda ou quase a noite toda pescando com arpão. Disse-me que ele e Miranda arparam dois filhotes de tubarão, um mero, duas arraias, dois *sávalos* e um outro peixe grande. É uma grande pescaria, se ele não estiver exagerando um pouco. Os outros pescadores consideram

Sebastian inábil. Ouvi comentários sobre isso, sem maldade, pois foi dito que ele não tem prática, tendo passado vários anos longe de Trujillo. Quando Lorenzo foi para Puerto Barrios, vendeu suas nassas para Simeón Marin, ao invés de fazer algum tipo de acordo com seu irmão, que está pensando em se casar e necessita de um meio de sustento regular para si e sua futura esposa. Pelo que me foi explicado, Sebastian realmente não sabe como lidar com as nassas para pescar lagostas.

O choque entre Sebastian e Maria está se tornando mais sério. Minha tática tem sido a de ignorar completamente, mas não sei se consigo agüentar. Percebo agora que Sebastian, no começo, estava pronto para aproveitar qualquer oportunidade para discutir com ela e até mesmo criava tais oportunidades. Ele não gosta de sair para levar recados ou fazer pequenos serviços e tenta dificultar ao máximo que Maria o envie para tais fins. Hoje ele falou em deixar o serviço, pois, qualquer dia desses, perde o controle e bate nela. Eu não gosto da idéia de perder qualquer um dos dois, mas se Sebastian quiser ir embora, sinceramente, eu o deixarei ir. Talvez seja mais fácil encontrar uma boa cozinheira do que um bom informante, mas sinto que seria injusto demitir Maria. Além disso, se eu assim o fizesse, Sebastian poderia considerar-se indispensável e tornar-se difícil de controlar.

Pouco trabalho foi feito, pois Sebastian estava muito cansado e eu recebi um telegrama de Taylor avisando-me que chega amanhã, portanto tenho que fazer alguns arranjos para a sua acomodação.

12

Pela manhã, fui ver a sra. Glynn para resolver o problema da cama e do colchão para Taylor. Tive que gastar tempo demais falando com ela. Voltei, mas o problema ainda não estava solucionado e eu tive que voltar a falar com ela uma vez mais. Taylor chegou no avião da tarde. Ele não é nada do que eu esperava. Numa descrição simplista de um primeiro contato, poderia dizer que ele é o típico representante das classes sociais mais altas de qualquer país que eu tenha conhecido. Isto é, um tipo especial de pessoa da classe alta. Faz-me lembrar meu primo Gilberto, que é comunista. Taylor fala francês tão bem ou melhor que um parisiense e alemão como um nativo do país. Ele é bem informal (agradeço aos *gubida*!) e há nele também algo de definitivamente artístico, e, segundo o estereótipo, de boêmio também. Conversamos o dia todo e fomos deitar bastante tarde.

13

Nenhum trabalho. Conversei com Taylor sobre todos os assuntos, mas a conversa sempre voltava aos caraíbas como a agulha magnética de uma bússola. Trocamos impressões sobre tudo o que sabemos sobre eles.

14

Conversamos, conversamos e conversamos... Tomamos a decisão de ir a Santa Fé no domingo. Taylor está curioso para conhecer as três aldeias, especialmente Funda (Guadalupe) onde há pessoas da família dos Hopkins.

15

Passamos o dia todo e a noite tagarelando até cansar. Decididamente gosto desse sujeito.

16

Como de costume conversamos até tarde da noite e não conseguimos acordar às cinco horas para estar já às seis a caminho, como Teófilo tinha sugerido. Às oito horas ele veio à nossa casa e acordou-me e eu acordei Taylor. Depois de juntarmos as sobras de tudo o que pudemos encontrar para fazer um rápido café da manhã, partimos para nossa viagem. Pegamos os sanduíches e as duas garrafas térmicas com café que Maria tinha preparado para nós.

Chegamos a Santa Fé por volta das onze horas. Na entrada da aldeia encontramos um homem que trocou cumprimentos com Teófilo em caraíba e parou para conversar conosco. Aparentemente ele sabia das minhas visitas anteriores a Santa Fé, pois começou a falar sobre a raça caraíba e perguntou-me se eu conseguiria, no Brasil, livros sobre a história dos caraíbas para a população de Santa Fé. Ele me assegurou que venderia. Isto acontece com monótona regularidade. Estou começando a ficar cansado de ter que dar sempre as mesmas respostas. Taylor disse-lhe que a situação deveria ser inversa, isto é, nós é que deveríamos estar indagando sobre o que ele sabe a respeito de seu povo. "Por que você não escreve sua própria história?" perguntou. O homem respondeu que os caraíbas não tinham instrução suficiente para isso, já que eles são tão inteligentes que o governo de Honduras tem medo de ensiná-los demais, pois eles dominariam o país.

Entramos na aldeia e, como estávamos com sede, paramos junto a uma casa e pedimos água. Fomos convidados a entrar, assim o fizemos e nos sentamos. Enquanto estávamos proseando, o dono da casa chegou e, por coincidência, não era outro senão o homem com quem conversávamos pouco antes. Após uma rápida conversa, fomos encontrar o famoso *búiei* de Santa Fé, Faustino Fernandez, cujo filho, Pancho Fernandez, eu tinha encontrado na minha visita anterior a Santa Fé. Durante nosso percurso, paramos em várias casas, como é costume por aqui. A sra. Pedro Moreira estava visitando uma delas e disse-me que estava voltando para Cristales. Paramos também para colher uma amostra de uma planta que é sempre mencionada pelos caraíbas, mas que Taylor não pôde encontrar em Honduras Britânica.

Finalmente chegamos à casa do *búiei* que está situada a uns duzentos metros da última casa da aldeia. Isso parece estar de acordo com a tradição, pois os *búieis* sempre vivem isolados. Quando estávamos a uns trinta pés da casa, ouvimos os tambores. Taylor achou que ele nos ouviu chegar e começou a tocar. É provável, pois o vento teria levado o som do tambor para muito longe e nós o teríamos ouvido a uma grande distância.

O velho Faustino Fernandez impressiona bastante. Ouvi dizer que tem sessenta e cinco anos, olhos penetrantes e orelhas bem proeminentes que ficam mais acentuadas pelo cabelo que ele corta o mais curto possível, como se fosse cortado com uma navalha. Vestia somente bermudas e sandálias de couro, uma mistura de esportividade com ascetismo, pelo menos no vestuário. Ficamos todos em silêncio por um minuto ou mais e nosso amigo, chamado Gonzalez, começou a conversa em caraíba. Taylor logo se juntou ao grupo e contribuiu para criar uma atmosfera natural. Ele ficou atraído por uma *kataure* pendurada na parede e fez algumas observações sobre a sua forma que difere consideravelmente da forma das *kataures* de Honduras Britânica. Concluímos que deve ser porque as *kataures* em Honduras Britânica são usadas principalmente por homens e têm pedaços de corda que passam ao redor dos ombros, como a bolsa de um soldado nos países europeus. Os homens não as usam como uma tira passando pelas palmas das mãos, como as mulheres o fazem; naturalmente a forma é muito diferente.

A conversa inconscientemente derivou para religião. O velho Fernandez começou a falar comigo sobre sua religião, afirmando ser ela muito respeitada e com raízes muito antigas. "Quando veneramos nossos mortos, saudamos Abraão e Sara como nossos antepassados. Esta é a canção que cantamos (ele pegou seu tambor e cantou um verso de um *üienu*). Isso é o que cantamos em honra de Abraão! Abraão! Abraão! Abraão!" Ele falava excitadamente em um tom alto. "Pois nós não somos negros! Nossa pele pode ser escura mas somos brancos! Somos descendentes de Manassés, filho de José! Por isso cantamos para Abraão e para Sara quando prestamos culto!" Teófilo chegou naquele momento e Taylor disse: "Entre, Abraão!" Não sei se Faustino o ouviu, mas a partir desse momento ele se dirigiu mais a mim. Eu disse que aquilo era muito interessante, pois havia muitos povos na África que poderiam rastrear seus ancestrais até aqueles que viveram antes de Cristo. A conversa prosseguiu e falamos sobre as medidas policiais contra o culto *gubida*. Faustino estava muito triste com os padres que lutavam contra o *gubida* e com os brancos que o desprezavam, achando que deveria ser proibido. Eu me declarei de acordo com sua opinião e contei sobre o que aconteceu em Recife, conforme a última carta do sr. Herskovits. Continuei falando e afirmei que considerava o culto *gubida* tão respeitável e tão válido quanto qualquer outra religião. Desenvolvi demoradamente o tema, tentando ser absolutamente sincero e também comunicar a eles o que realmente penso sobre o assunto. Senti depois disso um certo relaxamento da tensão na atmosfera do aposento. Conversamos sobre as medidas poli-ciais contra o culto *gubida* e Faustino Fernandez contou-me que a taxa nominal de vinte e cinco lempiras para uma licença nem sempre era paga. Seria possível conseguir-se por quinze, dez ou cinco lempiras de acordo com a consciência do policial encarregado.

Depois disso a conversa foi mais fácil. Lembro que nos contou que sofreu muito com a perseguição policial em 1905, em Honduras Britânica. Taylor perguntou-lhe quantos filhos ele tinha, respondeu que três da mulher legítima e seis de outras mulheres. Conversamos por mais alguns momentos e decidimos iniciar nossa viagem de volta a Trujillo. No entanto, eu quis ver Pancho, filho de Faustino, com quem eu tinha tido uma longa conversa quando estive em Santa Fé pela segunda vez. Nós o encontramos quando estávamos voltando e ele nos acompanhou até a casa de Gonzalez, falando comigo o tempo todo. Lá comemos algumas laranjas e voltamos, chegando mais ou menos às seis horas e encontrando uma Maria muito impaciente, embora com um sorriso, esperando por nós.

17

Hoje, nós dois nos sentimos muito cansados. Apenas nos sentamos e... conversamos um pouco mais.

18

Saí com Taylor pelos arredores e apresentei-o a Miranda e a algumas pessoas da família do Miranda. Fomos também até a casa de Pedro Moreira, mas ele não estava.

19

Discuti com Taylor o significado de certas palavras caraíbas que são empregadas para nomear espíritos ou, como dizem os caraíbas, seres não-cristãos, e para a alma ou almas de pessoas vivas. Ele corrigiu minha interpretação dos termos e mostrou-me as conotações que os referidos termos tinham no dicionário de Breton escrito em 1642. A maneira como essas palavras têm sido reinterpretadas apresenta problemas fascinantes de aculturação. Logo trouxe Sebastian para a discussão para tornar o significado das palavras mais claro. Como resultado tivemos uma *mise au point* geral de vários conceitos, o que considero bastante útil.

20

Continuamos a conversa de ontem. Pedi ao Taylor para me passar, de uma maneira mais sistemática, suas impressões sobre a cultura como um todo.

21

Falamos sobre os caraíbas das ilhas comparados com os caraíbas da América Central. Apliquei o Rorschach em Sebastian apenas para treinar e não perder a forma.

22

Gastamos o dia todo com o *chugu*.

23

O mesmo do dia anterior.

24

Escrevi minhas impressões sobre o *chugu* e analisei o Rorschach de Sebastian.

25

Escrevi minha descrição do *cugu*. (De agora em diante, *c* terá o som de *ch* nas palavras caraíbas.)

26

Pedi ao Sebastian maiores informações relacionadas ao *ogoreu* e sobre os *duendes*.

27

Li as notas de Taylor sobre a língua caraíba. Ultimamente Taylor tem estado ocupado com a análise de um texto de conversa. No geral, minha impressão é que seria insensato tentar aprender o caraíba. Pensei que fosse encontrar uma língua como o crioulo, mas *é* muito diferente. Não somente a estrutura gramatical, a morfologia, a fonologia, mas também o vocabulário é em larga escala completamente estranho para uma pessoa que fala uma língua indo-européia. Visto que eu não tenho dificuldade em me fazer entender em espanhol com as pessoas daqui, tentarei somente aprender tantas palavras importantes quanto me for possível para ter uma melhor compreensão da cultura. Estou lendo também *The Science of Language*, de Bloomfield.

28

Parece que a estação chuvosa começou para valer, embora com dois meses de atraso, segundo os trujillanos. Tem chovido o dia todo com breves interrupções. Tenho relido minhas notas e pensado no que fazer a seguir.

29

Outro dia chuvoso. Outra vez ficamos o dia todo em casa. Passei a maior parte do tempo conversando com Sebastian sobre os rumores da aldeia e outros assuntos. Ele me falou sobre as *buruhas* (do espanhol *bruja*[23]) e parece não compreender que é uma palavra européia. Conforme o conceito, é uma fusão de lobisomem e vampiro: sugam o sangue à noite e podem se transformar em corujas, em grandes cães pretos ou também em porcos pretos. Dorotéa, uma renomada mulher *búiei*, segundo Sebastian, costumava ser uma *buruha*, em tempos passados.

30

Taylor e eu estamos tentando organizar nossos dados sobre a cultura caraíba. Divirto-me ao notar que ele evita usar a palavra negro ou africano para traços que definitivamente não são nem caribenhos nem europeus. Ele diz *West Indian,* um termo que me parece ambíguo; prefiro dar nome aos bois, uma vez que o elemento comum a ser encontrado nas culturas de Cuba, Hispaniola, Jamaica, Puerto Rico e Pequenas Antilhas é africano na origem. A cozinha caraíba negra, o culto ancestral e muitas peculiaridades em sua estrutura de personalidade básica são, quiçá, africanos. Talvez a relutância de Taylor em admiti-lo seja em parte inconsciente. Não é segredo que ele não gosta de negros, porém ele acha que está sendo inteiramente racional sobre isso. Ele leu para mim algumas histórias registradas entre os caraíbas da Dominica. Quando demonstrei interesse pelo fato de eles chamarem todos os tipos de espíritos maus de zumbis, observou: "Isso, claro, é *West Indian*." Eu disse: "Pensei que fosse africano" com uma inocente expressão de surpresa. "Bem, africano na origem, se você quiser." Gostaria de saber se eu também tenho preconceitos. Ou, pelo menos, se eles são tão fortes quanto esse e eu nada sei sobre eles.

---

23. Bruxa. (N. de R.)

Vista da aldeia de Trujillo.

Dezembro

01

Fiz, outra vez, uma lista de termos, desta vez relacionados com feitiçaria, magia e afins e questionei Sebastian sobre as diferenças e nuances de significado. Taylor foi muito útil na correção da transcrição, dando-me a etimologia das palavras. Como antes, às vezes, ele se interessava pela conversa e intervinha para perguntar sobre alguma questão de linguagem ou outro aspecto.

02

Tive outra discussão com Taylor a respeito da metodologia. Ele não concorda com a minha maneira de colocar para o informante todas as questões que eu possa formular. Acha que se deve esperar pela ocasião em que o assunto venha à baila espontaneamente, se o entendi bem. Isso explica a frase repetida inúmeras vezes em suas cartas e que me intrigava. Refiro-me à sua afirmação que o trabalho antropológico surge como ondas; às vezes ele te engole e às vezes há um longo e árido intervalo. É certamente diferente da minha concepção de pesquisa sistemática, exercida dia-a-dia e do paciente desenvolvimento do seu conceito cultural. Ele diz que, às vezes, o próprio informante está muito confuso sobre várias noções, o que é, sem dúvida, verdade. Mas eu não vejo porque alguém é mais fiel aos fatos quando aceita passivamente aquela confusão e se contenta em registrá-la. Quero saber sobre a variação nos costumes, como pessoas diferentes têm concepções diferentes, o grau de variabilidade, a existência ou não de uma estrutura oficial de conhecimento, etc. Não há desculpa para não se explorar profundamente uma cultura. A idéia de ser confusa, porque é assim que a cultura é, se aceita em sua totalidade, não levaria à apresentação de um registro escrito, pois não há na cultura registros escritos. E aqueles aspectos da cultura sobre os quais as pessoas não têm absolutamente uma idéia consciente, deveriam simplesmente ser ignorados!

03

A chuva continua constante, exceto por breves intervalos que servem somente para acentuar sua monotonia quando ela volta a cair. Taylor refere-se à *Chuva* de Somerset Maugham, menção que não ajuda em nada. Falamos sobre a provável influência de outros grupos sobre os caraíbas negros, principalmente os Miskito e Sumu, jamaicanos, haitianos e crioulos negros; Payas, e antilhanos do leste. É muito difícil até mesmo conjeturar sobre essa particularidade. Taylor também ouviu em Belize, assim como eu ouvi aqui, que o *gundjái*[24] foi introduzido por um haitiano; dizem que a *karapatía* é uma dança *coolie*[25]; mas tudo isso é vago.

04

Hoje Taylor e eu visitamos Siti. Tive a oportunidade de verificar as informações de Sebastian com um especialista. À tarde a chuva começou outra vez.

05

Taylor decidiu partir. Ele acha que não pode trabalhar com caraíbas falantes de espanhol. De fato, observei que, às vezes, ele perguntava a tradução de uma palavra inglesa para o caraíba, tentando usar o espanhol sem resultado; encontrava a palavra e, então, perguntava em caraíba o equivalente espanhol. Dessa maneira ele pôde aprimorar seu espanhol, o que não é o que ele está procurando na América Central. Tentou me convencer a acompanhá-lo em sua viagem de volta a Belize. Penso que neste momento não seria proveitoso para mim. Gostaria de estar por aqui nas comemorações do Natal, sobre

---

24. *Gundjái* e *sambái* são formas de dança. As palavras também designam os ritmos das respectivas danças, daí a variação do emprego do artigo feminino e masculino. (N. de R.)
25. Cule; diz-se dos operários chineses ou hindus, ver *infra*, p. 126. (N. de R.)

as quais as pessoas falam tanto. Há a possibilidade de pegar um barco para Iriona e de lá ir para Belize. Seria uma boa oportunidade de conhecer toda a costa Mosquito, na verdade, quase toda a costa do Mar dos Caraíbas.

06

Passamos o dia todo tentando obter informações precisas sobre navios e aviões. Finalmente decidimos tomar um avião para La Ceiba e então um barco para Roatan, que partirá na segunda-feira à noite. Lá, Taylor tomará um barco para Belize e eu voltarei para Trujillo.

07

Fiz algumas perguntas a Sebastian sobre a divisão do produto da pesca e tomei algumas notas. Amanhã estaremos partindo para La Ceiba.

09

Antes de partir para La Ceiba houve um incidente desagradável. Ontem comprei duas lagostas de Marin, através do Sebastian, e paguei por elas setenta e cinco centavos de dólar. Maria disse-me que eu havia pago o dobro do preço que se obtém nos arredores e eu lhe disse que sabia que, muitas vezes, tinha de pagar mais porque era considerado um amigo, não um cliente. Sebastian ouviu as palavras finais da nossa conversa e quando eu saí para fazer a reserva da passagem de avião para La Ceiba, ele foi até a cozinha e disse a Maria o que ele pensa dela e de toda a sua família. Como resultado, Maria foi falar com a sra. Glynn e esta me chamou. Disse-me que Maria ameaçou deixar o emprego se eu não repreendesse Sebastian. Eu me envolvi, embora odeie isso; chamei Sebastian e tive uma séria conversa com ele. Disse-lhe que estava satisfeito com seu trabalho e não via nenhuma razão para despedi-lo, mas eu tinha lhe dito para deixar Maria em paz e, se ele insistisse nessa atitude, ela iria embora e eu não queria perdê-la. Ele reviu toda a situação, negando uma suposta trama que faria com que Maria saísse para colocar sua namorada no lugar dela. Maria tinha me falado sobre isso mas, como eu não tinha tocado no assunto, sua negativa tornou a acusação muito forte. Disse a Sebastian que ele estava dispensado de qualquer obrigação dentro da casa e que, de agora em diante, ele seria unicamente um informante, se ele quisesse se manter fora do caminho de Maria. Primeiro ele procurou atacar meu amor-próprio, acusando Maria de lamber as botas da sra. Glynn, tentando fazer com que outras pessoas a imitassem. Permaneci impassível e disse que não queria saber nada sobre a discussão; se ele quisesse trabalhar nas condições que eu havia exposto, poderia ficar porque eu não tinha nenhum motivo de queixa e ele sempre me dera satisfação. Então tentou se mostrar ferido em seu orgulho e seus sentimentos: "Bem, senhor, penso que não é trabalho bastante para um homem", etc. Eu o ouvi até o fim e então disse: "Nesse caso você pode ir, Sebastian." Este foi o momento para meu astuto Sebastian mostrar os numerosos Fc* do seu protocolo de Rorschach; ele mudou imediatamente e disse: "Bem, don Ruy, não estou enganando ninguém, a não ser a mim mesmo e o senhor sabe. É um bom emprego e eu gosto dele." Eu ri e disse-lhe que quando voltasse de Roatan ele teria muito o que fazer porque eu pretendia visitar as mulheres velhas e pedir-lhes para que viessem me visitar, e ele me levaria para diferentes lugares em Cristales. Tudo está em ordem. O jogo de Sebastian foi inteligente, visto que ele percebeu rapidamente que eu estava aborrecido com a interferência da sra. Glynn nos meus assuntos domésticos, e tentou fazer uso disso. Penso que ele desistiu da idéia de me fazer tomar sua namorada como minha cozinheira.

Partimos para Roatan às dez horas, ou melhor, dez e meia, horário de verão, e chegamos muito bem em La Ceiba. Fomos ver o barco, logo após deixarmos nossa bagagem no Hotel Paris; deixamos nossos nomes com o funcionário da alfândega e pagamos a taxa para viagens marítimas. Fomos informados que o barco sairia às oito horas, assim, chegamos ao cais por volta de sete e meia, mas esperamos pelo capitão até quase dez horas. Ouvimos pessoas de Bay Islands falando o seu estranho dialeto inglês. Taylor ficou muito interessado, embora tivesse confessado que entendeu menos do que o caraíba, o que deve ser verdade pois, no começo, eu quase não entendi nada. Finalmente encontramos o capitão que nos disse que o funcionário que recebeu nosso dinheiro e de mais quinze passageiros não nos registrou e não nos trouxe a autorização para a viagem, mas apossou-se do dinheiro e foi beber e farrear. Contudo, ele iria devolver todo o dinheiro. Finalmente subimos a bordo do "A. M. Kern", mas primeiro eles tiveram que levar o navio a

---

* Segundo a interpretação de Klopfer, o fator Fc no Rorschach indica "adaptação realista a situações concretas". (N. de R.)

uma distância de cerca de duzentos metros e, então, enviar uma canoa para transportar os passageiros. Soa como algo tirado d'*Alice no País das Maravilhas*, mas foi o que aconteceu. E quando você pergunta por que, invariavelmente ouve: "É o regulamento."

Eu tento arduamente esquecer a viagem para Roatan, uma das mais cruéis experiências de toda minha vida. O mar estava muito agitado e, logo, grandes ondas deixaram-nos encharcados até os ossos e mesmo os membros da tripulação tiveram náuseas. Durante meus breves momentos de lucidez, temi que aquela casca de noz, que eles chamavam de navio, pudesse quebrar a qualquer segundo. Que noite! Mas, como todas as noites, esta também teve um fim e às cinco horas da manhã, antes do amanhecer, chegamos à cidade de Roatan, mais conhecida como Coxswains's Hole e tivemos que esperar até que o assim chamado hotel abrisse e acolhesse uma dupla cansada de passageiros.

Permanecemos em Coxswains's Hole por um dia e, no dia seguinte, 10 de dezembro, tomamos um barco americano, de Tampa, na Flórida, que nos levou para Oak Ridge. Durante nossa breve permanência em Coxswains's Hole, fizemos amizade com um caraíba chamado Tiburcio Sabio, cujo irmão Izidro Sabio, que nos foi orgulhosamente apresentado, é diretor de uma escola em Roatan. Tiburcio é marinheiro e conhece vários países na Europa e Ásia, isso para não falar das principais cidades dos Estados Unidos. Foi ele quem nos contou que há em Nova York uma Sociedade Caraíba Negra. Ele prometeu me visitar na época do Natal e me dar o endereço. Izidro Sabio é o típico professor caraíba, convencido de sua importância, usa um vocabulário muito selecionado quando fala em espanhol e faz muitas referências ao desenvolvimento da raça e ao seu próprio papel nisso. Taylor odeia o tipo; para mim, somente me diverte, embora possa se tornar irritante, às vezes.

Partimos para Oak Ridge em companhia de Tiburcio Sabio em 10 de dezembro, às nove horas, a bordo do "S. S. Desire", e chegamos mais ou menos ao meio-dia. Deixamos para trás French Harbor, o único lugar na ilha que não visitamos. Oak Ridge é um pequeno lugar muito interessante, com suas lembranças da época dos piratas, com seu porto escondido e de bom tamanho. É um porto com mais atividade do que o de La Ceiba, pelo menos no que se refere ao número de navios. As principais fontes de renda são a exportação de coco e o contrabando. O auge do contrabando foi durante a vigência da Lei Seca nos Estados Unidos, quando se formaram as principais fortunas na ilha, por exemplo, a do Capitão Gough. Duas horas foram suficientes para visitar todo o lugar, almoçar e iniciar nossa jornada a pé para Punta Gorda, carregando nossas malas.

Foi então que cometi meu segundo erro (o primeiro foi ter vindo). Tiburcio levou-nos à casa de alguns parentes e lá calçou botas de borracha de pescador, que todos na ilha usam quando fazem viagens a pé. Taylor recusou-se a usar aquelas coisas enormes e pesadas, mas eu, impressionado com a descrição dos pântanos e rios que teríamos de atravessar, calcei-as. Começamos a andar e, após um quarto de hora, eu tinha a impressão de que estava carregando uma tonelada em cada pé e que ambos eram mordidos constantemente por gigantescos caranguejos. Tive de parar com freqüência durante os trinta e cinco minutos restantes e finalmente decidi seguir descalço. Em nossa entrada em Punta Gorda, eu carregava minha mala, as botas e os sapatos.

Permanecemos em Punta Gorda até dia 13 de dezembro. Fomos alojados em uma casa onde ninguém vive desde que lá morreu uma velha senhora e sua filha foi embora. Eu estava muito ansioso para saber se havia um *ufīē* na casa, mas aparentemente esse não era o caso e fiquei desapontado. Punta Gorda é, com Santa Fé, uma das mais bonitas e pitorescas aldeias da América Central (aldeias caraíbas, lógico). Todo o norte da praia de Roatan é circundado por uma linha de recifes que lhe dá a aparência de um atol. O mar dentro da lagoa é muito límpido e calmo; pode-se pescar mesmo quando o tempo está muito ruim. Há um rio que corta a aldeia e como sempre acontece há uma rivalidade entre as duas partes. A aldeia estende-se ao longo da praia até que essa chega abruptamente ao fim e um monte rochoso avança para o mar como um soberbo galeão espanhol. Há casas também no outro lado desse ponto e para se chegar até elas é preciso caminhar sobre as rochas, quando a maré está alta.

Durante nossa estada em Punta Gorda fizemos amizade com todos os membros da família Sabio, exceto com os rapazes marinheiros que estavam ausentes. Encontramos também o velho Catarino Ávila, cujo filho vive aqui em Trujillo, o velho Felix Castro e seu filho Julio Castro e toda a família Castro, de Roatan, que não tem parentesco com os Castros de Trujillo e muitos outros. Mas aqueles foram os que conhecemos melhor e com os quais mais falamos.

Punta Gorda não difere muito de qualquer outro povoado caraíba que vi. Os habitantes falam o inglês tão fluentemente quanto o espanhol e o caraíba e parecem ser mais cosmopolitas. Há poucas casas que não tenham um homem jovem ausente a bordo de algum navio. Muitos, como Tiburcio Sabio, estão visitando seus lares por um curto período e, em breve, estarão navegando outra vez. As tradições lá não parecem ser mais vigorosas que em outros lugares. Todos possuem relações de parentesco com pessoas de Trujillo e de outros portos onde os caraíbas são encontrados. De fato, Isidro Sabio foi criado por Abram Lopez, como um *hanuriha*. Há uma moça de Trujillo vivendo lá agora. A mãe de Alfredo Miranda é de Roatan. As pessoas parecem ir de um lugar para outro constantemente, de modo que uma pessoa certamente encontrará pessoas de sua própria família ou amigos, onde quer que ela vá, se houver caraíbas no lugar.

Disseram-nos que não há *búiei* em Punta Gorda; quando necessitam os serviços de um *búiei*, eles chamam um do continente. Parece que o favorito é meu amigo Siti que, dizem, realizou curas na aldeia. A última vez que ele esteve lá, a sessão foi invadida pela polícia, mas os *hiúruha* de Siti avisaram-no a tempo, de forma que ele pôde dispersar calmamente a multidão e ninguém foi pêgo. Don Ambrosio Sabio era céptico a respeito de Siti e eu o defendi. Os Sabios, apesar de sua sofisticação, não declaram desacreditar nos *gubida*. Don Ambrosio disse-nos que ele não acredita nos *búieis* da geração moderna decadente.

Catarino Ávila declara ser protestante. Lê constantemente a Bíblia e tem uma cópia do Evangelho de João traduzido para o caraíba. Ele o sabe quase de cor. Segundo Taylor, essa tradução não é tão ruim quanto o panfleto de catecismo que nos foi dado pelo Padre Pedro.

Taylor gravou inúmeras canções que ele desejava e não conseguira porque as mulheres tinham medo de cantá-las. Julio Castro cantou até a "Uálai, gayu", a famosa canção que faz os espíritos baixarem na última noite do *dogo*. Ele até passou por todas as posturas do cerimonial *búiei* e foi irreverente o bastante para imitar a voz fraca e anasalada dos *gubida* falando com o *búiei*. Julio Castro é um homem muito inteligente e agradável, com um talento para imitação e boa memória. Esta foi nossa última noite em Punta Gorda e consumimos, nós três e as mulheres da casa que ocasionalmente tomavam um copo, meio litro de *guaro*.

Na manhã seguinte acordamos às sete horas e o primeiro a nos cumprimentar foi Julio Castro que disse estar indo para sua plantação e que estava sentindo uma ressaca. Será que algum de nós lhe compraria um pouco de *guaro* para ele se livrar da ressaca? Ambos negamos e ele insistiu; finalmente ele partiu e voltou meia hora depois com meio litro de *guaro* que ele tinha acabado de comprar e perguntou se algum de nós poderia pagar a bebida! Ficamos muito surpresos com esta mendicância sem pudor da parte de um homem que, na noite anterior, tinha se comportado tão diferentemente.

Durante o café da manhã eu e Taylor discutimos qual seria a forma delicada de pedirmos nossa conta, pois achei que talvez eles se ofendessem com nossa oferta de dinheiro. Taylor decidiu pedir a conta ao Tiburcio. Ele veio logo, deu-nos uma folha de papel; eu olhei e vi escrito 9,50 e disse: "Nove lempiras e cinqüenta?" Quase desmaiei quando ele disse: "Não, dólares." Ele estava cobrando tanto quanto o hotel em La Ceiba! Claro que pagamos sem dizer uma só palavra.

Pegamos o *cayuco* para Sandy Bight em 13 de dezembro às dez horas e chegamos três horas depois. Foi uma viagem bela e muito agradável e gostaria que ela pudesse se estender até Coxswains's Hole. Mas tivemos de descer. Vimos um homem na praia escamando e cortando alguns peixes e imaginei que poderíamos pedir para que os preparassem para nosso almoço. Assim foi, e após o almoço, pegamos a estrada de volta a Coxswains's Hole. É uma estrada muito melhor do que a estrada de Oak Ridge para Punta Gorda, mas não pude calçar os sapatos e meus pobres pés civilizados sentiram muito intensamente as pedras pontiagudas. Finalmente chegamos a Coxswains's Hole e na segunda-feira seguinte, 15 de dezembro, pegamos um barco para La Ceiba. Navegamos à luz do dia e o mar estava totalmente calmo e o barco era maior; foi uma viagem boa, embora monótona. Tive problemas para conseguir avião de volta a Trujillo. Fiz e desfiz as malas duas vezes, porque a viagem tinha sido cancelada por conta do mau tempo, ou porque o avião chegara lotado de outro local e não havia lugar para mim. Finalmente, em 19 de dezembro, voltei para casa e pude realmente desfrutar das suas delícias após um árduo período de privações.

20

Maria contou-me que durante minha ausência, Sebastian foi ao campo de aviação todos os dias. Penso que o deixei morto de medo; na minha chegada, quando desci do avião, ele foi muito atencioso. Perguntei quais eram as novidades, mas nem Maria nem Sebastian tinham alguma.

21

Perguntei a Sebastian sobre os boatos da aldeia, mas as coisas estão surpreendentemente calmas. Um rumor desagradável: Dudu contou-lhe que a filha de Julia não melhorou e parece que o *cugu* não lhe fez nenhum bem; "Fubainagu" atribui seu insucesso à minha presença e à de Taylor. Quer dizer, pelo menos foi o que falaram seus *hiúruha*, diz ele. Felizmente, Esteban Cacho está melhor e pode até mesmo andar um pouco sem sua bengala. Assim, nossa presença não foi desagradável aos *gubida* de Cacho ou aos *hiúruha* de Siti. Sebastian disse-me que as pessoas não estão levando as palavras de "Fubainagu" a sério e sabem que são apenas uma desculpa para seu insucesso. Foi uma feliz coincidência que os dois *cugus* tenham se realizado simultaneamente; estremeço só em pensar o que aconteceria se as coisas tivessem saído mal também para Siti.

A propósito de Siti, eu disse a Sebastian que estava impressionado com a grande estima que as pessoas em Roatan têm por ele; disse o mesmo a Maria. Ambos contaram a mesma história: Siti era considerado o melhor *búiei* na região, um dos melhores em toda a costa. Mas ele costumava beber muito, mesmo para um *búiei*. Seus *hiúruha* estavam muito aborrecidos com seu comportamento e, como punição, fizeram com que ficasse muito doente. Mas agora ele está levando uma vida bem diferente, seus *hiúruha* estão voltando para ele e ajudando-o novamente. Gostaria de saber o quanto dessa história o próprio Siti acredita; quando eu o *consultei*, ele "trabalhava" somente com um espírito e disse-nos que havia outros que se recusavam a vir. Poderia um *búiei* acreditar que, quando está agindo como um ventríloquo, ele está tomado por um espírito, como diria um aclamador e, mesmo sabendo que as palavras saem dele, atribuir-lhes ele mesmo um significado sobrenatural? Aí está um belo problema para eu investigar. Siti sempre deu a impressão de ser mais sincero do que "Fubainagu", com suas maneiras jesuíticas resvaladias, ou do que Faustino Fernandez e seus discursos proféticos. Sebastian respeita-o mais do que eu pensava no início. Recebi uma carta de meu irmão contando-me que o amigo que eu pensei que tivesse se suicidado estava em perfeita saúde. Apressei-me a contar isso para Sebastian e acrescentei que, afinal de contas, Siti estava certo; acho que essa cerca está consertada. Maria contou-me que quando ela era jovem sofria de uma doença misteriosa e quem a curou foi Siti. Gostaria de saber que doença foi essa; será possível que Siti tenha apaziguado o *ogoreu* que, segundo Sebastian me contou, costuma importunar a família dela? A história de vida de Maria seria muito interessante. Pretendo começar a trabalhar sobre a vida de Sebastian tão logo eu possa, amanhã ou depois.

22

Passei o dia todo lendo minhas anotações e o diário, tentando organizar as coisas e fazendo planos para o futuro.

23

Com a ajuda de Sebastian, trabalhei no caso de uma família imaginária que vive em Santa Fé. Obtive informações adicionais de grande importância, tais como o papel punidor dos *gubida* em questões de moral e a influência maldosa do *ogoreu* no parto de crianças.

24

Hoje fui a Cristales para ver os preparativos para a noite. Fiquei desapontado ao saber que não haveria *máscaros* porque as pessoas que o estavam organizando não conseguiram agrupar mais do que cinco pessoas. Falei com as mais diferentes pessoas e fui carinhosamente recebido por todas. Daniel Alvarez disse-me que eu deveria ter me despedido dele antes de partir; ele é muito convencido de sua importância! É claro que nunca demonstro que não gosto dele de jeito nenhum.

À tarde voltei a Cristales para ver o *uaríne*. Disseram que viria à uma hora, mas já passavam das três quando ele finalmente veio. As pessoas estavam esperando o vento se acalmar, mas em vão. Vi homens lutando com o *cayuco* e tirei uma foto. Finalmente desistiram da idéia de levar o *uaríne* para o mar e de volta para Cristales, como é prescrito pela tradição, e saíram do bosque onde estavam se escondendo. A festa do *uaríne* era composta por homens jovens, entre eles Luis e um outro, cujo nome esqueci, que são considerados os melhores tamborileiros da cidade. Na entrada da aldeia, muitas crianças e adultos juntaram-se a eles. O *uaríne* vinha na frente, dançando a tradicional dança *uanáragua* enquanto todos cantavam e gritavam. Sua dança parece seguir somente um padrão geral, com uma grande margem deixada para a variação pessoal, semelhante ao frevo de Pernambuco. O rapaz que representava o *uaríne* não era dos melhores; vi o Eliseu fazer isso muito melhor.

Tentei tirar tantas fotos quanto pude, mas foi difícil conseguir alguma coisa com todas aquelas pessoas cruzando na frente da câmera. Finalmente

Luis viu meu empenho e organizou uma pose com todo o grupo. Quando eles estavam a uma certa distância, vi as crianças imitando os passos do *uaríne*; elas me viram observando-os e logo estavam todas pedindo para que eu tirasse uma foto, e assim o fiz.

Voltei para a casa de Alfredo às nove horas como tínhamos combinado. No interior da casa havia um grupo de homens jovens: Teófilo, Victor Lopez e outros. Estavam cantando e tocando maracas e tamborilando em caixas de sabão como em uma vigília. Cantavam somente boleros e rumbas, apesar dos protestos daqueles que queriam cantar em caraíba. Depois de muito tempo, perguntei se eles iriam à missa do galo e eles responderam que não. Decidi ficar com eles e arrependi-me depois; a missa do galo é um grande acontecimento social e aparentemente todos os trujillanos estariam lá.

Após algum tempo as pessoas pararam de cantar e tomaram *guaro*; para a ala feminina dos ouvintes tinha xerez! Essa foi a primeira vez que o vi sendo servido em casas caraíbas. Os cantores foram embora para outra casa. O cantar de casa em casa chama-se *hõgóhõgo* e acontece em todas as grandes ocasiões ou mesmo quando não há nenhuma ocasião.

Fomos ver outra festa *hõgóhõgo* onde as pessoas dançavam; ficamos lá por meia hora. Há um estilo diferente para dançar *hõgóhõgo*: todos ficam em frente dos tamborileiros e dos cantores e movem-se no lugar, sem avançar nem recuar, e o efeito é monótono.

Fomos a uma outra festa de dança e voltamos para a casa de Alfredo, onde nos foi oferecido frango com pão e o restante do xerez. Acho que o xerez foi idéia de Sebastian, pois ele viu quando Taylor trouxe uma garrafa para casa; mas não teve muito êxito. Houve uma discussão violenta sobre a eterna questão: a origem dos caraíbas. Como de costume, havia duas facções: os africanistas e os anti-africanistas. Fiquei surpreso ao ver Sebastian posicionar-se com os anti-africanistas. Eu não sabia que ele tinha essa opinião. Finalmente eles apelaram para mim como um último recurso; por um momento, eu não sabia o que fazer e achei melhor contar os fatos da maneira como os conhecemos. Todos pareceram satisfeitos e alguém disse: "Eu não te disse?"

Procurei a companhia de Baldomero durante toda a noite. O temível feiticeiro estava visivelmente satisfeito com a minha preferência; ele fala somente em inglês comigo e alega que é mais fácil para ele falar sobre assuntos transcendentais em inglês, embora tivesse deixado Honduras Britânica há muitos anos. Durante todo o tempo ele manteve uma atitude muito afetada e dizia:

"Pobre gente! São tão ignorantes! Fazem-me rir!" Disse que queria conversar comigo em particular, com o que eu concordei prontamente. Pretendo visitá-lo algum dia desses. Sebastian, sob o efeito do álcool, demonstrou muito mais agressividade do que o usual. Eu esperava por isso, a julgar pelo "choque cromático" e pela incapacidade em lidar com as cores de uma maneira construtiva[26]. Ele provocou Baldomero ao pedir-lhe que falasse em espanhol, visto que todos sabiam que ele podia falar em espanhol tão bem quanto qualquer outro. Como isso é verdade, Baldomero ficou bravo. Não se parecia em nada com o zeloso Sebastian provocar desnecessariamente um homem perigoso.

Alguém veio com a notícia de que estava começando a apresentação das "Pastoras", em uma casa perto da ponte, então fomos para lá. A casa tinha um grande aposento na frente, desprovida de qualquer mobília; ao fundo pude ver uma mesa com bonecos representando a Sagrada Família e os Reis Magos, os pastores e os animais... Tínhamos chegado cedo, de forma que pudemos entrar e sentar; logo a casa ficou cheia de gente e as "Pastoras", que estavam posicionadas desde que entramos no aposento, começaram a cantar. As "Pastoras" eram um grupo de moças variando talvez de 6 a 16 anos de idade; estavam todas com roupas enfeitadas e muitas calçavam sapatinhos de verniz. Todas tinham chapéus de palha com flores artificiais e seguravam, na mão esquerda, uma forquilha ornamentada com fitas e papéis coloridos e, na mão direita, uma espécie de chocalho. As moças mais velhas estavam na frente e formavam duas fileiras atrás de duas líderes. Cantavam ao sacudir de seus chocalhos e, de tempos em tempos, sem nenhum momento específico, giravam em torno de si mesmas e continuavam cantando. Cantavam, em espanhol, o que tomei como sendo canções tradicionais de Natal. Sebastian queria que eu ficasse para ver o "Bartolo" chegar e recitar sua parte, mas eu estava cansado e fui para casa. Na manhã seguinte disseram-me que o "Bartolo" havia chegado alguns minutos após eu ter saído. Sebastian disse-me que uma vez representou a parte do Bartolo há uns dez anos atrás.

25

Foi-me dito que hoje iríamos ver ou *pía manadi* ou *karapatía*, mas nada deu certo. Jantei (às doze horas) com os Glynns. Durante o dia, o "índio

---

26. Referência ao teste de Rorschach. Os fatores referidos indicam controle insuficiente dos impulsos afetivos. (N. de R.)

bárbaro" apareceu lá no centro, para alegria das crianças. Era um camarada vestido somente com uma tanga, pintado com *achiote*, com todos os aparatos de um autêntico Índio Vermelho: cocar de plumas, arco e flechas na mão. Ele caminhava pelos arredores parando as pessoas e pedindo dinheiro; se não lhe dessem alguma moedinha, ele ameaçava sua vítima de lambuzar-lhe a face com *achiote*. Algo muito parecido com que as crianças americanas fazem durante o *Halloween*.

Ouvi dizer que haveria uma comédia à noite, mas foi adiada por causa do tempo.

Todos me dizem que foi um Natal muito triste. Não tive nem um pouco essa impressão; para os nossos padrões, foi melhor dizendo uma festança desvairada. Mas, aparentemente, toda essa exuberância não foi suficiente para eles. Todos protestam contra a crise financeira na qual Trujillo está e atribuem a isso a falta de entusiasmo pela *karapatía, pía manadi* e por outras representações tradicionais.

27

Comecei a história da vida de Sebastian. Ele me contou uma história triste: um dos rapazes da família Laboriel, que esteve na prisão desde junho, foi encontrado morto pela manhã. Ele ficou louco desde o seu julgamento por homicídio. Aconteceu assim: havia um rapaz que inventou uma canção sobre alguém da família Laboriel, ou sobre sua mulher, Sebastian não tem certeza. Quando Laboriel se aproximava de um grupo em que este rapaz estava, ele costumava cantar a canção. Laboriel ficou irritado com isso e disse-lhe para parar, mas ele não lhe deu nenhuma atenção. Uma noite houve um baile e Laboriel ficou bêbado, tendo consigo uma pistola; ao ir para casa, encontrou o rapaz e o matou antes mesmo que alguém pudesse tentar contê-lo. Logo depois ele ficou louco. Aqui as opiniões se dividem em duas escolas opostas de pensamento: alguns acham que ele já era louco e, por isso, cometeu o assassinato, enquanto outros acham que a lembrança do crime levou-o à loucura. Perguntei a Sebastian se aquelas canções tinham sempre conseqüências tão sérias. Um vigoroso *não* foi a resposta; ele diz que sempre se leva isso na brincadeira, ninguém nunca sonharia em tomar uma atitude tão drástica. É verdade que, às vezes, os comentários, embora velados, são bastante transparentes e mordazes. Muitos ficam bravos, mas é pior, pois nesse caso, não se é mais deixado em paz e estão sempre assobiando a canção quando a pessoa passa por eles. A melhor atitude é rir com os outros, não importando o quão ferido você esteja, e logo esquecerão o caso. Mas os Laboriel têm fama de serem violentos e meio desequilibrados. Há um outro Laboriel que é pescador: conhece realmente sua profissão e tem muita sorte com as nassas; mas quando faz uma boa pescaria deseja tanto ter dinheiro para comprar *guaro* que não consegue esperar, vendendo suas lagostas para o Marin que torna a vendê-las, com lucro, a Hector Crespo. Mas todos ficaram chocados com uma morte tão próxima à época do Natal.

28

Fui a Cristales e conversei com diversas pessoas. No decorrer das conversas fiz perguntas a respeito de *úmeu, udahadu, gubida*, etc. para comprovar mais uma vez as informações de Sebastian. Não encontrei, até agora, qualquer variação, exceto pela *agaiumau*. Sebastian era mais impressionado com o lado caranguejo da entidade, enquanto outros salientaram mais o lado Lorelei[27]. Baldomero contou-me nunca ter ouvido dizer que uma *agaiumau* poderia se transformar em um caranguejo. Não surpreende que Sebastian tenha tão boas informações, pois muitas pessoas contaram-me que tinham conversado com ele sobre o mesmo assunto no qual eu estava interessado.

Teófilo veio à tarde para me avisar de que essa noite iria haver uma comédia na *casa comunal*. Fui às sete horas, quando a comédia, de acordo com a informação de Teófilo, deveria começar. Quando chegamos, havia só um punhado de pessoas na casa: algumas moças penteando seus cabelos e alguns homens sentados conversando. Logo tivemos de sair porque as moças queriam vestir-se. Ao lado da casa, próximo à porta lateral, foi construída uma plataforma de madeira que seria o palco.

As pessoas começaram a se reunir em frente ao palco e um pouco antes das oito quase ninguém conseguia se mover, tamanha era a multidão. Durante essa longa espera, a orquestra tocava lá dentro e os artistas que já estavam vestidos podiam ser vistos dançando. Alguns rapazes quiseram entrar, mas as pessoas postadas na porta negaram-lhes o acesso, o que provocou discussões. Sebastian e Miranda os olhavam com um ar maroto, e eu logo vi que estavam acendendo bombinhas que explodiam entre gritos, risos e protestos.

---

27. Sereia que atraía os barcos e atirava-os contra os escolhos. H. Heine popularizou a lenda. (N. de R.)

Perguntei quem havia produzido a peça e Sebastian respondeu que tinha sido Heriberta Laboriel; as pessoas diziam que ela deveria ter desistido da idéia da peça, levando-se em conta a morte recente de seu irmão. Por outro lado, parecia cruel ter trabalhado tanto durante todo esse tempo para no fim ter de anular tudo.

Finalmente começou. A cortina fina foi fechada e Teófilo apareceu para anunciar a peça e pedir nossa tolerância para com as falhas dos artistas. Acho difícil dar uma idéia precisa do auto. Era uma série desconexa de pequenos episódios dramáticos. Primeiro São José e a Virgem, ambos vestidos com longos trajes azuis, com auréolas de papelão dourado em suas cabeças, vão de porta em porta pedindo às pessoas para deixá-los passar a noite. A seguir entra uma menina e reza para São Nicolau pedindo-lhe presentes; ela se deita na cama, São Nicolau aparece e coloca bonecas e livros sobre a cama. Outras meninas entram, suponho que seja na manhã seguinte, e começam a chorar porque nada receberam pelo Natal. Mas a menina com os presentes conforta as outras e promete deixá-las brincar com seus brinquedos. Depois houve uma cena na qual um diabo – representado por uma adolescente gorda vestida com calças, camisa branca, boné de marinheiro (um detalhe um tanto significativo) e uma máscara preta com chifres – e um anjo – vestido mais convencionalmente, ou seja, com um longo vestido azul, asas e, lógico, auréola – lutam pelas almas das garotas que passam por ali. Eles tentam convencê-las a seguir um dos dois caminhos e a entrar em uma das duas portas: a larga ou a estreita. O anjo, que consegue se tornar invisível ao diabo, constantemente o atinge com um chicote e o cutuca com uma vara, para grande divertimento de todos. No final, claro, o diabo é completamente derrotado. (A vida é uma coisa e arte é outra...) Chegamos então à parte principal do espetáculo, a comédia propriamente dita, que tinha um enredo e várias personagens diferentes. As personagens mudam e lidamos com pessoas reais, mas a idéia principal é a mesma: a luta entre o Bem e o Mal, entre a Virtude e o Vício. O argumento é sobre duas irmãs; uma que pensava somente em vestidos, festas e divertimentos, e a outra que se vestia modestamente e cujo principal interesse era a salvação de sua alma. Isso se desenvolvia de acordo com fórmulas conhecidas, mas havia incidentes demais, e comecei a me sentir bastante entediado. Assim, propus ao Sebastian irmos embora e ver a festa dos idosos.

Alguma coisa deve ser dita sobre a interpretação que era um tanto peculiar. Foi colocada ênfase em se dizer as falas, de modo muito claro e muito alto, a expressão era bastante secundária. Um ator, ao dizer sua fala, andava de um lado para o outro arrastando os pés e continuava com a ladainha, interrompida de tempos em tempos pelo gesto apropriado: por exemplo, o choro era representado pelo colocar das mãos sobre a face, sacudindo o corpo como no auge do enjôo marítimo. Temos aqui, talvez, as bases para um teatro de convenções, como o teatro tradicional chinês e japonês. Todos pareciam estar muito à vontade e, quando o público ria, os atores riam também. Era uma platéia fácil de agradar, mas de forma alguma passiva; de fato, nunca vi uma platéia reagir tão prontamente ao menor detalhe do espetáculo. Uma simples frase do diabo, por exemplo, "Eu não estou vestindo uma roupa esplendorosa, mas isso é o suficiente para enganar aqueles homens tolos", provocava risos e comentários em voz alta, e assim por diante. O simples aparecimento de São Nicolau no palco provocou uma torrente de gargalhadas. Algumas das crianças que participavam da representação não deviam ter mais do que sete ou oito anos de idade, mas não demonstravam nenhum sinal de embaraço. Esqueci-me de dizer algo sobre o acompanhamento musical. Eles pareciam não se preocupar muito com a adequação da escolha das músicas, pois o fundo musical para a perambulação da Virgem Maria e São José em busca de um lugar para passar a noite era "Pecadora" (bolero) e, mais tarde, "Tiengo una vaca lechera" (rumba).

O baile dos idosos realizou-se em uma casa de propriedade de Abram Lopez e parece que era uma espécie de *pub* antes de ele a comprar. Paramos em uma porta onde um grande número de pessoas também olhavam; pude ver uma grande sala repleta de casais dançando. Todas as pessoas idosas e de meia idade de Cristales, Rio Negro e muitos que vivem no lago estavam lá. A orquestra, composta ela mesma de idosos, tocava somente valsas, polcas e escocesas[28]. Era agradável ver algumas dessas pessoas que estão beirando os oitenta anos ou mais dançando e divertindo-se. Mestre Cacho, o carpinteiro, passou valsando entusiasticamente e eu me lembrei de quando fui procurá-lo na época em que estava tentando comprar meus móveis. Ele me disse que não poderia fazer nada por mim, pois ele não tinha madeira serrada disponível. "Bem", disse eu, "que tal esta?" apontando para um belo mogno encostado em um canto. "Ah, esta", respondeu-me, com um sorriso de desculpas, "mantenho-a reservada para o caixão, caso eu ou minha mulher morra, uma vez que a madeira serrada é muito rara hoje em dia."

Fiquei por meia hora no baile e fui para casa.

---

28. Tipo de polca a quatro tempos. (N. de R.)

29

Durante o dia tive oportunidade de ver um grupo de crianças representando a *karapatía*. Quando cheguei, como de costume, e sentei em um dos barcos parados na praia próximo ao "cerco", disseram-me que elas estariam em circulação pela manhã. Aquele é o centro do mexerico da aldeia e pode-se encontrar com certeza, a qualquer hora do dia, dois ou três idosos conversando ali. As crianças tinham começado mais cedo e estavam a caminho, visitando diferentes casas em Cristales. Conversei com várias pessoas durante algum tempo e voltei para casa.

À tarde voltei com a máquina fotográfica e não esperei muito para ver o grupo saindo da casa onde todos se tinham vestido. Havia sete ou oito crianças: uma delas com um rifle de caça antigo e usando um enorme chapéu, outra com uma estrutura semelhante a um tronco presa ao rosto (composta por uma armação cilíndrica de arame recoberta com cartolina), e as outras estavam vestidas com roupas antigas de homens e mulheres adultos. Os tamborileiros eram também crianças, mas capazes de manter o ritmo como se fossem velhos tocadores experientes. Havia outras crianças no grupo que acompanhavam a *karapatía* cantando as canções.

Após as fotos, formaram um círculo e começaram a representação. O *pico de chancho*[29] (aquele com o nariz enorme) foi o primeiro a dançar, ampliando o círculo ao atingir as pessoas com seu focinho de papelão. A seguir, os outros dançaram, quando convocados pelo "velho", que balançava um chocalho para comandar cada um que se apresentasse. Quando todos tinham dançado, ele acenou para os tamborileiros que pararam imediatamente. Então, ele se aproximou deles, tirou um livro de seu saco e, fingindo ler alguma coisa, disse algo no ouvido do tamborileiro chefe; a música que estavam cantando mudou e ele começou a dançar. Atendendo a um sinal de Sebastian, atirei algumas moedas no meio do círculo. Então todos dançaram, desfizeram o círculo e foram dançar em algum outro lugar.

Notei que os adultos que observavam a representação riam, aplaudiam e pareciam satisfeitos com as habilidades dos jovens.

À noite voltei para ver a *hīgihīgī* na companhia de Sebastian. Tambores e canções podiam ser ouvidos de diferentes casas; quando entramos em uma delas, vi os tamborileiros tocando em uma das extremidades da sala. Os dançarinos, de frente para eles, cantavam e dançavam sem se moverem de

---

29. Nariz grande de porco; *pico* significa literalmente bico, nariz grande. (N. de R.)

seus lugares, somente arrastando os pés. De vez em quando, em intervalos irregulares, toda a multidão dava três passos para trás e para frente novamente, continuando a cantar como antes. Eu esperava uma coreografia mais interessante, mas a música era fascinante. Os dançarinos eram todos idosos e a grande maioria era composta de mulheres, com um homem aqui ou acolá. Todos vestiam roupas de uso diário, pois não se tratava de uma ocasião especial, mas apenas uma dança comum. Havia dois tipos de ritmo que, conforme me informaram, eram o *gundjái* e o *sambái*, mas os passos não variavam nunca. Fiquei por quase uma hora e então saí, sempre acompanhado por Sebastian que grudou em mim como uma sombra. Fui a uma outra casa onde também podiam ser ouvidos os tambores. Quando entrei, vi exatamente a mesma coisa: os tocadores em um dos cantos extremos da sala e várias mulheres idosas dançando. Vi a mãe de Maria sentada próxima à porta e fui me sentar ao lado dela. Conversei com ela por aproximadamente meia hora, quando então ela saiu para ir à outra festa, segundo me disse. Fiquei um pouco mais e, então, por sugestão de Sebastian, fomos a uma outra casa onde estavam representando as "Pastoras".

Dessa vez tive de esperar só um pouco e o "Bartolo", um pastor com uma pluma em seu chapéu, entrou e começou o diálogo. Iniciou com uma troca de generosos insultos entre ele e a pastora chefe; depois disso, eles se reconciliam e convidam todos a adorar o menino Jesus que acabara de nascer. Tudo isso com uma abundância de sonoros adjetivos e longos e bem torneados períodos que parecem encantá-los.

30

Eu havia combinado com Sebastian ir a Santa Fé para ver os *uanáragua*, mas fui informado pela manhã que isso não seria necessário porque eles viriam a Trujillo. Por volta das dez horas eles chegaram à cidade e, após um pequeno descanso, estavam prontos para representar. Como de costume, estavam ansiosos para serem fotografados, depois disso, começaram a dançar. Os passos da dança *uanáragua* são intrincados e brilhantes, e deixam um grande espaço para as criações pessoais. São os mais bonitos e interessantes que vi aqui e muito semelhantes aos passos do frevo de Pernambuco.

Após eles terem se apresentado para mim, atirei-lhes algum dinheiro e os segui para ver a dança mais uma vez e depois voltei para casa. À noite visitei outra vez as casas onde estava acontecendo a *hīgihīgī*.

1948

Sebastian e Lorenzo Tifre. Sebastian (à direita, de chapéu escuro) é meu empregado e principal colaborador de pesquisas.

JANEIRO

01

Eu não me sentia muito bem hoje pela manhã, mas fui a Cristales para ver se havia algo de novo. Sebastian contou-me que haveria uma representação de uma das *pastorelas* do padre Reyes na casa de Candu Perez. Eu lhe disse que, primeiro, gostaria de ler a peça, assim, ele me levou até Panchita que, ao seu talento de parteira e *curandera*, somava também o de diretora e produtora teatral. Conversei com ela por uns instantes e folheei as peças do padre Reyes, que são ingênuas, criativas e bem escritas; eram muito semelhantes a seus modelos renascentistas. Panchita impressionou-me pela sua inteligência e vivacidade. Parteiras e curandeiras devem ser as líderes intelectuais das mulheres, assim como os *búieis* o são entre os homens. Eu lhe disse que voltaria para outros bate-papos e ela me encorajou a fazê-lo.

Ao sair da casa de Panchita, fomos ver Olaia Martinez, uma velha que, segundo Sebastian, sabe muito a respeito dessa cultura. Entrei, fui apresentado e imediatamente a velha começou a falar, continuamente, sem interrupção, com a tenacidade de uma chuva tropical. No início tentei dizer alguma palavra de vez em quando, mas logo percebi que seria inútil; após meia hora, desesperado, desisti; despedi-me e voltei para casa. A velha falou o tempo todo sobre suas devoções católicas. Isso me fez pensar que ela acredita que eu sou um ministro protestante, pois sei que este rumor era corrente durante meu primeiro mês em Trujillo. Mas Sebastian diz que ninguém mais acredita nisso; pois as pessoas mais velhas reconhecem um protestante quando o vêem. Afirmam que um protestante, por nunca receber a comunhão, tem um tipo estranho de frieza em seu corpo, o que pode ser percebido por todos aqueles que possuem dons mediúnicos, isso provavelmente significa a metade da população!

JANEIRO DE 1948

02 a 07

Fiquei retido em casa com forte ataque de gripe. No dia 6, outra festa de *uanáragua*, organizada em Cristales, veio fazer uma exibição para mim. Pude vê-los pela janela da frente e pedi a Maria para jogar-lhes algum dinheiro.

08

Hoje pretendia sair, mas está chovendo muito. Trabalhei um pouco mais na história da vida de Sebastian.

09

Ainda chove muito. Trabalhei na história de Sebastian e tentei conversar com Maria, mas ela estava aflita para voltar para casa antes do anoitecer e, assim, não consegui muita coisa dela.

10

Hoje passei o dia todo fora, o que não deveria ter feito. Tive de pagar as contas do empório, pegar dinheiro para as despesas, pagar o aluguel da casa, etc. No final do dia eu me sentia exausto e tive um pouco de febre novamente. Eu poderia facilmente ter deixado alguma coisa para ser feita no dia 11. Devo lembrar que ainda estou meio fraco e ir devagar por enquanto.

11

Está chovendo muito outra vez. Fiquei o dia todo em casa e datilografei bastante.

12

Hoje finalmente fui visitar Panchita. Encontrei sua mãe, uma mulher estrábica de aparência meiga, e sua avó, uma velha senhora com cabelos cor de neve, que parece falar espanhol com dificuldade. Tive uma longa conversa com elas e fiquei bastante impressionado com a *fiafia*. Não senti nenhum constrangimento e pretendo voltar com freqüência, pois a velha senhora e a própria Panchita podem ser uma ótima fonte de informação.

13

Trabalhei na máquina de escrever a manhã toda e parte da tarde. Às três horas fui a Cristales. Sebastian veio de manhã e disse que a irmã de Alfredo, que mora em Santa Fé, estaria dando um *cugu* para o *áhari* de seu pai. Lógico que Alfredo vai e ele achou que eu também gostaria de ir. Disse-lhe que teria muito interesse em ver um *cugu* de novo. Talvez em Santa Fé, longe da vigilância do Sub-Comandante, eles dançassem um pouco para agradar os *áhari*. Encontrei Miranda, e decidi ir se o tempo estiver bom.

Tenho visitado todos os velhos em que pude pensar, porque recebi uma carta de Taylor contendo a letra da canção que Julio Castro cantou para nós em Roatan, na qual é feita uma referência a São Vicente e de como os caraíbas perderam a ilha por causa de uma mulher. Mas ninguém jamais ouviu a canção ou sabe alguma coisa a respeito. Alguns dos velhos ouviram falar de Satuiê (Chatoyer nas narrativas francesas) que foi o líder caraíba na grande revolução de 1796. Mas só vagamente; todos repetiram as mesmas coisas que ouvi inúmeras vezes.

Sebastian esteve falando sobre as vantagens de se ter nassas, como Marin ficou rico por causa dos peixes que pesca em suas nassas e os altos preços que se conseguem na venda de lagostas, etc. Quando ele começou a calcular o quanto lhe custaria para fazer algumas nassas, eu sabia o que me esperava. Finalmente ele chegou ao ponto e perguntou se eu poderia lhe emprestar quinze dólares para comprar as coisas necessárias para a construção de sete ou oito nassas. Disse-lhe que pensaria a respeito; decidi emprestar-lhe o dinheiro; mesmo que ele não possa pagar por um longo tempo, vale a pena, uma vez que ele sempre pode me pagar com uma pequena parte de seu salário. Ontem dei-lhe o dinheiro e ele começou a fazer as suas nassas.

Ontem Nora, a namorada de Sebastian, pegou um avião para San Pedro Sula. Ele parece resignado com seu destino; suponho que deve estar imaginando que se o pior acontecer, ainda restam muitas moças em Cristales.

Só para efeito de registro vou citar os nomes dos velhos que tenho visitado: Andrés Garcia, o marido da mãe de Alfredo; Eustáquio Sanchez; Iató e seu irmão. Iató tem 83 ou 85 anos e é evangelista, um dos poucos que tenta ser protestante e somente protestante. Sebastian disse-me que ele tinha uma horta na lagoa onde plantou arroz e feijão branco. Quando se tornou protestante, desfez-se de uma imagem de Nosso Senhor de Esquipulas que era a proteção de sua horta. A horta nunca mais lhe rendeu uma colheita, mas ele preferiu abandoná-la a pegar a imagem de volta.

Estou impressionado com a falta de tradição oral dessas pessoas. Afinal de contas, um homem com oitenta e cinco anos, quando criança, deve ter conhecido e falado com os avôs nascidos em São Vicente. Não consigo explicar isso.

14

Passei o dia todo datilografando as notas mais recentes. Enquanto revia o material que consegui com Panchita, ocorreu-me que poderia checá-lo com Maria. Maria tem um alto conceito de Panchita, mas disse-me que talvez ela não pudesse me dar informações sobre os velhos costumes da raça porque tinha sido treinada em um hospital em Tegucigalpa e que somente empregava métodos modernos. Claro que eu não a contestei e disse que, de fato, Panchita tinha idéias muito modernas, mas sua avó tinha me fornecido informações interessantes sobre os velhos costumes. A verificação com Maria não foi de grande valia, pois algumas das coisas ela tinha discutido com Panchita, portanto, a fonte de informação era a mesma. Em um ponto ela foi útil em esclarecer as questões: foi no assunto do *olho-gordo*. Em primeiro lugar, forneceu-me a palavra caraíba para isso, que todos tinham esquecido: *uburagudinã*. Depois, explicou que a cura nem sempre consistia em envolver a criança na camisa do pai; isso somente se aplicava quando se suspeitava que o pai tivesse lançado um *uburagudinã* à criança. Se outra pessoa tivesse visitado a casa, também sendo suspeita de ter lançado um *olho-gordo*, a mãe deveria mandar buscar uma peça de roupa recentemente usada por aquela pessoa e a criança deveria ser envolvida nela.

Panchita é um produto curioso de aculturação. Sem dúvida, o treinamento no hospital é a base para seu conhecimento profissional, mas pode-se perceber pelas minhas anotações que não abandonou as práticas tradicionais nem os conhecimentos de obstetrícia dos caraíbas, representados pela sua avó. Ela deve ter algum conhecimento de fisiologia, mas ainda assim acredita na prática da *amarração* de uma mulher grávida; teve até mesmo uma prova conclusiva nos nós que viu no cordão umbilical de uma criança nascida em um hospital após uma cirurgia. Além disso, dar o peito a uma criança de três anos não é considerado como prática das mais modernas... Pedi ao Sebastian para me falar das refeições que fazem em casa. Tenho nas minhas notas suas informações referentes a dois dias: 30 de dezembro de 1947 e 13 de janeiro de 1948. As seguintes pessoas moram na mesma casa com Sebastian: sua mãe, Amalia; suas irmãs, Edwiges e Petronilla, ambas muitos anos mais velhas do que ele; Modesto (13 anos), Tulio Teodoro (8) e Tomasia (6), seus sobrinhos e sobrinha. Todos os preços estarão em lempiras.

30 de dezembro

Café da manhã (às 4h30min ou 5h)
    Dois peixes *gauadi*... 12
    Uma "torta de casabe"....................................... 25
    Cinco saquinhos de café................................... 10
    Três pedaços de rapadura................................. 06
                                    Total 53

Refeição principal (ao meio-dia)
    Peixe – *jureles*.. 30
    Duas "tortas de casabe".................................... 50
    Tanchagem.. 12
    Café (só para Sebastian).................................. 02
    Rapadura.. 02
                                    Total 96

Ceia (às 17h30min)
    Uma "torta de casabe"....................................... 25
    Peixe frito (comprado ao meio-dia)................. 00
    Óleo para cozinhar... 06
    Uma libra de farinha de trigo para *tortillas*...... 32
    Chá (feito com folhas)..................................... 00
                                    Total 63

13 de janeiro

Café da manhã (às 5h)
Tubarão Salgado	10
Cebolas e alho	02
Farinha para *tortillas*	08
Meia torta de casabe	06
Café	05
Pão	03
Rapadura	03
Total	37

Refeição Principal (ao meio-dia)
Meio peixe-espada	07,5
Tanchagem	12
Meia torta de casabe	06
Café (só para Sebastian)	01
Rapadura	01
Total	27,5

Ceia (às 17h30min)
1 libra de carne de porco	20
1 libra de farinha de trigo (para *tortillas*)	16
Chá	00
Total	36

O café é vendido em saquinhos, como o chá nos Estados Unidos. O chá é feito com folhas de laranjeira silvestre, canela, *zacate limón*, etc. A rapadura (açúcar preto) é vendida em pequenos pedaços de dois centavos cada. Meia réstia de alho (seis centavos) dura mais ou menos uma semana e oito centavos de cebola dura o mesmo período.

O peixe salgado é geralmente cozido em água para tirar o sal e depois frito em um pouco de óleo com alho e cebola. A tanchagem é frita ou, quando há um peixe maior, faz-se à moda *hududu* (amassando-se juntamente as tanchagens cruas e levemente cozidas).

15

Voltei à nossa família Ramirez de Santa Fé, acrescentei-lhes mais membros e inventei mais histórias complicadas para tais membros. Isso permitiu uma discussão sobre o *uaiaru* da qual Teófilo tomou parte também; finalmente, Sebastian disse que iria perguntar a outras pessoas e que daria mais informações amanhã.

16

Nossa conversa sobre as peripécias da família Ramirez conduziu-nos à discussão de *mafia, duendu* e seres de tipo fantasma ou demônio. Gostaria de saber mais precisamente a importância que se atribui a cada um deles. A posição de Sebastian em relação ao *ufīē* é provavelmente idiossincrásica e a nítida distinção que ele estabelece entre *ufīē* e *áhari* pode não existir na maneira de pensar de outras pessoas, pelo menos nessa forma tão categórica. Do que ele diz, pode-se concluir que as pessoas, após a sua morte, têm dois tipos de comportamento: um que é respeitado e socialmente aceito, isto é, elas permanecem invisíveis, mas podem aparecer em sonhos e se fazer percebidas, enviando doenças ou provocando acidentes. Mas, para Sebastian, quando os mortos aparecem na sua forma visível, eles perdem a classe. Parece que o fato de permanecerem invisíveis dá-lhes o prestígio sempre ligado às forças misteriosas e poderes ocultos. Além disso, nas suas manifestações como *áhari*, os mortos estão cercados por todos os ritos e atos costumeiros da religião socialmente aceita. Por outro lado, um *ufīē* é um ser errático, imprevisível e malicioso, que não se comporta de acordo com nenhuma regra. E mais, quando uma pessoa morta *retorna* como um *ufīē* isso indica que houve alguma coisa de anormal na forma como ela morreu: alguma feitiçaria ou veneno foi usado contra ela, ou ela tinha algo em sua consciência no momento da morte, ou deixou um tesouro enterrado que é quase sempre dinheiro conseguido desonestamente, etc. Suponho que a frase "ter um esqueleto no armário" poderia ser traduzida em caraíba pelo equivalente "ter um *ufīē* no quintal".

Penso que poderíamos dividir todos esses zumbis – conforme Taylor os chamaria, à moda *West Indian* – em duas classes: uma formada por *áhari*, *mafia, ogoreu*, que podem fazer dano permanente e são uma ameaça constante para a família; e a outra que inclui *ufīē, sucia, agaiumau laburemeubáu* que não inspiram medo religioso ou terror, mas são considerados um transtorno e nada podem fazer além de dar um grande susto, se a pessoa tiver um "*áfurugu* pesado" (pode ser mais perigoso para as pessoas com um "*áfurugu* leve"). Os *úmeu* permanecem à parte, em uma categoria própria. Podemos nos encontrar com esta segunda classe de seres, mas aqueles da primeira classe estão, de alguma forma, permanentemente ligados a nós. A expressão usada neste último caso é: "*el áhari, el mafia le está espiando.*" Espiar (*garíaha* em caraíba) significa espionar, observar; isso implica que todo infortúnio que acontece às pessoas que eles perseguem é causado por eles. Podem intervir de um modo mais direto: certa noite um *mafia* tentou estrangular Alfredo Miranda durante o sono; um *áhari* (provavelmente de seu pai) fez com que sua esposa queimasse a mão, etc. Durante o dia todo e também à noite, há essa sensação enlouquecedora de que se está sendo constantemente espionado, observado. Pode-se verificar que, para muitas pessoas, o *ufīē*, sendo uma pessoa morta da família, é somente uma manifestação mais forte e visível do *áhari*; por exemplo, o pai de Teófilo para a família Martinez. Sebastian, que nunca sofreu ferimentos de um *ufīē*, pode rir das cicatrizes dos outros.

Para dar uma idéia melhor da atitude mental de Sebastian em relação ao *ufīē*, vou transcrever uma história que ele me contou algum tempo atrás; não tenho a data precisa em minhas notas. "Naquela época, eu estava trabalhando no curtume de Rieti, em La Paisana, próximo a El Atillo (nas adjacências de Tegucigalpa). À noite costumava ir à cidade em companhia de alguns *compatriotas* meus, Natividad Calderón e dois irmãos chamados Benedict. Havia uma encruzilhada logo depois de El Atillo, que se dizia ser assombrada por um fantasma. Uma noite nós quatro estávamos caminhando pela estrada e, quando chegamos à uma distância de cerca de quatrocentos pés do local assombrado, todos nós vimos, nítida e claramente, a figura de um homem sem cabeça todo vestido de branco. Paramos imediatamente e alguém disse: "Vamos voltar e dormir no curtume", mas Natividad Calderón disse "Somos quatro, não temos nada a temer. *Vamos a toreálo* (vamos toreá-lo)". Concordamos e, então, separamo-nos e tentamos cercar o fantasma; confesso que eu estava com um pouco de medo e segurei forte um rosário que carregava em meu bolso. Mas quando chegamos ao local onde tínhamos visto o fantasma, ele tinha desaparecido. Após um tempo o vimos outra vez atrás de nós, abrindo um portão e entrando no jardim de alguém. Em minha vida, isso foi o mais próximo que estive de um fantasma.

17

Choveu o dia todo e está frio. O *cugu* para o *áhari* do pai de Alfredo foi adiado. Passei o dia datilografando as últimas anotações que tinha e escrevendo algumas cartas.

18

Estive outra vez com Panchita. Fiz-lhe uma porção de perguntas sobre fatos que terei oportunidade de observar na realidade e tentei, dessa forma, ter uma compreensão das normas ideais da cultura. Mais tarde irei comparar a informação verbal com minhas observações efetivas para ver o quanto as normas ideais desviam-se dos fatos reais.

19

Muito pouco foi realizado hoje. Tentei visitar algumas senhoras idosas mas não as encontrei em casa. Havia feito a mesma coisa alguns dias atrás; hoje à tarde fui a Cristales achando que teria mais sorte. Sebastian sugeriu que ele falaria primeiro com as pessoas que eu quisesse ver e, então, combinaria uma entrevista com elas. Receio que as entrevistas marcadas dessa forma sejam muito formais. Gostaria de chegar inesperadamente e obter em *flagrante delicto* alguns aspectos do seu cotidiano. Acho que minhas visitas a Panchita foram proveitosas não só pelas informações que obtive verbalmente, mas também porque tive oportunidade de observar uma série de coisas. Uma família que está esperando a visita de "um homem que está escrevendo a história de nossa raça" certamente tentaria criar a melhor impressão e apresentar, talvez, uma fachada. Prefiro tentar algumas vezes mais.

Sebastian disse-me que tem conversado sobre *fiafia* (como os caraíbas sempre sussurram a sílaba final das palavras, nunca tenho certeza de como transcrevê-las; às vezes ouço esta palavra como *fiafiu*). Sua mãe contou-lhe que uma das folhas usadas para curar é também chamada *fiafia* e deu-lhe algumas dessas folhas para que ele me mostrasse. Elas são muito comuns; apenas longas folhas verdes, comuns na cor, na forma e sem odor.

Visitei Pedro Moreira que estava em sua *milpa* na lagoa desde a última semana de outubro. Ele me recebeu com calorosa cordialidade e imediatamente começou a falar sobre a excelência da Igreja Católica, como se eu o tivesse visto no dia anterior e estivéssemos resumindo uma conversa interrompida. Seu ouvido está muito melhor, na verdade, quase curado completamente. Ele nos disse que tinha jejuado durante todo esse tempo e que talvez essa melhora fosse uma "graça concedida a ele por Jesus". Isso pode ser verdade, em outro sentido, claro; o eczema que o aflige pode ter uma causa alérgica e o alérgeno pode ser alguma coisa da sua dieta normal. Eis como uma mente corrupta e materialista recusa-se a acreditar em milagres!

20

À tarde recomecei a trabalhar na história da vida de Sebastian. Pela manhã fui à escola onde Teófilo leciona e preparei o terreno para amanhã. Disse às crianças que eu gostaria de ter alguns desenhos delas e que tinha algumas balas para lhes dar e talvez também um *bufalo*. Elas pareceram excitadas e acho que teriam se interessado mesmo sem a atraente promessa. Decidi fazer isso porque agora estou convencido de que ir à praia todas as manhãs, sentar próximo aos coqueiros e ficar conversando com as pessoas não é mais uma atitude proveitosa. Agora, elas parecem tentar "fazer sala" para mim; as coisas de real interesse para elas são discutidas em caraíba. Acho que agora as crianças já estão acostumadas comigo e, se posso predizer alguma coisa sobre seu comportamento, diria que o *rapport*[30] não será problema. E, é lógico, será também uma entrada no mundo das crianças.

21

Pela manhã fui à escola e selecionei ao acaso duas crianças de onze e doze anos, Luis Oliva e Mario Martinez. Levei-as à casa de Lorenzo Tifre colocada à minha disposição por Sebastian. É um lugar ideal: não muito longe da escola, calmo, as crianças podem ser isoladas e é suficientemente familiar para que elas não se sintam ansiosas. Elas eram mais independentes e mais produtivas do que as crianças Ojibway de Wisconsin.

À tarde sugeri a Sebastian uma visita à sua própria casa, uma vez que ele tinha me contado que sua mãe estaria lá fazendo *casabe*. Ele concordou

---

30. Termo técnico em psicologia, designa o relacionamento entre o sujeito e aquele que aplica o teste. (N. de R.)

imediatamente e lá fomos. Tinha uma impressão que sua mãe era ou parecia ser mais velha; ela deve estar com mais de cinqüenta anos, mas a maneira como se locomovia ao fazer o *casabe* mostrou que ela é tão cheia de energia quanto as mulheres mais jovens que vi fazendo o mesmo tipo de trabalho. Fiquei lá por mais ou menos quarenta e cinco minutos e conversamos sobre plantas, ervas, assuntos de agricultura e generalidades. De lá, fomos visitar uma tia de Sebastian, chamada Victoria, casada com Ávila, cuja família vive em Roatan e que foi apresentada ao Taylor e a mim. Victoria é muito gorda; segundo Sebastian, isso se deve ao fato de ela habilmente evitar trabalho e visitar as pessoas sempre que, por feliz coincidência, estão fazendo *casabe*. Ela é a pessoa que teve a mão meio paralisada ao colher um coco cheio de *udahadu*, provocando, assim, na mente de Sebastian e na minha também, o surgimento de uma séria dúvida sobre a natureza metafísica do *udahadu*. Ela é muito simpática e receptiva e expressou seu desejo em colaborar com o meu trabalho o tanto quanto puder.

Mais tarde ocorreu-me que nunca descrevi com detalhes como se faz o *casabe*; e tentando coordenar minhas impressões e lembranças do assunto, verifiquei que nunca testemunhei a raspagem da iúca, o primeiro passo do processo. Deixarei minha descrição para quando tiver preenchido esta falha.

Quando íamos da casa de Sebastian para a casa de sua tia, encontramos Alfredo Miranda, Victor e um outro membro do grupo de jovens cuja fisionomia me é familiar. Estavam carregando enormes tábuas de pinho e pareciam estar em diferentes níveis de bebedeira. Victor disse que uma prima, que tinha desembarcado ontem de La Ceiba, tinha morrido à tarde e que nós estávamos convidados para o velório. Eles estavam pensando até em trazer os tambores. "É claro que se fosse com minha irmã eu não permitiria isso, mas como é somente uma prima distante..." Prometemos ir e deixamos que eles seguissem o caminho para a casa onde aquela pobre moça, de somente vinte e um anos, tinha morrido; e eles seguiram brincando e rindo, carregando as tábuas para o caixão... Senti uma leve revolta e fiquei surpreso ao ver o quanto estou apegado aos valores de nossa própria cultura.

O velório foi muito calmo e sem a magnificência social. A moça morta era de Aguán; seus pais tinham falecido e seus únicos parentes eram uma tia, que vive em Aguán, e dois irmãos, ambos marinheiros, que estavam ausentes. Desde a idade de dez anos, ela foi cuidada por uma tia que vivia em La Ceiba, trabalhou demais e morreu de tuberculose. Esta informação foi-me dada por Abraham Blanco, que estava melancólico. "Como deve ser triste não ter ninguém no mundo! Ainda mais para uma moça! Um rapaz sempre pode fugir se for maltratado, mas uma moça, o que ela pode fazer? Oh, há tanta tristeza no mundo!" Sebastian aproximou-se e nós dois tentamos animá-lo, mas a cada momento que passava ele se sentia mais abatido. Finalmente Sebastian perguntou: "O que você tem esta noite, Abraham?" "Eu não sei, talvez alguma doença ou alguma coisa ruim vai me acontecer. Se um homem mau chegasse agora brandindo um machete, eu me atiraria contra ele apenas para ser apunhalado!" Ambos rimos disso e eu disse que o caso não poderia ser tão desesperador. Outros jovens chegavam e podíamos ouvir suas vozes à distância. Abraham disse: "Teófilo Martinez deve estar bêbado, ele está falando e rindo tão alto!" De fato, Teófilo chegou com Victor Lopez e outros rapazes e estava visivelmente alcoolizado. Victor, o primo da moça morta, e seus companheiros da tarde não eram vistos em nenhuma parte; provavelmente eles tinham desmaiado. Falava-se ainda em pegar os tambores. Abraham estava chocado: "Tambores num velório?! Onde já se viu isso! É um insulto à morta!" Alguém tirou do bolso um par de *maracas*: "*Maracas* também?! Isso é demais! Adeus!" Ele saiu, mas após ter dado alguns passos, voltou e disse: "Por que não vamos todos à praia comer cocos?" A idéia pareceu ser de agrado geral e fomos todos à praia. Victor Lopez, que estava sóbrio, subiu na árvore; a maneira como ele conseguiu subir no coqueiro, na escuridão, carregando um machete e uma lanterna é realmente surpreendente. Tomamos a água de coco e os rapazes começaram a cantar e a tamborilar com as mãos sobre os *cayucos* que se encontravam pela praia. Mas eu queria saber o que estava acontecendo no velório e voltei para lá. Sob o *toldo* havia por volta de vinte e cinco a trinta pessoas, mas nenhum velho contava histórias e estava claro que não haveria dança *punta*. (Disseram-me mais tarde que houve outra tentativa para organizar a dança, mas que também falhou.) As pessoas sob o *toldo*, na maioria homens de idade, conversavam calmamente ou acenavam a cabeça meio sonolentos.

    Sebastian, que tinha me acompanhado, comentou: "Nunca vi na minha vida um velório tão triste." Eu concordei e agora sinto que um velório deveria ser alegre! De qualquer modo, o sentimento geral era que tinha sido uma sorte para a moça morrer em Trujillo. Pelo menos haveria uma noite de velório, preces das mulheres e um bom caixão para ela ser enterrada, de forma que seu *áfurugu* ficaria satisfeito.

Creio que há um ponto que deve ser registrado em toda essa história: a situação de uma criança criada na casa de um parente pode, às vezes, ser muito desagradável; ao contrário da norma verbalmente expressa pelos membros da cultura: "se alguém morre e deixa seus filhos desamparados, os parentes vêm e levam-nos para casa, criando-os como se fossem seus próprios filhos." Discuti esse assunto com Abraham e ele disse: "Às vezes, um tio, uma tia vivem em outra aldeia e raramente se lembram de seu irmão ou irmã. Eles vêm e levam as crianças somente por obrigação, porque não querem que as pessoas comentem sobre eles se não o fizerem."

22

Esta manhã estive na escola e levei mais dois dos meus sujeitos para a casa de Lorenzo e recolhi mais alguns desenhos. Os dois de hoje são Felix Loredo e Eufrasio Mejia.

À tarde estive na casa nova de Marin, ainda não habitada; Sebastian estava fazendo lá suas nassas, com a ajuda de outro rapaz, sob a direção de Marin. Fiquei lá por aproximadamente duas horas, observando o procedimento e conversando com Marin. Gosto dele: é seguro de si mesmo de uma maneira calma e nada agressiva, um dos pescadores mais bem sucedidos da comunidade. Adora conversar sobre magia, mas tem um jeito de me fazer falar mais do que ele. Sempre depois de conversar com ele, tento analisar o que me disse e que eu ainda não sabia; é sempre muito pouco. Mas tem sido útil para corroborar muitas das minhas informações.

Esqueci-me de anotar um fato curioso que aconteceu ontem à noite. Sebastian perguntou-me se eu tinha chegado a Cristales pela praia e, quando respondi que *sim*, ele me disse muito seriamente que eu não fizesse isso após as oito horas da noite, especialmente em noite escura. "É a *agaiumau* do pequeno córrego perto da escola?" Ele riu e, um tanto envergonhado, respondeu *sim*. Lembro que um dos rapazes que estava bêbado, ao chegar perto do córrego, gritou: "Ei, *agaiumau*!" Aqueles que estavam sóbrios ao seu redor disseram-lhe para calar a boca. E mais uma coisa que eu não escrevi ontem: dois rapazes estavam juntos o tempo todo, abraçando-se, beijando-se, dançando juntos a música dos outros. A versão oficial é que foi tudo uma brincadeira, mas fico pensando o quanto disso era brincadeira.

24

Hoje verifiquei que perdi um dia no meu diário: 17 de janeiro, sábado, e 18 de janeiro, domingo, foram ambos dias chuvosos, úmidos, durante os quais eu datilografei o tempo todo. Assim, juntei dois dias em um só. Hoje pela manhã conversei com Sebastian sobre os rumores da aldeia, seus sonhos e outra vez sobre refeições. Tentei continuar com a história da sua vida, mas ele disse que já tinha me contado tudo que se lembrava. Disse-lhe que daria uma olhada no que já estava anotado e, então, faria perguntas a respeito de certos pontos que desejava conhecer melhor. Cheguei a informação que eu tinha da mãe de Sebastian, com Maria e sua mãe. Datilografei durante toda tarde e à noite também.

À tarde, coincidindo com a visita diária de Teófilo, Sebastian voltou com mais novidades. Uma era sobre a moça de uma aldeia próxima a La Ceiba, que foi considerada como morta pela família e, durante o velório, repentinamente voltou à vida, quase matando de susto o resto da família. Outra notícia de ontem que foi esquecida é que Simeón Marin tornou-se pai de gêmeos. Posso imaginar o quanto Sebastian deve invejá-lo! "Mas eu não sabia que Marin tinha uma mulher!" "Ele tem quatro, não, três, pois uma morreu algum tempo atrás." Sebastian também me disse que ter gêmeos é sinal de sorte para as crianças e para os pais, mas espiritualmente é perigoso, pois um dos gêmeos ou um dos pais morrerá em breve. Mas tive a impressão de que ele não estava preocupado com Marin, um homem com "orações fortes". É claro que Marin não deve trabalhar durante esses dias, senão os umbigos das crianças sangrarão e elas morrerão. É a primeira vez que ouço esta explicação para a *couvade*.

25

Pela manhã fiz uma viagem de jipe durante duas horas até Puerto Castilha. Deve ter sido uma linda cidadezinha no seu apogeu. Quebra o coração vê-la assim, caindo aos pedaços. O porto é o melhor que vi em Honduras, diz-se que também o hospital foi o melhor do país e, agora, os quartos de baixo são usados, às vezes, como estábulo para cavalos. A população atual é de um décimo do que foi, composta exclusivamente por trabalhadores mais pobres que não tiveram meios para mudar quando a *Company*[31] foi embora. Alguns

---

31. *United Fruit Co.* (N. de R.)

americanos negociantes de madeira serrada ou de coco deixaram a cidade. Um quadro de ruínas e desolação reavivado pelo contraste dos belos arredores, no esplendor de uma brilhante manhã tropical.

À tarde datilografei minhas últimas notas. Também conversei com Maria a respeito da eterna questão das almas. Maria identificou primeiramente *áfurugu* com o anjo da guarda; ela nunca tinha ouvido a palavra *viejamota* que é usada por Pancha como sinônimo de *áfurugu*. Mas quando perguntei: "*Áfurugu* não é a mesma coisa que *iuani*?" "É." "Mas *iuani* não é a alma?" Após pensar por um momento: "É." "Então, alma é o mesmo que anjo da guarda?" Hesitando: "É, suponho que Deus envie para nós somente um espírito, não é? Por que não pergunta ao compadre Siti? Ele é quem sabe dessas coisas." "Conversei com ele sobre este assunto, mas gosto de ter a opinião de várias pessoas diferentes." "Veja, don Ruy, é assim: quando o senhor fala comigo sobre *áfurugu* e *iuani*, essas são palavras em moreno e eu sei o significado delas em moreno. Mas o senhor não pode traduzi-las para o espanhol. Há muitas palavras em nosso dialeto que não podem ser traduzidas para o espanhol." Eu não queria deixá-la embaraçada e por isso parei com meu interrogatório. Mas em um ponto Maria tem razão: muitas pessoas mantêm seus conceitos católicos espanhóis dissociados de seus conceitos caraíbas do culto *gubida*. Encontrei diferentes formas de fusão e diferentes graus de sistematização. Experimentalmente, poderiam ser divididos assim:

1. Escola de pensamento de Siti Garcia e Sebastian.

O *áfurugu* e a *iuani* são duas partes distintas da mesma entidade e essa entidade corresponde ao conceito cristão de alma. A *iuani* é pouco mais do que um princípio vital, supondo-se estar permanentemente ligada ao corpo, somente o abandonando no momento da morte. Por outro lado, o *áfurugu* é mais rico, semi-independente do corpo, perambula em sonhos, tem poderes de percepção mais refinados do que o corpo mortal e pode alertar o indivíduo dos perigos ocultos, especialmente aqueles de natureza espiritual. Mas suas relações com o corpo são muito próximas e é possível ferir seriamente um inimigo, atacando seu *áfurugu*. Isso é especialmente verdadeiro nos casos de feiticeiros que podem invocar o *áfurugu* de uma pessoa viva em um recipiente com água e agir sobre ele. *Mafias* podem também se apoderar do *áfurugu*, matando assim a pessoa. Após a morte a *iuani* fica totalmente entregue à Igreja Católica e vai para o céu cristão. O *áfurugu* permanece na casa até completar os nove dias da novena e pode, então, transformar-se em *ufĩẽ*, se for o caso de uma alma atormentada, ou em *ãhari* até que, com o passar dos anos, é colocado na categoria mais geral e vaga dos *gubida*. É desnecessário enfatizar o papel desempenhado pela racionalização e pelo esforço consciente nessa explicação.

2. Escola de pensamento de Pancha.

O *áfurugu*, também identificado pela misteriosa palavra *viejamota*, é o anjo da guarda e *iuani* é a alma. Pancha encontrou forte oposição e foi solicitado a ela explicar como o anjo da guarda poderia ter uma relação tão próxima com o corpo de alguém, de forma que quando se fere um, o outro também é ferido. Para as pessoas mais velhas, anjo da guarda é pouco mais do que uma figura de retórica em um sermão de domingo, ou na melhor das hipóteses, alguém voando muito alto e não tendo mais interesse pelos assuntos mundanos do que um coro de tragédia grega. Não pode ser o *áfurugu* um interventor ativo e apaixonado.

3. Os sombristas

O *áfurugu* é a sombra, mas pode também ser um retrato ou qualquer outra representação da pessoa. Esse é um esforço para compreender como um feiticeiro pode produzir em uma pessoa efeitos de toda espécie, agindo sobre suas imagens.

4. O grupo discrético

Entendo por discretismo[32] aqui a simples aceitação de diferentes conceitos provenientes de diferentes origens como coexistentes, mas não coincidentes. Há a alma cristã e há o *áfurugu* ou a *iuani* caraíba, e deixe o compadre Siti preocupar-se com "qual é qual" e "o que é o quê". Eu chamo a isso de discrético, em oposição ao sincretismo de outros. Fico pensando se esse grupo não é o mais numeroso, sendo que Maria foi a única a expressar essa opinião, pois ela se sente mais à vontade comigo e não precisa fingir para impressionar-me com a sua capacidade intelectual.

26

Pela manhã recolhi os desenhos de mais dois sujeitos e à tarde datilografei. À tarde Sebastian chegou com a notícia da morte de uma jovem em Cristales.

---

32. Neologismo criado pelo autor, assim como o adjetivo correspondente. (N. de R.)

Ambos observamos que, em Trujillo, a morte parece ocorrer em ciclos. Durante os primeiros meses de minha estadia aqui, ocorreram quatro mortes em pequenos intervalos de tempo entre uma e outra. Depois passaram-se três meses ou mais sem que ninguém morresse. E agora, outra vez, duas mortes próximas uma da outra. Não fui ao velório; minha sinusite tem me incomodado novamente e tenho receio de sair à noite. É realmente lamentável, pois gosto de sair.

27

A primeira coisa que ouvi pela manhã foi que a moça que "morreu" ontem voltou inesperadamente à vida. Mais à semelhança de Lázaro do que com outros caraíbas que também passaram pela mesma aventura, ela nada tinha a dizer. Estou começando a achar que essas pessoas não hesitam muito em declarar a morte de alguém.

Recolhi desenhos de mais dois sujeitos e apliquei o Rorschach nos dois primeiros meninos que me haviam feito desenhos. Trabalhei com Sebastian somente sobre os detalhes de preços de alimentos e pontos duvidosos das minhas anotações. A experiência ensinou-me que é mais proveitoso deixar a história de vida de lado por algum tempo e, então, voltar a ela; nesse intervalo, lembranças inteiramente novas vêm à mente da pessoa. A técnica como um todo não é diferente daquela de colher seiva para fazer vinho de palma...

28

Conforme combinei ontem com Maria, ela chegou para me acordar às seis horas da manhã para que eu fosse ver as plantações nas colinas. Após o café fui à casa de Maria onde sua mãe estava me esperando; Esteban Perez, irmão de Alfredo, também estava me esperando e às seis e meia estávamos a caminho. Perguntava-me por que Esteban Perez freqüentemente era encontrado em minha cozinha e se ele estava tentando conquistar Maria. Tudo me foi explicado mais tarde por Sebastian; ele está cortejando Lydia, irmã de Maria, e de acordo com o que eu acho ser um padrão, está tentando ser agradável à toda a família. Isso explica por que ele estava tão ansioso em ajudar a sra. Lacayo a mostrar-me as *milpas*[33]; e explica também o seu desejo em agradar Maria, o mais importante membro da família.

33. Terreno semeado. (N. de R.)

JANEIRO DE 1948

A região ao redor de Trujillo é realmente encantadora; gostei muito e voltaria de novo somente pela vista. As inclinações onduladas são sempre íngremes, muitas vezes precipitosas, estendendo-se até a linha do horizonte. Todas as plantações estão situadas nos declives e aclives, enquanto os vales nada mais são do que profundos fossos ou desfiladeiros, onde a água corre de todas as formas, de um pequeno fio para um córrego e de um córrego para um rio jovem. Subimos e descemos durante duas horas, parando duas vezes para admirar a paisagem com a baía de Trujillo ao fundo e dar às minhas pernas e pulmões um merecido descanso. Foi somente então que notei que havia esquecido minha máquina fotográfica!

A grande maioria das plantações que vimos era de mandioca; plantações entremeadas com bananeiras e palmeiras *coyol*. Em quase todas havia também várias espécies de inhame e outras raízes feculosas ou rizomas, da família das Aráceas, e outras, embora plantadas em bem menor quantidade que a mandioca brava. Vi somente um trecho plantado com feijão, mesmo assim pequeno. Fui informado que um homem tinha plantado feijão branco e esperava uma grande colheita nos próximos dois meses, mas tratava-se de uma safra paga, originalmente não destinada para ser consumida pelo proprietário. A principal safra é de iúca, a planta louvada nos cantos *abáimahani*, assim como o trigo o é pelos poetas da nossa cultura. Vendo os troncos altos, delgados, únicos, com suas cinco folhas finas e lobadas tremulando ao vento, compreendi a importância, em toda a sua extensão, do *casabe*. Não é de admirar que esteja associado à vida religiosa do povo, no ritual de dissolução de um pequeno *casabe*, feito unicamente com a mais branca iúca, na água que vai lavar o corpo morto. Nem estava errado Pedro Moreira em chamá-lo de hóstia.

Não sei se por causa do tempo bonito e agradável ou se em virtude de alguma atmosfera especial da manhã, toda a paisagem pareceu-me muito bonita. As altas palmeiras *coyol*, como arbustos de gigantescas samambaias de um verde claro-acinzentado, o estridente e jovem verde dos brotos das bananeiras eram os grandes volumes de cor; as raízes das mandiocas poderiam ser pintadas ao estilo de Van Gogh, com nervosas pinceladas de verde pastel. Ao voltar, sentindo a brisa fresca que vinha do mar tranquilo, senti vontade de escrever poesia, não notas de antropologia. E o resultado é este relatório híbrido...

À tarde, com um estado de espírito mais sóbrio, notei que não havia mencionado a cana-de-açúcar, da qual há bem poucas plantações. São principalmente da variedade conhecida no Brasil como "caiena" e aqui como "colômbia", de cor violeta escura e de haste macia. É cultivada somente para ser consumida como fruta, como eles dizem, e não para fazer açúcar, o que requer muitos instrumentos técnicos.

Apliquei o Rorschach em mais dois sujeitos e ainda encontrei tempo para visitar e conversar um pouco com a mãe de Miranda.

Ver as plantações de Maria e de sua mãe foi um ato político. Eu tinha falado em ir ver primeiro a plantação da mãe de Miranda, mas senti a necessidade de endireitar a balança em direção à Maria, pois ultimamente tenho estado muito com Sebastian e *seu* pessoal. Como provavelmente no próximo sábado irei a Santa Fé com Miranda e Sebastian para ver o famoso *cugu* por tanto tempo adiado, pensei que seria melhor ir às *milpas* de Maria.

29

Tenho discutido ultimamente dois assuntos com Sebastian. O primeiro é de grande interesse para ele e ao qual tem se referido em várias ocasiões. Ele afirma que, quando morre alguém aqui em Trujillo, os parentes que vivem nas aldeias distantes, onde não há serviço de telégrafo, recebem a notícia antes que seja possível para um mensageiro levá-la ao local onde vivem. Segundo Sebastian, aconteceu muitas vezes da pessoa que levava a notícia encontrar os pais do falecido no meio do caminho entre Trujillo e a aldeia deles, já sabendo de tudo e se dirigindo para o funeral. Sebastian não pôde dar informações mais completas de como isso acontece. Ele acha que uma das maneiras para a pessoa conseguir tais notícias é através do sonho. Lorenzo, seu irmão, quando veio para o funeral do velho Tifre, contou que o telegrama com a notícia da morte do pai tinha chegado somente no fim da manhã. Mas às três e meia, uma hora após o falecimento, seu pai apareceu-lhe em um sonho; como ele sabia que o pai estava muito doente, não teve dúvidas, pela manhã, que o velho tinha morrido. Sebastian acha que deve haver outras maneiras para receber esta comunicação espiritual. Ele conhece muitos casos que podem ilustrar o seu ponto de vista; como alguém que acorda à noite com um sentimento de opressão e súbita tristeza, começa a chorar sem nenhuma razão aparente, etc.

Não é difícil imaginar como essas comunicações "miraculosas" realmente aconteceram. Quando acontece alguma coisa em Cristales e Rio Negro, a notícia se espalha pela cidade com uma rapidez incrível. É fácil para uma pessoa a caminho de uma outra aldeia, que começou sua viagem nas primeiras horas da manhã, como é costume aqui, ouvir uma informação recente e levá-la para outro local. O resto é trabalho da imaginação que precisa de pouco fundamento para se desenvolver.

Tenho um caso que ilustra a maneira como qualquer ocorrência um pouco fora do comum é de tal forma enfeitada a ponto de sua própria mãe não reconhecê-la. Os simples fatos reconstituídos por mim: um homem em Aguán encontrou um crocodilo em seu quintal, a uma certa distância do rio, e o matou. Sem dúvida, aquele não era o lugar para um crocodilo estar tomando sol. Um crocodilo que se preze não viola a propriedade das pessoas dessa maneira, *se realmente for um crocodilo...* (Há, há!) Para encurtar a história, na versão final, há um sapo que tenta entrar na casa do homem e não consegue; então, um pequeno lagarto entra na casa e, em poucos segundos, cresce até o tamanho de um crocodilo. Para poder matá-lo, primeiro é preciso que preces sejam declamadas e, quando o dono da casa invadida golpeia o animal com um machete, este (ou melhor, ele) grita com uma voz humana... Essa história foi me contada por Sebastian (que deu a versão mais rica), Teófilo e Dudu, e dois rapazes de Aguán. Esses últimos deram a versão mais simples, mais próxima da verdade.

Outro assunto, de grande interesse para mim, foi abordado espontaneamente por Sebastian. Há algum tempo tenho tentado conseguir informação sobre, no lar, quem paga pelo quê e quando. Evitei uma abordagem frontal, mas Sebastian disse: "Pode ser de seu interesse, don Ruy, saber que, entre nós, muitas vezes, as mulheres ajudam os homens com dinheiro. Por exemplo, antes de começar a trabalhar a seu serviço, eu tinha muito pouco dinheiro para mim, pois não possuía um emprego fixo e conseguia ganhar somente algum dinheiro de vez em quando, ajudando algum pescador. Um dia pedi à minha garota alguns centavos para os cigarros. Foi o bastante: nunca mais tive de pedir: todos os dias ela comprava um maço de cigarros para mim. Mesmo quando não a via, podia chegar em casa e encontrar o maço lá, esperando por mim". Sebastian ria enquanto me contava, como é seu meio de defesa usual. Ele tinha consciência de que isso era considerado como irregular pelo conjunto de valores do homem branco, mas tenho a impressão que achava isso bastante natural. Prosseguindo a conversa, foi muito cuidadoso em traçar a distinção entre homens que são *sin verguenza*, que nunca trabalham e vivem às custas das mulheres, e aqueles que ocasionalmente aceitam um pequeno presente.

Hoje trabalhei principalmente na revisão de notas e na correção de alguns pontos. À tarde recolhi desenhos de mais um sujeito e apliquei o

Rorschach em outro. Teófilo veio me visitar ao anoitecer. Falou-me do *juego de las tiras* que deve ser algo como as congadas brasileiras. Mas é interessante notar que *generais, almirantes* e mensageiros a cavalo são homens; mas os mouros e cristãos são somente mulheres, enquanto no Brasil somente a Rainha Ginga e sua dama de honra são mulheres, naturalmente.

30

Pela manhã trabalhei com minhas anotações e à tarde apliquei um Rorschach em um menino, o que foi um suplício tanto para o examinador como também para o examinando. Contudo, tenho a impressão que consegui um protocolo codificável, e somente alguém com mais experiência, tanto em Rorschach quanto em trabalho de campo, poderia mostrar resultados melhores.

Maria preparou o que é necessário para a viagem de amanhã cedo para Santa Fé. Como é seu costume, havia uma quantidade enorme de lingüiça, carne de porco fria, sanduíche de presunto com mostarda, molho inglês, picles e azeitonas...

À noite, antes de se despedir, Sebastian indagou sobre os preparativos e então perguntou se eu havia pedido à Maria para deixar água quente para de manhã. "Mas eu não vou fazer a barba, Sebastian." "Não é para fazer barba, senhor; é para lavar sua cabeça." "Por que devo lavar minha cabeça às quatro e meia da manhã?" "Bem, senhor, estou baseando-me em nossa própria experiência. Quando se está resfriado e os pés ficam molhados, o resfriado piora. Mas se você lavou a cabeça antes, nada acontece. Visto que temos que atravessar dois rios..." Disse-lhe que uso muita água para pentear meus cabelos e isso seria suficiente.

Sebastian contou-me algo interessante. A irmã de Miranda estivera em Trujillo com os filhos, a fim de comprar as coisas para um *cugu*. Entre muitas outras coisas, compraram uma cabeça de porco inteira e pés dianteiros que são petiscos muitíssimo apreciados. Uma das meninas estava carregando os pés de porco e Sebastian perguntou-lhe se ela gostava de pé de porco e se ela estava prevendo bom divertimento. A menina respondeu com seriedade: "Não, isso é para os *áhari*: as pessoas da família não podem tocá-lo. Uma parte vai ser jogada fora para os *áhari* e, no final, o resto será comido pelos convidados e crianças." Sebastian ficou contente em ver uma criança com menos de oito anos de idade tão bem doutrinada no ritual *gubida*. Perguntei a Sebastian se é verdade que as pessoas da família nunca tocam a comida dos *áhari*. Sebastian acha que há um certo exagero nesse ponto de vista. É permitido a um dos membros da família pegar um pouquinho disso ou um pedacinho daquilo no início do *gule*; mas seria errado se tal pessoa enchesse um prato inteiro para comer e isso nunca é feito. "Por quê?" "Porque os *áhari* ficariam descontentes." "Mas os *áhari* não ficam descontentes quando os convidados se servem e a comida é de fato dada para as crianças no final." "Claro, aquelas não são pessoas da família. Os *áhari* somente sentem ciúmes das pessoas pertencentes à família."

31

Falta de sorte outra vez. Estava chovendo a cântaros de manhã cedo e Sebastian não veio me acordar. Às seis horas Maria veio para ver se eu realmente tinha ido, pois ela não podia acreditar que eu tivesse partido para Santa Fé debaixo de chuva tão forte. Foi atencioso da parte dela, embora eu não fosse passar fome na sua ausência, com todos aqueles sanduíches e café quente nas garrafas térmicas. Miranda, é claro, teve de ir e espero que ele me faça um relatório do que aconteceu. Mas me sinto mal por ter perdido tal oportunidade, pois Faustino Fernandez é considerado o melhor *búiei* de toda a região e tenho boas relações com ele. Tenho certeza de que poderia ter feito muitas perguntas a ele sobre os detalhes do ritual e, talvez, ele tivesse me permitido ficar durante as partes mais esotéricas da cerimônia.

Outra vez tivemos um daqueles longos períodos de chuva. O ar está muito úmido e minha pobre sinusite está me incomodando de novo. Fiquei em casa o dia todo e trabalhei nos protocolos do Rorschach.

Fevereiro

01

Sebastian veio pela manhã, mas não trouxe nenhuma notícia relevante. A *querida* de Eusebio Alvarez voltou de San Pedro Sula e eles estão vivendo na casa dele; só que estão dormindo na cozinha para não "desonrar o lugar" (as cozinhas são sempre construções separadas da casa). Um escrúpulo que honra Eusebio Alvarez, embora apenas faça rir o irreverente Sebastian... "Imagine só, don Ruy, se a mulher dele também voltasse! Que trapalhada!" E, visivelmente, divertia-se por antecipação.

Tentei saber mais sobre aquela "Carta de Escravidão" que ultimamente tem me intrigado, mas o próprio Sebastian pouco sabe sobre isso. Ele tem certeza de que não foi resultado de uma promessa, pois se assim o fosse, as circunstâncias da promessa e a graça concedida teriam sido mencionadas. Ele pensou sobre o assunto e finalmente chegou à conclusão que deve ter sido alguma coisa relacionada a sua prisão [de seu pai] e com o que aconteceu posteriormente. Lembrou-me de que ele tinha sofrido um acidente que lhe causou uma séria contusão na testa, permitindo assim que os soldados o agarrassem e o colocassem na prisão por contrabando. Após ter sido libertado, ele ofereceu um *cugu* ao *áhari* de seu pai, que lhe apareceu em sonho. E também (isso foi algo que Sebastian contou-me somente hoje) rezava diariamente para a Virgem do Rosário. Ele atribuía sua libertação à dupla ação da Virgem Maria e do *áhari*, o que bem ilustra o sincretismo religioso da cultura. Sebastian acha que o amigo de seu pai, Padre Nadal, deve ter ouvido sobre o *dogo* e tê-lo mandado para o inferno (literalmente). O documento em questão deve ter sido uma espécie de promessa solene de não ter outro culto senão o católico.

Sebastian provavelmente está certo, mas a data da carta foi uma surpresa para mim. Em 1922 Sebastian tinha somente dois anos de idade e não era uma testemunha ocular do acidente, como eu tinha acreditado até agora. Busquei minhas notas sobre o assunto e li para ele. Disse-me que a primeira pessoa do singular, nesse caso, referia-se ao seu irmão que estava lhe contando a história. Eu deixei escapar esse ponto e preciso corrigi-lo. Seu pai também contara a história muitas vezes, mas não abordava esse ponto, é claro, pois [Sebastian] não estava ciente de como tudo tinha acontecido. "O velho costumava nos contar muitas histórias. Às vezes ele nos fazia rolar de rir, mas em seguida dizia: 'Agora é sério', e contava-nos como ele tinha vencido uma situação perigosa ou de grande risco 'com ajuda dos santos ou dos *áhari*' (como já foi visto, é um caso de ou/e). "Ele não era um mau sujeito, apenas irritável; nos últimos dias do mês e nos primeiros dias do mês seguinte, quando o assunto era pagamento e recebimento, ninguém ousava falar com ele e todos se moviam cuidadosamente ao redor da casa. Mas depois disso, ele voltava a ser o que era antes."

É interessante observar o uso do termo "escravidão" naquela carta. Após a séria reprimenda do padre (se é que realmente aconteceu assim) o orgulhoso e colérico Regino Tifre procurou uma forma de se humilhar e não encontrou nada melhor do que declarar-se um escravo. O pior insulto para um caraíba é ser chamado de escravo. Desde o início me dei conta da importância desse fato. Todos os velhos com os quais falei, Abram Lopez, Antonio Martinez, Daniel Alvarez e outros, repetiram a mesma coisa: os caraíbas negros não eram africanos e nunca foram escravos (em suas mentes as duas coisas estão ligadas). Uma das frases que ouvi por diversas vezes quando se discutia o culto *gubida* era: "É o culto de nossa raça." Estava implícito que eles, como povo independente e livre, tinham sua própria língua, sua própria religião, e não se submetiam a ocasionais soberanos ao adotar seus costumes. Era dito com orgulho que os ingleses de São Vicente tentaram impor entre eles o protestantismo, sem resultado. "Nem mesmo os franceses, que eram nossos amigos, conseguiram nos converter." Foi preciso nada menos que um santo, embora agora ele seja somente um santo assistente ou equivalente, o venerável Subirana, para convertê-los. Há muitas pessoas vivas atualmente cujo avô ou avó não foi batizado, de acordo com o *búiei* Julian Morales.

A *ambivalência social* dos membros do grupo tem outras formas também. Creio não possuir um quadro claro e completo dos fatos, mas a maneira como os caraíbas ignoram suas origens e como sempre estão discutindo o assunto é um ponto muito interessante. Eles não querem ser africanos – isto é, escravos, como os outros negros –, franceses, ingleses e crioulos. Ouvi muitas pessoas dizendo: "Minha avó tinha cabelos longos e lisos e era tão branca quanto você." Mas a outra alternativa é ser índio e isso eles também não querem.

A esse respeito, a atitude deles é idêntica à da maioria dos hondurenhos que se sente orgulhosa em dizer que tem sangue índio, mas é enfática ao negar qualquer relacionamento com os índios da atualidade. Pois os índios vistos pelas ruas das grandes cidades ou os que vivem em seus próprios territórios são uma classe realmente muito pobre. São de estatura baixa, os traços não mostram a beleza celebrada pelos antigos escritores das crônicas, sua condição é miserável. Os negros estão muito melhor do que eles, pois os índios formam a mais baixa camada da população. Sem dúvida, essas pessoas não têm nada a ver com a construção dos monumentos de Copán ou com a organização da defesa contra os espanhóis, uma tradição cara ao coração de todo hondurenho. Lempira, o maior herói nacional, é representado como um homem alto, remissivo aos índios das pradarias dos filmes americanos da década de vinte. A partir desse modelo, os caraíbas negros construíram seu próprio tipo ideal do caraíba de tempos passados, uma tribo de guerreiros orgulhosa e independente, que só fôra derrotada por um número imensamente superior de inimigos e pela artimanha que eles usaram (dando cal misturado com farinha de trigo para os líderes da revolta). Essa é uma criação moderna, montada pelos estudiosos do grupo, com o auxílio das poucas informações encontradas em manuais, maus artigos e más ilustrações de enciclopédias de terceira categoria. Suas próprias tradições são extremamente escassas, a grande maioria nem mesmo ouviu o nome de Satuiê, o líder caraíba, que os franceses chamavam de Chatoyer. O nome subsiste, pelo que conheço, nas palavras de uma canção recuperada por Taylor e no nome de uma aldeia próxima a La Ceiba. A imaginação deles, sem se prender a nenhum fato, construiu e continua construindo várias teorias diferentes. Taylor possui alguns artigos publicados em pequenos jornais locais de Honduras Britânica, cujo autor sustenta que os caraíbas são uma antiga e "civilizada" raça africana, outrora possuidora de uma língua escrita, presumidamente em caracteres arábicos! E essa é apenas uma dentre muitas teorias.

Há um episódio interessante com Sebastian a que eu só recentemente pude dar a devida importância. Certa vez Sebastian perguntou ao Taylor e a mim se todos os negros, originalmente, vieram da África. Dissemos que não e falamos a respeito dos melanésios que também são considerados negros. Sua pergunta seguinte foi de onde os caraíbas vieram. Taylor mostrou-lhe São

Vicente no mapa e, apontando para a região Norte da América do Sul e para as Antilhas, disse-lhe que por toda aquela parte havia caraíbas e que ainda há muitos que restaram. "Então por que dizem que todos os negros vêm da África?!" exclamou ele. Na sua mente, caraíbas e negros são termos equivalentes. Taylor mostrou-lhe fotos que foram tiradas em Dominica e contou-lhe sobre a mistura de sangue índio e negro que ocorre atualmente na ilha. Pudemos observar que ele ficou embaraçado e desapontado. Mas na noite de Natal tinha esquecido tudo o que vira sobre os caraíbas com traços índios e reteve somente um fato: há negros que originalmente vêm de lugares fora da África.

Acredito que essa forma de amnésia (provavelmente meio voluntária) e fenômenos tais como falsas recordações e fantasias similares às que transcrevi poderiam ser analisados em termos psicanalíticos. Muitas crianças neuróticas inventam histórias nas quais seus pais não são os pais verdadeiros, na verdade, são filhos de reis ou de pessoas ricas que, por alguma razão romântica fácil de inventar, foram obrigadas a se separar deles logo após o nascimento. Entretanto, devo usar isso somente como uma comparação, tendo o cuidado de frisar que não estou utilizando uma técnica de análise individual para a interpretação de fatos culturais. E há ainda o termo "neurótico" que deve ser evitado. Suponho que tenho bastante material sobre os anti-africanistas, que formam a grande maioria. Tenho uma boa compreensão dos mecanismos psicológicos de um africanista, Pedro Moreira. O caso de Victor Lopez ainda não está muito claro para mim; seus argumentos baseiam-se no senso comum: "Claro que somos negros! Olhe para nossa pele, olhe para nosso cabelo!" Como ele pode ver essas coisas, enquanto que os outros são tão cegos a esse respeito? Victor Lopez, como garçom em navios americanos, tinha estado em Nova York e Chicago; talvez ele se identifique com a classe alta dos negros americanos e isso o leve a aceitar sua afiliação racial. Ele me contou que há um dentista em Chicago que é primo de Atanasio Arzu e que é um profissional muito bem sucedido. Devo procurá-lo quando voltar para os Estados Unidos. Há também a Sociedade Caraíba em Nova York...

Deve haver uma enorme variedade de teorias individuais nesse aspecto, como também em outros. Os Rorschachs que obtive impressionam-me pela gama de variações de personalidade que mostram. É verdade que ainda não os analisei. Mas tenho impressões definidas sobre como eles reagiram à situação de teste e algumas características gerais já são evidentes. Mário Martinez, que é um menino brilhante, encarou a situação com calma, como uma tarefa escolar igual a outras que tem enfrentado com sucesso. No inquérito, quando perguntei "Como você vê isto?" pela primeira vez, ele sentiu a pergunta como um desafio, assim como, infelizmente, acontece com todos, mas respondeu com segurança: "Vejo muito bem, senhor." Luis Oliva também não teve problema e tentou me impressionar mais com o brilho e prontidão de sua mente. Eufrasio Mejia tentou sair ileso sendo engraçadinho, o que indubitavelmente ele é. A verdadeira capacidade de Felix Laredo foi um pouco obstruída pela postura rígida que adotou. Esse não é o caso de Crispin Garcia; sinto-me tentado a usar o termo compulsivo no caso dele (mas devo me conter). Quanto ao pobre Gerardo Solís, acho que o teste não lhe faz justiça. Para ele, o adulto deve ser um tirano arbitrário cujas regras não são de forma alguma compreensíveis e a única atitude segura é tornar-se tão pequeno quanto possível. Seu comportamento durante o inquérito foi igual ao dos animais em pânico, cujas forças de organização são quebradas e passam a reagir por reflexos de qualquer espécie, ainda que inadequados para a situação. Quando solicitado a localizar suas respostas, apontava ao acaso para qualquer mancha. Contudo, algumas de suas respostas são boas; há até mesmo um violão, visto na prancha VI, o que deve ser original.

No todo, estou muito impressionado com a qualidade dos protocolos. Um forte apego à realidade representadas pelas respostas D, alto nível de forma, forças criativas claramente manifestadas nas respostas W e dr bem construídas. Quase não posso acreditar que se trata de protocolos de crianças variando entre onze e treze anos de idade. Devo me conter e não ser tão rapsódico em relação ao "meu povo". O que é absolutamente inesperado para mim é a falta de respostas de cor dignas de menção. Não sou ingênuo a ponto de esperar que o quadro clássico de "negro extrovertido" saísse dos Rorschachs. Contudo, não estava preparado para encontrar claras tendências de introversão nos protocolos das crianças, nem formas intelectuais de controle emocional! Não devo esquecer que há somente seis protocolos, e de crianças que devem estar em fase de intensa adaptação social. Quando elas têm por volta de onze ou doze anos de idade, espera-se que elas cuidem das crianças menores e acompanhem suas mães quando estas vão à roça, ajudando-as a carregar as coisas, ou acompanhem os pais nas pescarias. Mas eu queria deixar minhas primeiras impressões registradas para compará-las com as posteriores.

Preciso me livrar das tendências pré-concebidas de esperar reações de um ou de outro tipo, porque isso pode enfraquecer a correção de minha classsificação. Deve ser para isso que são feito os rituais *gubida*: uma forma intelectual de controle das emoções. Ou o contrário. Preciso esperar para ver.

02

Outra vez um dia chuvoso e úmido. Os caraíbas disseram-me que, como tivemos um tempo excelente durante os meses de setembro e outubro, devemos esperar mau tempo em fevereiro. Espero que não. Minha sinusite incomoda-me, não ousei sair. Fiquei em casa e, com a ajuda de Sebastian, resumi a infeliz e acidentada história da família Ramirez de Santa Fé. O pacto com o diabo divertiu-me e interessou-me muito. Acho que é uma boa ilustração de como diversos elementos de diferentes origens se fundem em várias características dessa cultura. O pacto é assinado com sangue, bem de acordo com a tradição medieval européia; mas a pessoa envolvida no pacto não vende sua própria alma, como fez o pobre e ingênuo dr. Fausto, mas fornece a de outra pessoa. Penso que há uma filiação dessa crença com a concepção da África Ocidental de zumbi; não há dúvida a respeito, pois a descrição dos escravos exangues sem alma do *pengaliba* o prova. Os elementos europeus são numerosos: à primeira vista pode-se reconhecer o diabo cristão que, em tantas histórias do folclore português e alemão, assume a forma e o aspecto de um soldado. O *duendu*, tanto a palavra como o conceito, também é europeu, mas aqui encontramos outra vez um desses elementos comuns à região do Velho Mundo, pois há também os "homenzinhos da floresta" vindos da África. Estou inclinado a acreditar que a própria palavra *pengaliba* é africana, pois Breton não a menciona em seu dicionário e Taylor não se refere a ela em relação aos caraíbas de Dominica. De qualquer forma, vou escrever-lhe sobre isso.

03

Não fiz muita coisa pela manhã. Datilografei notas acumuladas com a ajuda de Sebastian que me esclareceu certos pontos duvidosos. À tarde recebi Isabel[34] Moreira, o filho de Pedro Moreira, que desenhou para mim, enquanto aplicava o Rorschach em um menino chamado Benjamim Ramos, que teve um excelente desempenho. Não pude completar o inquérito, pois ele trabalha para o General Ordõnez e devia entrar no serviço antes das cinco horas. Espero terminá-lo amanhã.

---

34. Nome masculino, tendo por feminino Isabela, conforme explicação do autor no registro de 4 de fevereiro. (N. de R.)

Reli minhas anotações sobre o *pengaliba* e tenho pensado sobre isso. Há uma riqueza de significados psicológicos que ainda não foram bem definidos. Poderia arriscar algumas especulações, sujeitas a todas as correções posteriores que os fatos poderão trazer. O mecanismo de compensação para sentimentos de inferioridade parecem-me evidentes. A maioria das pessoas ricas e poderosas da cidade não alcançou a posição social e econômica que ocupa agora por meios naturais. Assim, o fato de você ou eu não desfrutarmos a mesma posição não se deve à falta de habilidades ou a qualquer outra causa intrínseca. É só porque você não estava disposto a entrar (ou não teve a oportunidade) em uma espécie tenebrosa de negócio que, além de seu caráter anti-social (o sacrifício de uma criatura humana), é um crime contra a lei divina e, quando se trata de entregar o próprio filho, demonstra a ausência desnaturada de sentimentos paternos. É interessante notar que os Glynns estão isentos dessa suspeita, porque são considerados generosos e caridosos, mas somente por isso. Aqueles que fazem um pacto, ao contrário, são considerados desprezíveis e de tal forma dominados pela sua ganância que chegariam a sacrificar a própria família ou seu próximo para satisfazê-la. É claro, Sebastian coloca-se em uma categoria especial: ele não é constrangido por restrições morais, mas é incapaz de uma maldade contínua. Confessou sua disposição em sacrificar um filho seu, mas afastou a idéia. Ele se apressou em assinalar que seria algo improvável, pois o *pengaliba* conhece quais são os jogadores mais lucrativos que não desistem depois dos primeiros ganhos.

Outro ponto interessante para se investigar é o temor de ser reduzido à escravidão. Uma aproximação natural aconteceu entre o pacto com o diabo e a "Carta de Escravidão" que Regino Tifre fez. Eu gostaria de saber se não poderia ser encontrada aqui, em uma forma mais dissimulada e simbólica, a mesma reação psicológica dos negros Bush do Suriname. Refiro-me a esse horror em ser chamado de escravo e à resistência até mesmo à idéia de terem sido escravos em São Vicente antes da sua rebelião contra os britânicos. Pois penso que há uma distinção, pelo menos na cabeça de Sebastian, entre entregar uma criança não batizada, um ser que mal chega a ser humano, e entregar um adulto, especialmente um homem trabalhador, com quem ele naturalmente sente uma maior identificação. Conversei com Maria sobre esse assunto e ela confirmou a informação de Sebastian, sem acrescentar nada de novo. Ela também acha que os piores de todos são os Melhados, que entregam seus empregados! Uma criança, afinal de contas, pertence a você que tem o direito de dispô-la de acordo com seus próprios interesses. Mas capturar um homem de cor e vendê-lo, corpo e alma, a um espírito diabólico é, na verdade, um ato sórdido e imperdoável.

De passagem, devo ter em mente que uma brincadeira, de quando em quando, pode ser útil para se estabelecer um bom *rapport*. Foi depois da minha brincadeira sobre entregar Sebastian ao *pengaliba* que ele se tornou mais próximo; contou-me logo depois disso as relações entre seu pai e o *pengaliba* e até compartilhou suas próprias ambições secretas e meio vergonhosas.

Desde o primeiro dia do mês, Lydia, a irmã mais nova de Maria, está cozinhando para mim, sob a orientação dela. Maria logo estará ausente por alguns dias; seu marido escreveu-lhe pedindo que fosse para Puerto Cortés, durante o período em que o navio permanecer por lá. Ele quer conversar com ela sobre a construção de uma casa em Cristales e fazer planos em conjunto. Maria quer treinar Lydia e ensinar-lhe minhas preferências e a manutenção da casa. Acho que essa é uma boa oportunidade para conseguir informações sobre o custo de uma construção e gastos com a instalação de uma nova casa.

04

Pela manhã apliquei o Rorschach em Isabel Moreira e um outro rapaz, Marcial Gotaí, veio desenhar para mim. Estava surpreso com o nome de Isabel dado a um rapaz. Foi a vez de Sebastian ficar surpreso; ele disse que é muito natural chamar um rapaz de Isabel, e uma moça de Isabela, como Daniel e Daniela, Rafael e Rafaela, Miguel e Micaela. É claro, a lógica está do lado dos caraíbas, não no uso correto da língua espanhola. Não discuti o assunto e reconheci minha derrota.

À tarde coloquei Moysés Moreira para desenhar e apliquei o Rorschach em Marcial Gotái. Foi o Rorschach mais monótono, repetitivo e desinteressante que já apliquei e, também, um dos mais longos. Fiquei francamente irritado, mas não disse uma palavra. Sebastian esteve a noite toda na lagoa, pescando com arpão, por isso pediu-me, e eu concordei, para chegar mais tarde. Hoje foi um daqueles raros dias em que os rumores da aldeia nada têm de novo para comentar.

05

De manhã não fui à Cristales porque tinha muitas coisas para datilografar. Aproveitei alguns momentos livres para pedir à Lydia que me desse a letra de uma canção recentemente "inventada" e que está se tornando extremamente popular por aqui. Quando escrever ao Taylor, vou lhe pedir para que corrija a transcrição.

À tarde Marcial Gotái desenhou para mim e apliquei o Rorschach em Moysés Moreira. Ele conseguiu bom desempenho, embora não tão bom quanto o de seu irmão.

Tenho conversado com Sebastian a respeito do *cugu* em Santa Fé que não pude assistir por causa da chuva e do problema da sinusite. Ele confirmou, então, o que eu já suspeitava: pessoas de sua família que vivem em Santa Fé também vão realizar um *cugu* para os *ábari* da família e Sebastian colocará um prato para seu pai. Ultimamente, ele tem sonhado muito com seu pai e, o que é mais estranho, outras pessoas têm tido os mesmos sonhos. Alguns dias atrás Alfredo Miranda contou a Sebastian que o viu em um sonho, completamente bêbado, cantando canções *dogo* com o acompanhamento de tambores. Nós conversamos mais um pouco sobre isso e Sebastian disse que seria uma boa oportunidade para eu ver a cerimônia completa, em todos os seus detalhes. Ele me disse que estava indo procurar uma casa em Santa Fé, para ficar durante o *dogo*, e sugeriu que eu fosse e permanecesse na mesma casa. Fiquei empolgado e fomos examinar a rede para dormir na selva que eu trouxe e nunca tinha usado. Parece um bom dispositivo que proporciona algum conforto e uma perfeita proteção contra insetos nocivos. Sei que vai demorar muito até que o *cugu* aconteça, pois tudo tem de ser planejado com antecedência e todos os membros da família devem estar livres para assisti-lo e, o que é mais importante, o dinheiro precisa ser recolhido. Tenho certeza de que haverá dois ou três adiamentos e que Sebastian vai me pedir que o ajude a cobrir as despesas. De qualquer maneira, estou vibrando com a possibilidade de assistir ao *arairaguni*, a disposição das oferendas de alimentos e a cerimônia final.

Conversei com Sebastian sobre incesto e sua definição dentro da cultura. Quis saber se há algum resquício da sanção para o casamento entre primos cruzados e o regulamento contra o casamento de primos paralelos. Ele pôde me contar somente sobre a proibição de casamento entre primos coirmãos. Não tem conhecimento de nenhum casamento entre tais indivíduos; ele se lembra de um rapaz que se tornou *endamado* por sua própria prima (neste caso, primos paralelos) e, por causa disso, houve um grande escândalo e ambas as famílias expulsaram os culpados de casa. Finalmente, eles se separaram, mas acharam melhor mudarem-se para outras aldeias.

06

Pela manhã apliquei o Rorschach em Fernando Garcia, considerado o pior aluno da escola da praia, mas que apresentou um dos melhores testes até agora e com certeza o mais original. Tive uma sessão de desenho com Carlos Castro que é considerado, na escola, o aluno com o maior talento para desenho. Seu desenho de um homem, se fosse avaliado na escala Goodenough, o colocaria em uma idade mental muito acima de sua idade verdadeira.

À tarde fui à casa de Miranda, pois havia visto uma *badaia* cheia de mandioca descascada e sabia que seria ralada depois do almoço. Não era uma grande quantidade, por isso, não foi preciso muito tempo para ralar e prensá-la no *ruguma*. Quando voltei para casa, ainda tive tempo para trabalhar um pouco antes do jantar.

07

Pela manhã trabalhei em casa. Por acaso, notei que Sebastian estava um pouco enciumado por Lydia estar me dando a letra de uma canção. Ele se desculpou: "Nesse assunto de canções, não posso lhe dizer nada, pois tenho má memória para palavras e não mantenho o tom." Ele não precisava me dizer isso! Eu o ouvi cantando pela casa, de manhã, quando ele costumava vir para o trabalho doméstico.

Maria veio me dizer que sua viagem para Puerto Cortés tinha sido adiada, pois seu marido mandou avisar que o navio ficaria detido em algum lugar. Ela vai encontrá-lo em março.

Duas notas de passagem: ao dirigir-me à escola, ontem pela manhã, vi duas jovens discutindo e uma dizia para a outra: "Caraíba!" E a outra respondeu: "Você é mais negra do que eu!" Na frente da escola, na praia, Elvira estava inspecionando a calistenia dos meninos e gritava para um deles: "Você não entende, seu moreno estúpido!" Sebastian ficou um tanto irritado com isso e disse: "Essa mulher está sempre brava, não sei por quê!" E com um sorriso: "É que elas têm um salário tão baixo, essas pobres professoras!" O que por acaso é verdade, pois Elvira está sempre reclamando o quanto é pouco o que o governo paga pelo extenuante trabalho das professoras (quarenta e cinco dólares americanos por mês).

À tarde fui conversar com os velhos sentados nos *cayucos* à sombra dos coqueiros. Lembrei-me então, ou melhor, Sebastian lembrou-me, que eu tinha intenção de fazer uma visita a Anastacio (Tacho) Martinez, o irmão mais novo de Antonio, que é considerado um conhecedor das tradições caraíbas. Fui com Sebastian e encontrei-o em casa. A visita foi interessante e agradável. Sem dúvida, ele é uma curiosa personagem e devo visitá-lo com mais freqüência. É difícil encontrar essas pessoas freqüentemente, porque eles vão muito à lagoa, para Aguán ou algum outro lugar. Pedro Moreira, por exemplo, desde outubro, ficou na cidade somente por cinco dias.

À noite Teófilo veio me contar que teve um *cugu* em Cristales durante o dia todo e ele não soube. Disse que tinha encontrado Sebastian que estava um pouco desapontado por não ter me avisado. Acrescentou que ainda estava acontecendo. Perguntei-lhe se conhecia a família que estava oferecendo o *cugu* e ele respondeu que conhecia apenas de vista. Julguei que seria melhor não ir, pois no último *cugu* ao qual Taylor e eu assistimos, senti que fomos talvez considerados um tanto como intrusos. Precisa-se ter muito cuidado quando se trata desses assuntos. Além disso, terei oportunidade de conhecer muito sobre o *cugu*, espero, quando for oferecido aos *áhari* da família de Sebastian. Por acaso, minha previsão do dia 5 estava certa: hoje ele me pediu para adiantar seis lempiras de seu salário. Disse-me também que talvez haja um *jogo de tiras*, em Santa Fé, na quinta-feira, e consideramos a idéia de irmos lá para essa ocasião.

08

Tive muito trabalho em casa; como já se tornou meu hábito, reservo o domingo para colocar em dia minha datilografia. À tarde senti necessidade de um pouco de ar fresco e saí para caminhar na praia. Na volta parei por um momento na "casa comunal" onde acontecia uma dança, como quase todos os domingos. Vi as pessoas de sempre lá; lembrei quando vim pela primeira vez ver esta dança, no final de outubro. Não conhecia, então, mais do que duas ou três pessoas; hoje, poucas são as fisionomias que não me são familiares, embora não possa nomeá-las todas. Naquela ocasião, fiz uma lista das pessoas que conhecia, com comentários sobre a sua personalidade. Se tentasse fazer o mesmo hoje, levaria várias semanas. Lydia estava dançando com Alfredo Miranda quando a vi. Voltei pela praia, vagarosamente, mas fiquei surpreso ao encontrá-la em casa quando cheguei.

09

Pela manhã terminei de trabalhar em minhas notas e escrevi algumas cartas. À tarde apliquei mais dois Rorschachs, em Carlos Castro e Anibal Franzuá (essa é a grafia oficial do nome, até agora eu escrevia François).

Cada Rorschach é para mim um pequeno drama que vivo intensamente. Anibal Franzuá, por exemplo, é um gago que luta bravamente contra seu defeito. No começo a situação ficou um pouco tensa porque ele próprio se forçava a reagir prontamente, como uma supercompensação pela demora causada por sua gagueira. Acho que ele sentiu que eu estava positivamente do seu lado, lutando com ele, pois a tensão diminuiu e o inquérito, que é um problema delicado para muitas crianças, foi mais fácil para ele. Mas eu me senti cansado após o teste.

Nos dias em que apliquei quatro Rorschachs e também entrevistei as pessoas, senti-me muito cansado. Não posso continuar nesse ritmo e sintome envergonhado, pois, objetivamente, não é muito trabalho. Vi Blossom, no Lac du Flambeau, aplicar seis por dia; é verdade que ela não os datilografava depois. Além disso, há a diferença de clima; não reclamo de maneira alguma do clima de Trujillo, que considero muito tolerável. Mas esse contínuo calor úmido não contribui para a atividade, como acontece com o revigorante frescor do verão setentrional de Lac du Flambeau. É claro que, como diriam os doutores da escola antiga, a causa principal é o meu temperamento nervoso. Reconheço que uma grande capacidade de empatia ajuda-me no trabalho; mas, às vezes, sinto isso como um impedimento. Acho que poderia ser mais eficiente se eu me aproximasse mais do instrumental racional e passivo de registro das reações adotado pelos primeiros pesquisadores. Klopfer, contudo, que eu saiba, nunca seguiu isso, e Beck, no seu último livro, aconselha a intervir francamente, pedindo ao sujeito que gire as pranchas em todas as direções, se ele não o fizer por si mesmo. Mas esses são Klopfer e Beck...

Eu gostaria de saber porque as pessoas que trabalharam com o Rorschach não deram muita importância à própria experiência do teste. Exceto Schachtel, que escreveu um excelente artigo, embora exclusivamente teórico, e Bellak, que estava tratando com uma experiência específica, não sei de outros que abordaram o assunto. E ainda estou impressionado com o valor de diagnóstico do teste. Talvez eu escreva o artigo, afinal... É possível que nessa cultura, cada indivíduo, mesmo aquele em fase de desenvolvimento, tenha sempre uma aguda definição das situações de um modo negativo ou positivo? Deve ser algo parecido com isso, porque, se bem me lembro, a atitude geral dos nossos pequenos sujeitos Ojibway foi mais ou menos de passiva indiferença. Cada protocolo parecia muito com o outro. Devo estar atento para não tirar conclusões prematuras; a coleta de dados e a sua respectiva interpretação são fases distintas do método científico.

10

Decidi tirar umas pequenas férias do Rorschach e fazer uma visita a Candu Perez. Foi relaxante, divertido e proveitoso. Vale a pena visitar Candu mais freqüentemente; pedi que ele também viesse me visitar. Embora seja amigo de Siti, Candu não é tão influenciado pelas idéias de Siti como Sebastian; isso talvez se dê por ele possuir um pensamento mais original e também, por ser muito interessado pelos problemas que discutimos, empregar neles seu próprio raciocínio. Para Sebastian, assim como para a maioria dos caraíbas, o reino dos fenômenos sobrenaturais é um tema de conversas fascinante, do qual eles nunca se cansam. Porém, poucos são tão apaixonadamente interessados quanto Candu. Sebastian contou-me que ele sempre teve curiosidade por esses assuntos, mas depois que seus irmãos morreram, um após o outro, ele ficou profundamente impressionado e o culto *gubida* tornou-se o interesse central de sua vida.

Lembro-me de alguns pontos que não são encontrados nas minhas anotações sobre a entrevista. Um deles é que não há em geral uma divisão clara entre *dogo* e *cugu*. Foi-me dito que o *cugu* é uma parte menor do *dogo*, sendo essencialmente o nutrir do morto. Durante um *cugu* geralmente não há danças, somente os *abáimahani, arúmahani* e as canções dos *búieis*, que fazem parte do ritual secreto deles. Mas pode acontecer que os *áhari* quando vivos apreciassem muito algum tipo de dança, *gundjái, sambái* ou outra qualquer e, então, pedem por ela também. Assim, essas danças, que são seculares, tornam-se parte do *cugu* ou mesmo do *dogo*. A propósito, as fronteiras entre o secular e o sagrado são bastante obscuras nessa cultura. Por exemplo, um sociólogo da linha de Durkheim, Roger Caillois, autor de

L'Homme et le Sacré, ficaria embaraçado em considerar isso. Candu disse-me que, muitas vezes, as pessoas pagam por uma autorização para realizarem uma dança comum; eles têm o *cugu* durante o dia e, à noite, a dança. Mesmo o subcomandante, que é caraíba e sabe tudo sobre o culto *gubida*, não veria nada além de *sambái*, *gundjái* ou *hôgóhôgo* e iria embora satisfeito por tudo estar dentro da legalidade. Porém, mais tarde, depois da meia-noite, dançariam os verdadeiros passos do *dogo*. Creio que a única distinção possível é que o verdadeiro *dogo* sempre inclui a *ámalihani*, que nunca é dançada no *cugu*. Contudo, uma categoria funde-se em outra, insensivelmente.

Disseram-me que em Santa Fé, onde as regras policiais são observadas com desleixo, nenhum *cugu* se realiza sem tambores e danças. Isso parece ser verdadeiro também para Cristales, embora feito com menos freqüência. Mas de vez em quando, em suas conversas, eles recordam tal e tal *cugu* realizado seis ou oito meses atrás e dizem: "Oh, esse durou por três dias e tinha tambores. Era quase um *dogo*."

Parece que há também variações no ritual, de acordo com o *búiei* que preside as cerimônias. O que é uma conseqüência lógica da falta de uma autoridade centralizadora e suprema, que estabelece o ponto de vista oficial em questões controversas, e um corpo sacerdotal regular, hierárquico. O estudo dessas variantes requereria, talvez, meses e meses. Vou me limitar ao que posso conseguir, mas há algo a ser dito a favor da prática adotada por Taylor durante seus primeiros meses aqui, o ir de um lugar para outro para observar as cerimônias. Porém, isso só seria completamente aproveitável para alguém já bem familiarizado com a cultura.

11

De manhã datilografei e tentei continuar a história da vida de Sebastian, sem muito sucesso. Talvez seja melhor deixar esse assunto de lado por mais alguns dias. À tarde tive mais dois sujeitos: um para uma sessão de desenho e outro para o Rorschach.

12

Apliquei o Rorschach em Fausto David e José Contreras desenhou para mim durante a manhã. No começo da tarde reli minhas notas e decidi ver

Siti Garcia mais uma vez. Eu vibrei com a revelação de que os *hiúruha* podem não ser os espíritos dos mortos. Desde meu primeiro momento em Trujillo, tenho procurado algum traço dos deuses africanos e estava desapontado em não ter encontrado nada. Todos me diziam que o culto *gubida* é um culto dos mortos e dos antepassados, o que sem dúvida é verdade; mas eu gostaria de saber se era *somente* um culto dos mortos e dos antepassados. Desde que Sebastian me falou a respeito do *cugu* oferecido para a terra, tenho pressentido algo. Ele, Sebastian, acreditava que o *cugu* era oferecido para a própria terra, mas não tinha certeza disso. Aliás, seria mais surpreendente encontrá-lo nessa forma, pois seria o primeiro exemplo de fetichismo puro na literatura antropológica. Siti somente sorriu a esta sugestão: "A terra em si é somente pó e esterco; como você pode oferecer alguma coisa ao pó e ao esterco?"

Em todas suas respostas Siti parecia muito seguro de si. Não estava tentando achar uma explicação para fatos contraditórios, movido pelo impulso do momento, como Sebastian parece estar fazendo às vezes. Seus conceitos têm profundidade e consistência e podem ser o produto de sua própria especulação, mas essa especulação tem suas raízes na tradição cultural. Provavelmente Siti seja influenciado por panfletos e folhetos publicados por editoras espiritualistas. Pode-se observar essa influência em suas idéias e na maneira de falar. Mas isso refere-se somente aos espíritos dos mortos. Suas frases a respeito dos *hiúruha* são remissivas à *macumba*; especialmente a divisão dos espíritos em diferentes categorias, aqueles da cruz negra, do *salve* negro e aqueles de Cristo. Isso soa muito parecido à linha branca, linha preta, linha de Umbanda e similares.

Sebastian e eu ficamos pensando sobre o significado desses termos: "os de Cristo" são mais provavelmente os santos e anjos da Igreja Católica, embora nada deva ser considerado pelo seu valor aparente; porém, Sebastian nunca ouvira falar até então da "cruz negra" ou do "*salve* negro". Eu gostaria de saber se essa "cruz negra" tem alguma coisa a ver com os espíritos indígenas, pois é fato que muitas tribos pertencentes às linhagens caraíba e aruaque tinham a cruz como símbolo religioso, antes de sua conversão para o Cristianismo. Era um símbolo da terra, com seus quatro pontos cardeais (tão importantes para a teologia dos índios americanos) e seu centro. De qualquer forma, esse é um ponto controverso. Estou ainda mais incerto sobre esse "*salve* negro". Sebastian sugeriu que poderiam ser espíritos invocados, ou respondendo a uma prece do tipo "Salve Rainha" do catolicismo, e acho que se trata de uma sugestão inteligente. Vou aguardar maiores informações, pois espero obter muito mais de Siti.

A propósito, devo fazer uma pequena observação sobre a ausência de sentimentos mercenários em Siti. Sempre lhe dei dinheiro sem que ele me pedisse; ele tem certeza de conseguir dinheiro se vier me visitar e contar-me alguma coisa que desperte meu interesse. Muitos outros têm vindo com muito poucas e pobres informações somente visando o dinheiro. Siti tem dignidade e parece ser mais desligado das coisas materiais desse mundo do que outras pessoas, tanto *búieis* como leigos.

Recebi hoje uma longa carta de Taylor. Entre outras coisas, ele me conta que encontrou *udahadu* e *abureme ubau* na própria Dominica, depois de viver lá por mais de oito anos, sem nunca suspeitar de sua existência. Ouso dizer que ele continuaria completamente ingênuo no assunto se não fosse pelas coisas que eu lhe disse. Na verdade, tais seres e fatos não são mencionados na literatura sobre os caraíbas e devem ser "*West Indian*"...

13

Decidi que é um dia funesto, impróprio para aplicar o Rorschach em criancinhas inocentes. Pela manhã trabalhei em casa com minhas anotações e fiz minha primeira tentativa de classificação dos testes que já tenho. Encontrei muitas dificuldades e muitos problemas. À tarde fui à praia, onde os velhos ficam sentados nos *cayucos*, à sombra dos coqueiros. Depois de conversar um pouco, discuti o que fazer com Sebastian. Recapitulamos todas as pessoas que visitei recentemente e concluí que é muito cedo para abordá-las novamente. Sebastian sugeriu que eu fosse visitar o velho Miranda (não o parente do Alfredo), que é casado com uma parteira. Concordei e lá fomos nós.

Mas a visita foi um fracasso. Percebi muito pouco do velho e de sua mulher; eles foram muito educados, mas muito reservados. Tentei minhas introduções de sempre, história dos caraíbas, tradições da raça, sem resultado. Eles nem sequer quiseram discutir comigo os últimos acontecimentos do mais recente *ufïë*. Falei sobre o tempo, procurando introduzir assuntos tais como pescaria e agricultura e nada consegui. Sebastian viu meu desapontamento e deu-me sinal de retirada. Bem, de qualquer maneira, fiz um contato. Tenho tido muita sorte até agora; não devo ficar mal acostumado.

14

Pela manhã trabalhei em minhas anotações. Estive imerso até o pescoço nos problemas do Rorschach durante toda a tarde. Vou esquecer tudo isso e, à noite, vou a um velório de nono dia.

15

O velório do último dia de uma novena é idêntico a outros que já vi. O mesmo *toldo* (que é apenas uma vela de um grande *cayuco*), sob o qual contadores de histórias entretêm os convidados, a mesma dança *punta* ao som de *cajones*. Algumas moças tentaram iniciar um jogo com pedras, passando-as de mão em mão, enquanto formavam um círculo, sentando no chão, mas o jogo não foi adiante. Tentei encontrar alguém que me explicasse isso, mas ninguém pôde ou quis. Nos últimos tempos, com exceção de Sebastian, não tenho conseguido nada na minha primeira tentativa. Mas agora eu sorrio e espero por uma oportunidade melhor. De qualquer maneira, dizem que o jogo está ultrapassado; os velhos acrescentam que é inocente demais para o gosto das novas gerações.

No todo foi uma brilhante reunião, a mais cheia que já vi aqui. Disseram-me que vieram pessoas de Santa Fé, pois a velha senhora que morreu era muito alegre e popular e parte de sua família vive em Santa Fé. Como sempre, gostei de ouvir a música e ver a dança e fiquei muito feliz porque pude, de vez em quando, compreender algumas palavras: água, fogo, mar, rio, senhor, homem, mulher, criança, filho, filha, vir, ir, chorar, rir... A lista não é muito longa, mas foi como ver rostos familiares no meio de uma estranha multidão, você se sente como se fosse parte daquilo. Algumas mulheres tentaram me fazer dançar, dizendo que já tinham me visto dançar antes. Não ouso fazê-lo agora, sei que Padre Pedro está me observando e ele tem grande influência na mente dos católicos intransigentes (Pedro Moreira, Antonio Martinez e outros). Expliquei isso a Sebastian e a Teófilo antes, de forma que eles se encarregarão de contar isso para as pessoas.

Eles não cantaram minha *Sakariu* favorita enquanto estive lá; se o tivessem feito, eu os surpreenderia participando do coro. Gosto muito mais do estilo musical deles agora que se tornou familiar e, tenho certeza, apesar da opinião de Taylor, que é um estilo predominantemente africano. Se eu tivesse meios de gravá-la... Eu ainda não perdi as esperanças de arrumar um jeito de gravar algumas canções.

Pela primeira vez desde que vim de Roatan (exceto quando estive doente), eu nada fiz no domingo a não ser ler um romance.

16

Trabalhei com Sebastian sobre a família Ramirez. Discutimos o assunto da morte e seus rituais e muitos fatos novos enriqueceram minhas anotações. Mas, ultimamente, Sebastian não está tão fluente e falante. Fico me perguntando se não está cheio do trabalho. Ou talvez esteja preocupado com alguma coisa; ele pode estar tendo problemas com o *áhari* de seu pai. Nesse aspecto, assim como em vários outros, ele segue um padrão de comportamento reconhecível: o de não esconder pura e simplesmente os fatos, mas contá-los pela metade, apresentando-os como relativamente pouco importantes ou não fornecendo seu verdadeiro significado. Por exemplo, aquele sonho que ele me contou de passagem e, aparentemente, com completa indiferença, sobre as pessoas que comiam e dançavam nas pastagens de seu pai, e seu próprio pai olhando para elas com evidente satisfação. Ele disse muito inocentemente: "Gostaria de saber o que isso pode significar." Mas agora eu sei a melhor maneira de lidar com essa espécie de situação e respondi no mesmo tom: "Eu também. Parece ser muito misterioso!" Taylor e seus mistérios da alma indígena fazem-me rir quando vejo o sofisticado comportamento reticente dessas pessoas.

17

Retomei os protocolos de Rorschach e resolvi muitos dos problemas de classificação. Ao mesmo tempo, tenho sido rapsódico em meu interesse por eles; mas não demais. A maioria deles não tinha os complicados problemas que descobri à primeira vista; eu estava dando muita importância a algumas respostas dos sujeitos mais bem dotados. Ainda assim, eles são extremamente interessantes e eu tenho minhas dúvidas se um grupo de jovens americanos da mesma idade apresentaria um quadro tão fascinante.

18

Decidi associar Teófilo ao meu trabalho com o Rorschach, como havia planejado no início. Ele terá três meses de férias quando eu voltar da Guatemala e está ansioso para começar. Posso pagar-lhe alguma coisa, tornando isso, uma proposta séria e dando-me o direito de controlar a situação. Descobri que a maior parte do tempo gasto no teste era empregado em tarefas puramente mecânicas de tabulação, adição, divisão, subtração e outras operações que, para mim, são uma fonte interminável de erros e irritação. A classificação em si requer pouco tempo. Teófilo, que é claro e preciso como um professor (o que ele é realmente), será, tenho certeza, mais eficiente do que eu. Fiquei satisfeito por ele saber mais matemática do que o necessário para essa tarefa simples; posso até mesmo, mais tarde, usar seus conhecimentos de trigonometria para fazer algumas curvas estatísticas. Definitivamente, esta é uma pesquisa de campo bastante extraordinária! Suponho que não seja um fato comum ter um informante que faça cálculos estatísticos para você.

Tomarei o avião para Guatemala no próximo sábado e estou me preparando para a viagem. Visto que não seria inteligente começar agora qualquer trabalho novo que seria abandonado no meio quando eu partir, decidi dedicar todo meu tempo para completar, se possível, a história da vida de Sebastian e aprimorar os Rorschachs.

19

Outra crise alérgica terminou hoje. Essa foi de curta duração com manifestações não muito intensas. O maior aborrecimento foi a insônia, mas como nessas noites eu não consiguia dormir antes do alvorecer, refleti muito. Vou fazer algumas anotações para não deixar escapar algumas de minhas conclusões.

Como podia se prever, o principal objeto de minhas reflexões foi o reino do sobrenatural. Fiz uma tentativa deliberada de despojar-me de todos os conceitos e valores europeus ou ocidentais modernos que possuo. Tentei pensar em demônios, almas penadas, anjos e espíritos da mesma maneira de quando eu era criança, no tempo em que eles tinham uma certa realidade para mim, e não como é agora. Descobri que nunca senti realmente a presença de Cristo na hóstia com o êxtase na alma que o padre jesuíta, que era meu confessor, gostaria que eu sentisse. Tendo sido sempre o oposto de um místico, quando eu engolia a hóstia, a única coisa que podia dizer é que tinha gosto de pão amanhecido; deixei escapar completamente a benção inefável de estar digerindo o corpo de Jesus com aquela pequena porção de insípido amido. Senti isso como uma terrível perda e fiquei tremendamente desapontado. E o mesmo acontecia em relação aos espíritos, anjos e inumeráveis santos das lendas católicas. Eu podia aceitar intelectualmente suas existências, mas não *realize it*, como se pode tão bem expressar em inglês. Quando eu pecava (muito freqüentemente, ai de mim!), relacionava isso com meu impulso pessoal de assim o fazer, e o único demônio que eu podia sentir sempre comigo era o demônio socrático da análise. Isto me deixava infeliz, pois eu podia ter uma viva intuição da realidade psicológica de outras pessoas. Eu não conseguia explicar a mim mesmo por que era assim, até que aceitei que não havia nada de errado comigo e renunciei, de um dia para o outro, a todas as minhas crenças católicas, com a simplicidade de quem tira o par de sapatos que lhe aperta os pés.

Estas confissões pessoais jamais teriam lugar neste diário de viagem de pesquisa antropológica se não fossem um passo necessário para alcançar uma melhor compreensão da vida religiosa dos caraíbas, pois minhas próprias características psicológicas colocam-me em posição peculiar em relação aos caraíbas negros, cujas tendências intelectuais parecem correr em direção oposta. Fico pensando se essa diferença tão acentuada não é somente o resultado de diferentes processos culturais, pois sinto uma profunda simpatia pelas qualidades *carníferas* das mentes das pessoas nesta cultura, para usar o termo inventado por Pedro Moreira; sua apreciação a respeito de seu próprio povo faz-me acreditar que não é apenas uma projeção minha. Muito provavelmente, a diversidade em relação aos assuntos religiosos vem do fato de que nascemos (eu, em oposição aos caraíbas negros) em culturas diferentes. O judaico-cristão separa o secular do sagrado, o bem do mal, o escravo do senhor... Hegel, com sua mente poética, chamou os judeus de povo da divisão. Provavelmente, o artístico e o não-artístico, o apolínio e o dionisíaco sejam categorias que têm as mesmas raízes culturais, não têm valor universal e, assim, não podem ser aplicadas às culturas africanas. (Eu posso estar passando por uma crise espiritual alérgica e eliminando porções inassimiláveis de Durkheim e Ruth Benedict...) Daí vem, então, a necessidade da mediação do Messias e um novo pacto.

Por outro lado, durante a Idade Média, houve um florescimento do misticismo. E o diabo foi uma presença contínua e muito real. Mas isso pode ser devido aos elementos germânicos presentes na cultura medieval. De qualquer maneira, em nossa época, de acordo com um escritor místico de romances fantásticos, Arthur Machen, creio, o pensamento europeu estabeleceu uma sólida barreira entre o reino do sobrenatural e o universo regido pelas leis naturais. Somente em alguns lugares, como velhos castelos, por exemplo, é que essa barreira passa a ser tênue; assim, o sobrenatural pode atravessá-la. É claro que podemos encontrar em nossa própria cultura muitos escritores místicos que apresentariam uma visão diferente, mas a influência deles sobre a massa da população é insignificante. Não quero absolutamente dizer com isso que o sobrenatural não tenha um papel na nossa cultura; basta olhar para o jornal e ver os anúncios de milhares de médiuns, faquires, especialistas em bola de cristal, etc. Mas as pessoas os procuram com a mesma freqüência que vão a uma clínica de doenças venéreas...

Para o cidadão negro de Trujillo (e eu suspeito que também para boa parte dos não-negros) o sobrenatural é parte integrante de sua vida. É enganoso usar a palavra sobrenatural, que implica algo acima do natural; também não serve preternatural que, de acordo com sr. Webster, significa além do natural. Os caraíbas têm uma concepção de lei natural, isto é, que certos eventos devem ser regularmente seguidos por outros eventos, sob as mesmas circunstâncias. Porém, as leis que regem o comportamento dos *gubida* e de outros seres não humanos não são diferentes na essência. Não há contradição entre as causas *natural* e *sobrenatural* de um acontecimento; por exemplo, uma pessoa pode contrair malária e eles saberem tudo sobre o *plasmódio*, o *Anófele* e o mecanismo de transmissão da doença, mas ao mesmo tempo pode ser que essa pessoa tenha ofendido seus *gubida* que afrouxaram sua vigilância e permitiram que a pessoa ficasse doente. Seria incorreto supor também que, em sua concepção de universo, todas as coisas sejam regidas por forças espirituais. Eles têm noção de um funcionamento mecânico da natureza que continua por si mesmo; só que há forças espirituais que o homem pode, até certo ponto, controlar ou influenciar e que corrigem o que, por outro lado, poderia ser um automatismo cego. Contudo, essas forças espirituais não devem ser compreendidas como uma intromissão vinda de fora, *deus ex machina*, mas como uma parte integrante da natureza. O *ufĩe*, o *mafia*, o *pengaliba* e outros vêm e transitam por Cristales, Santa Fé e todas as outras aldeias caraíbas durante à noite e são considerados como realidade. O *pengaliba*, enquanto espera por um cliente, envolve-se em educada conversa com uma mulher e chega até a dar-lhe dinheiro para comprar tripas. Sebastian considera-o bastante simpático. É muito comum que o *ufîē* e *mafia* entrem em uma casa e tentem estrangular uma pessoa, o que positivamente não é tão simpático...

Enquanto conversava sobre isso com Sebastian, Alfredo Miranda, Candu Perez e outros, compreendi perfeitamente a visão que eles têm dos fatos. Eu estava intrigado pelo fato do *ufîē* ou do *mafia* somente tentar agir dessa forma quando a pessoa está dormindo. Mas é bastante compreensível, visto que o seu *áfurugu* está vagueando longe de você, o que o deixa sem proteção. Todavia, insisti e perguntei-lhes se não poderia ser simplesmente um pesadelo (em espanhol, *pesadilla*): "Claro", responderam unanimemente, "esta é a palavra em espanhol para isso." *Pesadilla* tem uma conotação de peso que é a mesma da palavra caraíba *ahori*; eles me disseram que o *ufîē* ou o *mafia* deitam-se sobre você enquanto você está na cama e é o peso deles que causa uma insuportável sensação de opressão e pode até mesmo matar a pessoa por asfixia. Alguns dizem que esses seres malignos colocam efetivamente suas mãos ao redor de seu pescoço com o intuito de sufocá-lo. Esse é um acontecimento comum. Muitas vezes, Sebastian falou-me de como sua mãe e sua irmã foram atacadas pelo *ufîē*. Alfredo Miranda é uma vítima predileta do *mafia*; ele possui um *áfurugu* leve que gosta de passear. Mas esses acontecimentos dificilmente são considerados como extraordinários, estranhos ou raros. É uma das coisas desagradáveis da vida, embora a pessoa tente fazer o melhor para que cesse.

E há certos fatos que se colocam a meio caminho entre o que chamamos de acontecimentos *naturais* e *sobrenaturais*; é o caso, por exemplo, do *udahadu*, que não é um mal produzido por microorganismos, mas não necessita a intervenção de um ser espiritual para se manifestar.

Tenho pensado como, em minha dissertação, tratar de magia, religião e seres espirituais, tudo sob um único título. Poderia, talvez, intitulá-la "O Lado Noturno da Vida"; pode ser muito literário, mas está mais de acordo com os fatos tais como são.

20

Fui ver Siti esta manhã e fiquei muito animado com a informação que obtive dele. Parece que Siti tem uma exata *Weltanschauung*[35], um universo

---

35. Concepção do mundo, visão do mundo, em alemão. (N. de R.)

harmonioso, onde cada ser tem seu papel e o todo age de acordo com padrões previsíveis e compreensíveis. Estou muito impressionado de ver como tantos elementos heterogêneos estão entrelaçados dentro desses padrões. Os espíritos da Cruz Negra que tomam posse do corpo podem ser originalmente africanos; aqueles que se apresentam como bolas de fogo são provavelmente parte da tradição indígena, enquanto a influência d'*El Libro de San Cipriano* e de outros livros como este é perceptível. É um aparente paradoxo que aqueles que atingiram o mais alto grau de sincretismo sejam os mais ligados aos valores e tradições da cultura caraíba. Faustino Fernandez, o *búiei* de Santa Fé, procura justificativa para os *dogos* e *cugus* na própria Bíblia. Pois os antigos hebreus não faziam sacrifício de animais no Templo? E Catalino Ávila, em Roatan, citou uma passagem da Bíblia contando como Saul consultou o espírito de Samuel antes de uma batalha. É muito natural que a ênfase seja colocada nas semelhanças de ritual entre o culto *gubida* e o Cristianismo.

E quais são as forças que conduzem ao discretismo? As mesmas que levam à ambivalência social. Eu gostaria de saber mais sobre Maria, mas ela fica lavando a roupa enquanto Lydia está cozinhando e vem para casa somente pela manhã para dar orientações à Lydia. Mas o que sei dela permite-me tirar algumas conclusões. Quando a sra. Glynn me chamou para discutir o caso de Sebastian *versus* Maria, disse-me: "Esta moça foi praticamente criada em minha casa e eu a considero quase como filha" (seu acento sulino tornava a afirmação ainda mais convincente). Ela se casou com um marinheiro que trabalha para a *United Fruit Company* e está constantemente viajando para os Estados Unidos e voltando, trazendo-lhe coisas de lá. Em alguns aspectos ela é bastante americanizada, mas há um outro lado em sua vida; aquelas doenças misteriosas que só poderiam ser curadas pelo compadre Siti (manifestações de um *ogoreu*, segundo Sebastian). Tenho certeza de que a sra. Glynn não tem a menor suspeita disso e negaria veementemente que a "sua" Maria tivesse algo a ver com "aquelas coisas". Como ela poderia, sendo uma boa católica e uma moça casada que se comporta decentemente e tudo mais? Também não acho que Maria queira enganar propositadamente. Mas catolicismo e *gubida* são compartimentados e distintos, e ela pode viver muito bem assim. Certamente, todos nós somos assim, em maior ou menor grau. Ela pode encontrar na aristocracia branca de Trujillo casos idênticos ao dela, segundo rumores que devem ter algum fundamento. Eu não duvido que muitas mulheres brancas e também homens, quando em situação difícil, recorram a um *búiei*. Porém, isso é considerado magia ruim e bruxaria, algo vergonhoso, que deve ser mantido em segredo. Posso relembrar aqui como Antonio Martinez, um dos pilares da Igreja Católica, teve tamanha dificuldade para apaziguar a alma de seu filho. Dizem que ele ofereceu *cugus* em completo sigilo e que foi a única maneira que ele encontrou para ter paz. Candu Perez também falou sobre o quanto Esteban Cacho era contra os *búieis* e suas cerimônias e, recentemente, como mudou de atitude. Mesmo aqueles que se dizem totalmente descrentes (Abram Lopez, Pedro Moreira) dirão que "há alguma coisa misteriosa nisso", manifestações diabólicas ou coisas parecidas.

É essa resistência contra o culto *gubida* que, talvez, seja a principal causa de sua dissociação do sistema de crenças cristão; uma é a religião aceita, oficial, da classe dominante e a outra é relegada a um plano inferior, onde espreita no escuro. Em termos psicoanalíticos há uma repressão.

21

Supervisionei a limpeza da casa antes de fechá-la. Maria virá amanhã de manhã, às seis horas, para preparar meu café. Tomarei o avião às seis e quarenta e cinco.

MARÇO

22/2 a 29/3

Minha viagem à Guatemala não foi totalmente uma perda de tempo no que se refere às minhas pesquisas. Em primeiro lugar, tive uma visão geral da América Central, e isso é importante. Em todos esses países, a lembrança da Confederação da América Central está ainda viva; em Honduras mais do que em qualquer outro lugar. Honduras, sendo de longe o mais pobre e atrasado país da América Central, tem o maior interesse em restabelecer a Confederação. A bandeira nacional hondurenha é a velha bandeira da Confederação, com as cinco estrelas azuis, uma para cada república.

Na Guatemala também consegui mais informações sobre o background europeu, ou seja, sobre o elemento ladino que é comum a toda América Central. Certas crenças como *cadejo, timbo, sucia* são predominantemente ibéricas, de acordo com o que Goubaud Carrera disse para mim e que eu já suspeitava. A palavra *zahorin* é espanhola e vem da Arábia, como também suspeitava; significa "aquele que vê coisas escondidas". Deveria, portanto, ser mais corretamente aplicada ao *gariahati* e não ao *búiei,* como é comumente usada.

Obtive também informações sobre o background indígena, que é praticamente o mesmo para Honduras e Guatemala. O costume de se acender uma vela para cada alma na família é encontrado por toda Guatemala e Honduras entre vários grupos indígenas. O culto ao ancestral como um todo também é encontrado em grupos indígenas, o que foi uma surpresa para mim. Goubaud afirmou que, dentre vários grupos mayan e mayoid, são oferecidos aos mortos da família festas que desempenham uma parte importante em seu sistema religioso. Os caraíbas "vermelhos", aborígenes, não possuem isso e Taylor está propenso a admitir que o culto *gubida* é africano. Mas o contato com algumas crenças, de alguma forma similares, de outros grupos pode ter fornecido mais força e certos detalhes podem ter sido absorvidos, como as velas, por exemplo. Tudo isso é muito confuso, pois o que é chamado indígena, na América Central, já é o produto de aculturação e o mesmo se aplica ao ladino.

Um problema que me intriga é a ausência de mercados entre "meu" povo, que vive em uma região onde os mercados estão em pleno florescimento. Posso até mesmo dizer que o maior mercado que já vi em minha vida foi o da Guatemala; e refiro-me somente ao mercado central, pois existem mais cinco, somente na Guatemala! Isso poderia ser causado pelo sentimento coletivo de insegurança, tão bem justificado por acontecimentos reais (deportação de São Vicente, revoluções...)?

Há outras pequenas coisas que são comuns aos caraíbas negros e aos índios da América Central, como a crença de que as almas podem voltar na forma de pequenas borboletas, a crença em *sisimites*, etc. A origem de tais traços é incerta.

A caracterização psicológica é certamente bem diferenciada. Goubaud tem excelente material a respeito, especialmente algumas histórias de vida que renderam dados muito ricos. Os resultados dos meus dois Rorschachs também mostram um padrão marcadamente diferente. Há, contudo, algumas semelhanças externas, tais como o papel das mulheres, consideradas como tendo uma boa cabeça para negócios e gozando de completa independência, tanto entre os caraíbas como entre os mayan. Certamente, espero ter oportunidade de fazer um estudo comparativo.

30

Nunca imaginei que estivesse tão cansado. A tensão nervosa das duas últimas semanas na Guatemala foi demais para mim. A idéia de voltar ao mesmo esquema que tinha quando parti faz-me tremer um pouco. Bem, posso trabalhar com mais vagar e ainda assim produzir resultados suficientes durante os meses que tiver pela frente. Não tenho feito mais do que me ater aos rumores da aldeia. Sebastian estava cheio de novidades, mas nenhuma muito importante. Ele conseguiu informação adicional, que anotou em um papel, sobre os *úmeu*. Taylor havia treinado o garoto Ezequiel para fazer o mesmo com o material lingüístico e ele me mostrou um caderno de anotações em cuja capa estava escrito: "Ezequiel..., antropólogo assistente." Devo pôr tudo isso no papel amanhã.

31

Comecei a me sentir atraído pelos Rorschachs e não consegui deixá-los de lado por uns tempos, conforme tinha decidido; voltei a eles novamente por duas vezes. Bem, talvez seja melhor fazer algum trabalho com eles para tirá-los da cabeça.

Cena de uma típica festa-trabalho. Estão construindo paredes de pau-a-pique.

ABRIL

01

Fui a Cristales ver Siti, mas não o encontrei em casa. Tive uma conversa com Candu Perez, mas nada consegui dele. Ainda estou trabalhando nos Rorschachs.

02

Vento, chuva, calor, tempo enervante. Não saí e trabalhei com os Rorschachs durante o dia todo. Teófilo veio e ajudou-me na parte mecânica (cálculos, tabulações, etc.), que é a parte mais chata e que consome mais tempo.

03

Traduzo aqui as notas que Sebastian me forneceu sobre os *úmeu*. "Os *úmeus* caminham sempre na orla marítima em grupos de quatro. Quando um *úmeu* ataca um bebê, ele é curado com um banho de 'pimenta gorda' ou com a queima de ossos de peixe, como nós já sabemos. Mas se o bebê tiver mais do que sete dias de idade, um *búiei* deve ser chamado e ele faz certos trabalhos para afugentar o *úmeu*. Em certas ocasiões, ocorre que o *úmeu* começa a insultar a mãe, mas ela não deve responder ou o *úmeu* a levará embora; ela também precisa ter cuidado para que a criança não chore neste momento, pois o mesmo aconteceria com ela. (Explicaram-me que o *úmeu* pode agarrar-se ao *áfurugu* da pessoa e escapar usando a voz dessa pessoa para ter controle sobre o *áfurugu*.)

Certa vez, um homem caminhava perto do mar com sua rede de pesca e viu um grupo de quatro "pequenas criaturas" (elas andam em pares, uma mais alta que a outra). Como aquele homem era um *búiei*, ele atirou sua rede sobre as criaturas, aprisionou um par de *úmeu* e conversou com eles. O homem conta que o menor o insultou, era mal educado e dizia palavrões."

Sebastian contou-me também que o adulto pode ser afetado pelos *úmeu*; algumas pessoas não podem comer determinado tipo de comida do mar, por exemplo, camarões ou lagostas, pois ficam imediatamente cobertas por erupções na pele. (Eu gostaria de saber se meu velho problema alérgico não é conseqüência dos *úmeu*, afinal das contas.)

Outros rumores: Eusebio Alvarez reconciliou-se com a esposa e pôs fim às suas tardias aventuras extraconjugais. Esteban Cacho piorou e chamaram seu filho. Sebastian disse-me que ele se parece com aquele velho que vivia em Shangri-lá (ele pronuncia isso de tal forma que rima com guerrilha) e que tinha duzentos anos de idade. Fiquei satisfeito em saber que o famoso *cugu* que a família de sua mãe ia oferecer ɔos *gubida* ainda não tinha sido realizado. As coisas vão mal para os Tifres; todos, exceto Petrona, estão ou estiveram doentes. Março é um mês ruim porque os brejos começam a secar e os ovos do Anófele começam a se abrir. Enxames de mosquitos fazem de Trujillo um Egito na segunda praga; tive sorte de estar ausente. Sebastian tem conhecimentos empíricos sobre os ciclos biológicos e sabe que a malária é transmitida por um mosquito. Mas nem todas as pessoas de Trujillo entendem isso; ou seja, pensam que aquelas que não contraíram a doença tiveram melhor proteção de seus *gubida*. Fui a Rio Negro e ouvi uma conversa interessante entre Sebastian e sua meia irmã, que também está doente. Eles concordam que não se trata de uma mera coincidência e que o *áhari* de seu pai deve estar zangado com eles. Foi-me ressaltado que Petrona, que não era amada por seu pai e nunca fora íntima dele, é a única descendente de Regino Tifre que não está doente. Eles conversaram sobre uma cruz de madeira para o túmulo dele e o quanto o carpinteiro estava atrasado em entregá-la: essa pode ser uma das causas para a insatisfação do *áhari*. Eles estavam também juntando dinheiro para missas e Sebastian tem a intenção de ofertar comida para seu pai no *cugu* dos parentes de sua mãe.

Quanto à doença de Esteban Cacho, a opinião de Teófilo é que ele tem tuberculose. Esse assunto ainda é tema de uma intensa boataria. Há um outro homem em Cristales, Silvio Arzu, que também tem queixas estranhas. Ele era casado e tinha uma *querida*; a esposa morreu e quando ele se preparava para casar com a *querida*, ela também morreu. Ele se mudou para a casa dela, pois ele a amava tanto que queria viver onde ela tinha vivido e respirar o mesmo ar que ela tinha respirado. Um homem romântico... Mas isso não evitou que ele tentasse cortejar a irmã de sua *querida*, que morava na mesma casa, porém sem resultado. Então, ele pediu a Eusebio Alvarez e Daniel Alvarez para interceder a seu favor, pois suas intenções eram honradas. Eles o fizeram, mas a moça recusou; disse que não parecia certo viver com o homem que tinha sido o *querido* de sua irmã. (Sebastian acha que isso não é comum acontecer. Preciso investigar se há, por trás disso, um padrão cultural.) Silvio Arzu tornou-se melancólico e, de repente, começou a se queixar de agudas dores de estômago. Há muita discussão sobre isso; alguns acham que é o *áhari* de sua *querida* que o está punindo por infidelidade; outros acham que a causa disso é apenas a frustração de seus desejos pela irmã. Não faltam psicanalistas em Cristales...

04

Passei todo o domingo apenas lendo. Senti um peso na consciência por não ter desrespeitado o Sabá. A ética transviada da nova geração...

05

Fui informado que Esteban Cacho morreu. Pobre homem, sofreu durante muito tempo! Fico sempre impressionado com a atitude dos caraíbas em relação à morte: realismo e prosaísmo não excluem a tristeza e esse perturbador sentimento de precariedade e imperfeição que todo ser humano experimenta quando é obrigado a encarar a morte. Estou tornando-me muito mais consciente da artificialidade fingida das atitudes públicas em nossa própria cultura em circunstâncias idênticas.

Não haverá danças esta noite, porque os melhores tamborileiros e a maioria dos homens jovens estão ausentes, trabalhando para alguns navios que estão carregando mogno.

Hoje saí pelos arredores fazendo pequenas visitas de cortesia ao Alfredo, à família de Teófilo, aos Lopez, aos Tifre e outros. Como havia encontrado Maria e sua mãe no caminho de volta, achei que não seria necessário visitá-las também.

06

Escapei por um momento da vigilância de Sebastian e fui à casa de Siti, mas não o encontrei lá. Fui ver Alfredo; seus filhos estão bem melhor agora, parece que se livraram dos *ümeu* que os estavam aborrecendo tanto. A pele deles estava completamente livre de erupções e feridas. Felicitei Alfredo e passei algum tempo conversando à toa, mantendo minha atenção nas crianças e seu comportamento, bem como no comportamento dos adultos em relação a elas.

07

Fui ver Siti novamente, mas encontrei Sebastian em Rio Negro e fui forçado a levá-lo comigo. Encontramos Siti em frente a um armazém em Rio Negro, comprando madeira. Eram apenas nove horas da manhã, mas ele estava muito bêbado. Estava mais falante do que o usual e quase não conseguia ficar em pé; caminhava cambaleante e mancava visivelmente. Notei que seu pé direito estava inchado, o que explica o mancar. Foi a primeira vez que o vi tão bêbado. Receávamos que ele pudesse cair a qualquer momento, ainda que conseguisse chegar em casa conosco. Dirigia-se a mim em espanhol e inglês e, às vezes, em caraíba, esquecendo-se, talvez pelo efeito do álcool, que quem sabia a língua era Taylor e não eu.

Finalmente chegamos à sua casa. Ele continuava falando e fazendo perguntas sobre a Guatemala e sobre Taylor; aparentemente, estava um tanto lúcido, mas parecia não ouvir ou entender minhas perguntas. Ou talvez não quisesse. Quando lhe contei que Taylor estava estudando a história dos caraíbas, respondeu: "Nós todos também; tentando nos livrar da péssima situação que sua raça nos impôs." Foi a primeira expressão de hostilidade que ouvi dele e de qualquer outra pessoa, na realidade, desde que cheguei a este país. O velho *in vino veritas...* ou talvez eu devesse dizer *in guaro veritas*. Depois desse desabafo, ele foi amável como sempre, mas tinha uma crescente dificuldade em manter qualquer tipo de conversa. Esqueci de contar que Teófilo tinha se juntado a nós no caminho para a casa de Siti.

Após alguns minutos de conversa desconexa, Siti levantou-se e, depois de alguns passos para frente e para trás, fazendo floreios com sua bengala, no seu melhor estilo de palhaço, começou a cantar. Depois de duas ou três canções, ele disse "desculpa" e fechou na nossa cara a porta de seu pequeno quarto. Ouvimos os chocalhos, a casa tremeu e a familiar voz nasal dos espíritos foi ouvida. Fiquei um tanto surpreso, pois ninguém tinha dito nada sobre um *arairaguni*. Os *biúruba* comportaram-se da forma costumeira, enviando mensagens oraculares e ordenando a ele que anotasse alguma coisa de vez em quando. Falavam em espanhol, inglês e caraíba, mas sem a fluência com que o fizeram em ocasiões anteriores. Após algum tempo, um deles ficou bravo e repreendeu-o por sua bebedeira, ameaçando não vir nunca mais, caso chamasse um espírito para trabalhar para ele enquanto estivesse bêbado. Teófilo não pôde resistir, deixou a sala e foi até o fundo da casa para espiar Siti através das frestas na parede.

Os espíritos logo partiram e Siti saiu do quarto sorrindo timidamente. "Vocês ouviram como ele me insultou, só por causa de alguns drinques." Ele parecia estar mais composto e ligeiramente abatido depois disso. Sebastian pediu-lhe para que cantasse canções sagradas, ele concordou com o pedido e logo ficou animado outra vez. Aquelas eram as famosas canções em "latim-caraíba" que Perez, o alfaiate, ouviu e que Siti recusou a cantar para Taylor. Depois de um tempo, ele parou e eu aproveitei a oportunidade para encerrar a entrevista. Tirei uma lempira e deixei sobre a mesa, porém ele não parecia satisfeito e disse alguma coisa em inglês que não consegui compreender; então falou em caraíba com Sebastian que me disse que deveriam ser duas lempiras ao invés de uma. Foi a primeira vez que Siti pareceu se preocupar com dinheiro.

Lá fora na rua, Teófilo contou-nos que viu Siti apertando seu nariz com os dedos e falando como o espírito. Eu não quis desacreditar demais meu pobre amigo e disse que ele estava bêbado. Tanto Teófilo quanto Sebastian pareciam concordar comigo que isso podia ser uma desculpa. Sebastian disse que esse era o problema da maioria dos *búieis*; eles começam a beber, os *biúruba* abandonam-nos e logo eles começam a falsificar seus desempenhos.

Ninguém sabe dizer exatamente o que induziu Siti a recomeçar a beber. A morte de Esteban Cacho não diminuiu seu prestígio. Diziam, em Trujillo, que esse era o destino de Cacho; nem os melhores médicos, nem os melhores *búieis* da Guatemala poderiam fazer alguma coisa por ele. E, como lembrou o fiel Perez, Siti foi o único que parecia ter feito algum bem ao homem doente. Talvez sua recente prosperidade fez com que ele relaxasse sua autodisciplina, levando-o ao álcool outra vez.

07 [36]

Hoje Juan Lagarto, que está passando alguns dias em Trujillo, veio me visitar. O pobre velho está decaindo: seus olhos estavam lacrimejantes, parecia doente e não tinha metade da animação de quando o vi pela primeira vez em Santa Fé. Queixou-se de seu fígado e de gânglios inchados por todo o corpo. Pedi-lhe que me contasse histórias caraíbas, não aquelas que ele lia em livros. Tentou fazê-lo, mas aparentemente não conseguia continuar; hesitava na tradução de uma palavra, esquecia em que ponto da história tinha parado e o que vinha a seguir. Logo voltou a cair nas histórias em espanhol que sabia de cor, que não me interessavam muito e que lhe pareciam ser sua maior realização. No entanto, ele conseguiu se lembrar de muitas canções das histórias, cantando-as com uma velha voz trêmula e rouca. Gosto muito dessas cantigas que são contagiantes e contêm um misterioso sentimento de melancolia. Elas são sempre cantadas por personagens que buscam uma criança ou um amante perdidos ou estão em meio a jornadas repletas de perigos. Dei a Juan Lagarto um quarto de dólar e ele prometeu voltar amanhã e tentar se lembrar da história toda.

08

Pela manhã Juan Lagarto voltou para me ver. Perguntei-lhe se conhecia as histórias de Anansi. Respondeu que conhecia Anasi (pronunciam assim), mas que não conseguia se lembrar das histórias. Entretanto, ele não relacionou Anasi a uma aranha; disse-me que Anasi é o apelido de um homem chamado Anastacio e isso é tudo. Ficou claro que não conseguia se lembrar de uma história inteira. Estou certo de que ele fez o melhor que pôde, pois se pudesse me contar algumas histórias, ele voltaria para contá-las, dia após dia, e receberia algum dinheiro por isso. Suponho que esteja muito preocupado e doente agora para se lembrar delas; além disso, ter que traduzi-las enquanto narra não é fácil. Assim, dei-lhe outra moeda e deixei-o ir, sentindo-me desapontado.

À tarde conversei com os velhos na praia, mas nada de novo surgiu daí.

36. Manteve-se a repetição da data do original. (N. de R.)

09

Trabalhei em meus protocolos e apliquei o Rorschach em Teófilo. Seu desempenho foi bastante bom; formas bastante precisas, algumas ótimas respostas W e M.

10

Hoje veio me visitar a esposa de Anastacio Franzuá, a quem Maria chama de tia, embora seja somente prima de sua mãe. Ela me disse que sabia que eu desejava conversar com o velho Franzuá e que ele me faria uma visita amanhã.

11

Anastacio Franzuá provou ser um outro beco sem saída. Pensei que ele fosse haitiano, mas disse-me que era um caraíba puro e que aprendeu francês em um emprego que teve com um patrão francês, Laffite. É somente coincidência ele ter um nome francês também. Disse que tinha conhecido alguns negros franceses em Trujillo, mas não falava francês com eles: "Eles falam patoá[37] e meu francês é parisiense; não conseguimos nos entender." Seu francês, se não exatamente parisiense, é bastante bom, embora ele tenha esquecido muito por falta de prática. As canções famosas que ele sabe, sobre as quais todos me falavam, são velhas canções francesas tradicionais: "J'ai du bon tabac", "Vive la compagnie", etc.

Contatos entre caraíbas e haitianos não parecem ser tão importantes quanto Taylor e eu pensávamos. Houve pouca miscigenação e, ainda assim, as crianças nascidas dessa miscigenação eram criadas pelas mães, pois os pais iam embora sem que ninguém soubesse para onde. O único traço haitiano reconhecível e admitido pelos próprios caraíbas é o *gundjái*.

12

Apliquei o Rorschach em Hipólito Laboriel, o único "bacharel" em Trujillo além de Teófilo. Concluí o trabalho com os outros protocolos de Rorschach

---

37. O *patois* é um dialeto local francês. (N. de R.)

com a ajuda de Teófilo. Eu tinha decidido não tocá-los até que eu retornasse a Evanston, mas não consegui manter essa decisão. Foi mais forte do que eu, tinha de classificá-los. Bem, agora está feito e eu posso continuar com o trabalho.

13

Analisei o protocolo de Teófilo que alcançou os resultados que eu esperava. Tentei organizar o material que tinha sobre as crianças. Não estou satisfeito com ele; em Lac du Flambeau havia muitas pessoas observando as mesmas coisas e as impressões de um corrigiam as de outro. Estando sozinho, tenho receio de interpretar erradamente o que vejo.

A respeito dos problemas etnológicos gerais, cheguei a certas conclusões. A influência dos grupos encontrados pelos caraíbas ao vir para América Central deve ter sido insignificante. Os outros grupos aborígines, tais como os Lenca, Paya, Sumu e Miskito (Zambo) não são importantes, embora possam ser em aldeias onde caraíbas e Zambos vivem lado a lado. Os ladinos exerceram influência mais evidente, como era de se esperar. Quanto aos negros franceses e ingleses, embora pareça ter existido muito contato físico, os contatos culturais foram poucos. Até onde pude apurar, ficaram limitados ao empréstimo de uma dança ou ao cultivo de uma variedade de iúca e, naturalmente, às técnicas de magia. A magia é adquirida de cada grupo com o qual eles entravam em contato, o que incluiria, talvez, os cules (indianos ocidentais) dos quais, dizem, receberam a dança *karapatía* (não vejo como isso é possível, pois a *karapatía* é muito mais parecida com outras danças dramáticas afro-americanas). Tenho impressão que as barreiras que separam os caraíbas dos haitianos e negros jamaicanos são mais fortes do que aquelas que os separam de outros grupos. Eles menosprezam esses *megeru* (do francês *nègre*), que são africanos e descendentes de escravos. Segundo o que me conta Taylor, em São Vicente, quando estourou a revolta, os escravos ficaram do lado de seus senhores, como aconteceu no Haiti com alguns escravos. Esses sentimentos hostis têm velhas raízes e são retribuídos com vingança. Lembro-me daquele jovem negro que encontramos em Roatan que, perguntado se era um caraíba, respondeu indignado: "Claro que não! Eu pareço com um caraíba?" Tivemos uma longa discussão sobre as características raciais distintivas dos caraíbas que podem ser detectadas pelo olhar. A verdade é que, com base no fenótipo, um negro caraíba é completamente indistingüível de qualquer outro negro. Assim, o quadro fica simplificado. Tenho certeza que não compensaria dirigir a pesquisa para esses contatos culturais.

14

Estou percebendo uma crescente resistência de todos os informantes em fornecer informações, talvez com exceção de Sebastian e Teófilo. Eles falam com entusiasmo sobre os *gubida* e são muito prolixos nesse assunto. (Lembro-me que, no início, eu quase desisti de obter qualquer informação sobre o assunto.) Mas eles parecem se ressentir de perguntas pessoais tais como o que eles almoçaram ou quanto dinheiro eles podem ganhar em um dia de boa pescaria. Ainda que eu tenha o cuidado de colocar essas questões com um tom indiferente, no meio de uma conversa sobre assuntos banais, eles parecem desconfiar delas e respondem em termos vagos e gerais. Parece haver uma consideração pelo meu interesse nos aspectos mais exóticos da cultura, ou pelo menos nos traços que eles sabem que são diferentes do modo de viver ladino. Mas por que eu quero saber sobre trivialidades, coisas do dia-a-dia? Existe uma desconfiança automática, por assim dizer, profilática; mais uma norma interna do que um sentimento pessoal dirigido a mim. Quando se trata de uma cultura negra, não se pode relaxar, aparecem milhares de obstáculos diferentes a cada passo que se dá. Se eles tivessem a mais leve noção do que o Rorschach representa, eu estaria perdido.

15

Eu retomei a família Ramirez e isso permitiu uma discussão entre Teófilo, Sebastian e eu sobre a posição das mulheres nessa cultura. É lógico que se trata do ponto de vista masculino; tentei obter de Maria o ponto de vista feminino, mas a achei muito evasiva. Maria demonstra grande relutância em contar-me detalhes de sua vida pessoal. Tentei várias vezes, com poucos resultados. Penso que ela é um caso especial, senão tão inteiramente aculturada e, por outro lado, a contragosto, estando ligada ao culto *gubida*, por causa de seu contínuo mau estado de saúde. Ela contou-me que, na infância, quando caiu doente e foi curada por Siti, a doença lhe foi trazida pelo *ãhari* de seu avô. Com um *cugu* e algumas folhas colocadas em seu banho, o espírito deixou-a em paz. É evidente que não tive a ousadia de lhe perguntar a respeito de seu aborto. Tentei levá-la a fazer intrigas sobre famílias que têm *ogoreu*, mas o assunto não é de seu agrado e ela encerrou a conversa. Suponho que uma moça que nunca tenha tido nada a ver com os *gubida* e *ogoreu* poderia ser uma informante melhor. Mas ainda tenho esperança de conseguir alguma coisa dela.

16

A idéia de organizar um horário semanal de atividades da família Ramirez pareceu-me boa e coloquei-a em prática. Sebastian visivelmente adora imaginar novas aventuras e desventuras para nosso pobre Ramirez e Teófilo pareceu divertir-se com a idéia.

Sebastian e Teófilo têm conversado sobre um *cayuco* que Candu Perez fez para ele, convidando em seguida os amigos a irem buscá-lo e trazê-lo para a praia. Diz-se *halar un cayuco*[38] e eles usam a mesma expressão quando falam em caraíba. (Em francês, *haler* e me parece que existe também um verbo *to hale* em inglês.) Combinei com Sebastian que ele poderia vir me buscar amanhã às cinco horas da manhã e que eu iria com eles.

17

Halar un cayuco é uma dessas ocasiões importantes, tal como construir uma casa ou cavar uma sepultura, quando um homem pode chamar todos seus amigos para ajudá-lo. Mas suspeito que Candu não tenha feito muitos convites antecipadamente, e tenha adiado a data da *halada* por diversas vezes, como se costuma fazer. Este foi seu primeiro erro e outro foi não ter levado comida.

Sebastian veio me acordar às cinco horas, como havia prometido, e fomos a Rio Negro, para a casa de Perez. Esperamos por mais de meia hora até que ele voltasse de Cristales trazendo de lá alguns rapazes. Finalmente voltou, acompanhado apenas por poucos.

---

38. Rebocar, içar. (N. de R.)

Caminhamos por algum tempo à beira-mar, passamos pelo antigo aeroporto e pegamos à direita, mato adentro. Após uma hora e meia, chegamos onde estava o *cayuco*. Era uma bela canoa, cavada em um único tronco, a maior que já vi aqui em atividade. Disseram-me que a enorme árvore com a qual tinha sido construída era uma amendoeira, mas isso pode significar qualquer coisa, pois estou certo que não pode ser a amendoeira européia, que é uma pequena *rosácea*. As pessoas começaram a falar que não havia homens suficientes para o trabalho, sob os protestos dos fanfarrões que se vangloriavam de serem capazes de fazê-lo sozinhos. Contamos os presentes e verificamos que éramos treze pessoas; claro, uma tinha de ficar de fora e, naturalmente, eu fui a pessoa indicada. Meio litro de *guaro* foi consumido, prendeu-se o *cayuco* a uma grande corda e o mato encheu-se de brados ritmados e uníssonos.

Realmente é um trabalho pesado, a despeito da aparente jocosidade. Arrastar o pesado *cayuco* por um caminho estreito, subir montes e descer vales, muitas vezes sobre superfícies rochosas ou com vegetação de arbustos, requer muita força e habilidade. Muitas vezes o esforço conjugado de doze homens foi insuficiente para avançar uma única polegada. Então eles paravam, colocavam pedaços redondos de madeira sob o *cayuco* e, assim, continuavam. Havia gritos constantes, brincadeiras e exclamações em espanhol, caraíba e inglês. Nessa última língua, a totalidade das palavras proferidas não figura nos dicionários ou é rotulada com o aviso "não usada em linguagem decente."

Sebastian comportou-se como a mosca da fábula e, fiel ao personagem, era quem gritava mais alto. Naturalmente, ele era o principal alvo de zombarias e pilhérias de toda espécie. Teve de repetir várias vezes que era um homem doente e que tivera febre a semana toda. Outro rapaz, cuja esposa está grávida, também foi objeto de muitas brincadeiras; eles fingiam que ele já estava cumprindo os tabus impostos aos pais expectantes, embora o nascimento da criança esteja previsto para daqui a seis meses. Uma exclamação recorrente era: "Arrastem! Não debochem de mim!"

Por volta das onze horas tínhamos vencido apenas um quinto do caminho, mas o pior já tinha passado. Após transpormos um estreito riacho, com muito esforço, chegamos a um local para descansar, sob a sombra de algumas árvores. Estava evidente que muitas horas ainda seriam necessárias para levar o *cayuco* até a praia. Após uma consulta informal, ficou decidido que o deixaríamos ali, à sombra, e que era o bastante por hoje. Desnecessário dizer que, de tempos em tempos, um gole de *guaro* misturado com caldo de cana era servido aos homens.

Voltamos debaixo de um sol escaldante de verão e descansamos por alguns minutos na casa de Perez. Ele passou uma rodada do que tinha sobrado de *guaro* e cada um foi para sua casa, inclusive eu. Perez foi criticado por não ter comida para oferecer. Nesse caso, todos teriam ficado e terminado o serviço. Agora, ele terá que reunir outro grupo e repetir os mesmos procedimentos. Teria sido melhor negócio para ele ter gasto algum dinheiro com comida e não precisar comprar *guaro* novamente. Eu fiquei decepcionado por não ter ouvido nenhuma canção, como eles haviam prometido.

18

Outro domingo de repouso. Anastacio Franzuá veio me visitar. Tentei arrancar algo dele, mas sem resultado. Franzuá orgulha-se muito de ter sido educado entre os ladinos e de saber a língua francesa. Ele insiste que é o único caraíba que fala o verdadeiro francês. Tem muita vontade de cooperar, mas acho que ele não pode me ajudar muito. Tentei induzi-lo a falar sobre os *gubida*, mas somente repetiu coisas que eu já tinha ouvido muitas vezes. Quanto às lendas e tradições caraíbas ele não conhece nenhuma e parece não se interessar muito pelo assunto. No fim ele me pediu uma moeda e foi-se embora. Gostaria de saber sobre qual assunto ele poderia me dar alguma informação, pois é um ancião e parece-me inteligente e vivo.

Estou cada vez mais convicto de que aquilo que sei sobre isso tudo é muito pouco quando comparado com o sólido e extenso bloco da minha ignorância. Eu já esperava me sentir assim, mas era uma expectativa intelectual, enquanto esta é uma experiência real, no sentido de *erlebnis*[39] ou *vivência*. Agora eu posso realmente apreciar o que significa trabalho de campo. O melhor treinamento acadêmico não pode substituí-lo. Eu me lembro da minha insatisfação diante das conferências de Paul Hugon sobre Economia; não obstante, ele é um homem muito bom, tinha sido treinado pelos melhores economistas na França e esteve por dois anos em Viena. Mas sua abordagem do homem era uma abordagem matemática e o indivíduo era o produto de um número muito grande de fatores, a maioria deles imensurável. Mas esses fatores são em parte conscientemente e em parte inconscientemente agrupados e armazenados em algum tipo de sótão intelectual. E costuma-se usar os

39. Em alemão; emoção causada pela experiência. (N. de R.)

dados conhecidos como se fossem a história toda; de tempos em tempos, a conglomerada miscelânea de antigüidades (da flecha de Zenão de Eléia até o próprio Inconsciente) é mencionada por um breve momento e depois cai no esquecimento. Não é diferente do gesto de um católico, em países latinos, que sempre toca seu chapéu ao passar na frente de uma igreja; é puramente mecânico e nada significa.

Para aquele que faz o trabalho de campo em antropologia é completamente impossível assumir essa atitude intelectual. Ele tem de encarar a realidade viva, que é um desconcertante labirinto de inter-relações. Como pode decidir se aquilo que não teve oportunidade ou possibilidade de considerar é irrelevante ou sem importância? Mesmo considerando somente o material que consegue, como pode ter certeza de que essa massa de dados é capaz de resultar em entidades distintas e significativas? Não direi nada sobre agrupar tudo isso em sistemas...

Dediquei a melhor parte dos meus esforços e do meu tempo aos problemas religiosos e ao sobrenatural de um modo geral. E ainda assim, muitas vezes quando estou conversando com alguém tenho a impressão de que há muito mais do que sei, mesmo mais do que eu poderia saber!... Essa impressão não aparece somente quando falo com profissionais, como Siti, mas também quando converso com Maria, com a irmã de Sebastian e com outras pessoas também. E não sinto que haja uma atitude deliberada em esconder os fatos ou induzir-me a acreditar em falácias. Há muitas coisas que eles não sabem como verbalizar, outras que lhes parecem tão evidentes que nem passa pela cabeça deles que eu possa desconhecê-las e, ainda, outras que não são consideradas suficientemente importantes. E há ainda tantas outras coisas que têm um significado particular para eles somente... Às vezes, há um gesto, uma alusão, uma maneira de pronunciar um nome errado, e eles riem ou acenam a cabeça compreensivamente. Mesmo quando me é explicado, às vezes, eu não consigo compreender... Isso porque não vivi minha infância aqui e não absorvi esses significados com meu leite. O quanto é lícito para mim esperar saber?

19

Ouvi Maria falar sobre os planos para a sua futura casa e ocorreu-me a idéia de que esta seria uma ocasião propícia para lançar mão da família

Ramirez e casar uma das moças. Isso não era uma coisa simples, por isso quis saber a opinião de Sebastian também. Planejei conversar com Maria durante as refeições, quando estou só em casa, e após o jantar, quando ela permanece por um instante falando comigo. Mesmo quando Sebastian estava na casa e ela, ao cruzar a sala, ouvia alguma coisa com a qual não podia concordar, intervinha na conversa dirigindo-se a mim ou a Teófilo. Eu os surpreendi falando sobre o preço disso e daquilo e deixei-os se estenderem bastante nesse tema. Calculamos o preço de uma casa, *cayuco*, móveis, material de pesca, tudo que pude lembrar referente a bens duráveis. Não terminamos e amanhã continuaremos com o mesmo assunto.

20

Cristina Ramirez finalmente se casou e iniciou sua vida de casada com tudo o que se considera ser necessário para viver. Creio que nenhuma outra moça caraíba tenha tido tão bom começo.

21

Ocorreu-me tentar fixar os limites da terra caraíba, o número de cidades, aldeias, vilas e possivelmente uma estimativa aproximada da população. Foi algo mais difícil do que imaginei. Teófilo e Sebastian sabem os nomes de muitas aldeias, mas os nomes caraíbas e os nomes oficiais espanhóis raramente coincidem. Além disso, os três livros que comprei são deficientes, contraditórios e muitas vezes inexatos. Essa é uma tarefa e tanto para o futuro! Talvez com o resultado do último recenseamento e um bom mapa, se é que existe, eu conseguirei alguma coisa. Espero que em Honduras Britânica tenham informações melhores.

22

Hoje apliquei o Rorschach em Maria e Juan Lagarto veio me visitar pela manhã. O pobre homem está doente e permanece em Trujillo enquanto necessitar de cuidados médicos. Ele acha que deve me dar alguma coisa em troca das moedas que "tomou emprestado" de mim, assim, retomou seus velhos números. É enfadonho e lamentável, mas não tive coragem de fazê-lo parar. Talvez, ter o sentimento de que está me dando alguma coisa pelo meu dinheiro o ajude a preservar os últimos resquícios de sua dignidade. Fico pensando o que aconteceu com seus filhos. Nessa cultura as crianças são consideradas como um tipo de aposentadoria, exceto quando se revelam uns imprestáveis. Gostaria de saber se sucesso demasiado e a possibilidade de viver nos Estados Unidos ou na Inglaterra podem fazer com que elas se esqueçam de seus pais também. Preciso ter casos concretos e o sentimento por trás deles, a aprovação ou desaprovação social das diferentes formas de comportamento.

À tarde apliquei o Rorschach em Leonor de Arauz, irmã de Pancha Marin. Fiz uma breve visita à família de Teófilo, mas somente a avó, uma das filhas e as crianças estavam em casa. Espero ter o Rorschach de Antônio Martinez.

Ocorreu-me, ao ler o que eu acabava de escrever, que o conceito de informante absolutamente não existe aqui, como era de se esperar. Sebastian foi contratado como criado; deveria fazer os serviços de casa, levar recados e ser útil, de um modo geral. Lógico, qualquer pessoa sabe que um empregado é suficiente para esta casa; mas eu, recém-chegado dos Estados Unidos, com os bolsos repletos de dólares, gostaria naturalmente de manter criados inúteis. Quando as pessoas vêm me ver e me pedem dinheiro após terem conversado comigo, isso é considerado como uma "facada". Não parece provável a eles que a informação que me concedem seja uma mercadoria que estaria disposto a comprar.

23

Pela manhã apliquei o Rorschach na mãe de Maria, mas não pude terminar o inquérito porque ela teve de voltar para casa.

Maria anda impressionada ultimamente com os grandes vergões de urticária que viu em meus braços. Diz que nunca viu nada igual, nem mesmo em casos sérios de *úmeu* ou mordidas de vespão. Quando lhe expliquei que era uma alergia, ela não pareceu se convencer. Ela atribui isso ao "calor do sangue" e disse-me que conhece algumas folhas que são muito boas para isso. Ontem de manhã, veio à cozinha com uma braçada de ervas; ela as ferveu em água e disse-me para usá-las após o banho, espalhando por todo o corpo. O mesmo tratamento deve continuar por três dias. É claro que prometi fazê-lo, embora não tenha esta intenção. O preparado tem um aroma acentuado, de modo algum repulsivo, mas a idéia de senti-lo nas minhas narinas durante toda a noite era desagradável. Eu simplesmente joguei-o na pia. Todavia, fiquei sensibilizado pela sua vontade de me ajudar.

À tarde trabalhei com Sebastian; estou tentando relacionar todos os parentes de que ele se lembre, tanto por parte de mãe como por parte de pai. Muitos pontos interessantes surgiram da nossa conversa. Decidi fazer o mesmo com Maria quando tiver oportunidade.

Teófilo finalmente parte amanhã para Tegucigalpa. Vai tentar conseguir uma bolsa para entrar na Universidade. Há muito tempo esse tem sido seu sonho e seu principal objetivo de vida. Quando cheguei em Trujillo, em setembro, após encontrá-lo pela primeira vez e conversarmos por uns cinco minutos, mencionou esse projeto. Daí em diante, ele o mencionava constantemente e, afinal, vai fazer algo a respeito.

A mãe de Juana, a menina que trabalha com Maria na cozinha, veio me visitar. Ela sofre de uma deformação congênita e de uma paralisia; uma aparência de dar pena. E ainda assim, teve duas crianças e, obviamente, deve ter sido *endamada* por algum tempo em sua vida passada. Ela deu-me a impressão de estar melhor adaptada à sua situação do que qualquer mulher de nossa cultura estaria. Eu gostaria de saber o que as pessoas pensam dela e quem é o pai de suas crianças. Instintivamente evitei perguntar sobre isso porque me parece um assunto doloroso e seria indelicado fazê-lo. Superei esse sentimento tendo em mente que não faria perguntas movido por uma curiosidade mórbida, mas tendo uma intenção por trás de tais perguntas. Ela mesma parecia ser um tanto indiferente sobre sua incapacidade. Apenas para dizer alguma coisa, perguntei-lhe se ela tinha outras crianças além das duas que eu conhecia. Ela respondeu: "Não, somente essas duas. Como eu sou paralítica..." Eu imaginei o quão extraordinário foi para ela ter tido aquelas duas crianças.

Mais tarde Sebastian disse-me que ela nasceu assim e que os mais velhos dizem que a causa disso foi que sua mãe, quando grávida dela, matou um gato preto que a aborreceu por algum motivo.

Ela é uma parente vagamente distante de Maria e da mãe de Maria; é por isso que as mulheres Lacayo tomaram as crianças sob sua proteção. Eu me pergunto que influência isso tudo teve na psicologia das crianças. Aparentemente, não há nenhum efeito ruim; tenho certeza de que os Rorschachs não mostram nenhum sinal de desajuste. Os protocolos do menino revelam uma mente bastante viva, com um nível elevado de respostas de forma e três M bons e seis W, alguns dos quais evidenciam capacidade criativa. Há um *m* e um *K*, mas isso dificilmente pode ser considerado patológico em um adolescente. Não tive muitos casos para sustentar meu ponto de vista, mas pareceme quase impossível encontrar nesta cultura uma criança negligenciada e, portanto, uma criança ressentida. Muito poucas, se houver, mesmo aquelas nascidas sob o que em qualquer outro lugar se consideraria como condições anormais, seriam privadas ao nascer de uma atmosfera calorosa, protetora e amigável ao seu redor.

24

Tentei fazer o levantamento de todos os nomes das comunidades caraíbas em todo o litoral do Mar dos Caraíbas, mas cheguei a resultados incertos. Muitos nomes podem ser reconstituídos com simples regras de troca fonética, que me foram explicadas por Taylor: por exemplo, Trumpo deve ser El Triunfo de la Cruz. Mas, muitas vezes o nome oficial espanhol é recente e não possui nenhuma relação com qualquer nome caraíba. É o caso de Santa Fé, cujo nome verdadeiro é Geriga (do inglês *Creek*).

Eu estava com vontade de fazer um trabalho paciente e ingrato, assim, tentei lançar alguma luz no intrincado assunto da árvore genealógica de Sebastian e suas relações familiares. Fizemos isso de ponta a ponta por seis vezes, até Sebastian se dar por satisfeito por não ter omitido ou esquecido algum pequeno detalhe. Ainda que ele não a considerasse completa, tem certeza de que há mais Lacayo dos quais não se lembra e outras coisas deixadas pendentes aqui e acolá. Florentina Tifre, sua tia por parte de pai, foi *endamada* várias vezes, mas ele não se lembra dos nomes dos homens e todos os filhos dela morreram muito jovens. Raymundo Lacayo teve mais filhos com a mesma mulher, mas ele não sabe quantos, sendo que alguns morreram e outros ainda estão vivos. Ele não sabe dos casos de relacionamento *endamado* que precederam casamentos quando não resultaram filhos dessas uniões. Ambos temos certeza de que deve ter havido alguns. De qualquer maneira, apesar de todas as falhas, foi o melhor que ele pôde fazer e o suficiente para dar uma idéia do emaranhado dos laços de parentesco em uma família caraíba.

Maria disse-me que, finalmente, estava comprando as chapas de ferro para o telhado de sua futura casa. Disse-me os preços: onze chapas de seis pés a 3,50 lempiras cada, 38,50 lempiras; onze chapas de quatro pés a 2,50 lempiras cada, 27,50 lempiras e quatro chapas de oito pés a 4,50 lempiras cada, 18 lempiras. Total: 94 lempiras.

25

Outro domingo plácido. Nenhuma visita. Revi o trabalho da semana com olhar crítico, como se tornou meu hábito fazer. Sinto que, às vezes, os comentários que escrevo soam como um vazio solilóquio filosófico. Porém, é sempre proveitoso tirá-los de meu sistema, mesmo se só servirem para isso. Mas hoje sinto-me tão preguiçoso que nem datilografei minha meditação dominical. *Mañana...*

26

Tentei usar o mesmo procedimento que usara quando trabalhei com Sebastian para obter dados sobre as relações de parentes de Maria, mas sem resultados. A mãe de Maria é a única sobrevivente de sua própria família; todos seus irmãos e irmãs faleceram há muito tempo. Maria não se lembra de seus nomes ou de qualquer outra coisa sobre eles. Ela me disse que seria melhor eu ir conversar pessoalmente com sua mãe. É o que farei amanhã.

Enquanto falava com Sebastian e Maria sobre suas famílias, notei que ambos consideravam a época em que seus avós viveram como sendo a história antiga. Assim como o período anterior a esse, muito pouco é conhecido por eles; todos insistirão que esses tempos são muito antigos e que ninguém precisa ter registro sobre essa época. "Não escrevíamos livros como você está fazendo, portanto não sabemos." A vinda de São Vicente é o marco miliário fundamental de suas tradições, o que é muito pouco. Antes disso, é a pré-história.

Fico me perguntando com freqüência o que pode ter causado essa ausência de tradição verbal nesse povo. Afinal de contas, eles vieram do fabuloso Iurúmai há uns cento e sessenta anos, e esse não é um período demasiado longo, mesmo para um grupo carente de registros escritos. Não é que eles não se importem com isso, ao contrário, é um assunto de interesse apaixonado para cada caraíba. Eles queriam saber de Taylor e de mim sobre suas origens. Queriam que enviássemos livros sobre "a história da raça caraíba." Esta é realmente uma situação peculiar: vir estudar um povo e, ao invés de conseguir novos dados sobre eles, ter de dizer-lhes quão escassas são as informações que existem e que eles próprios ignoram. Mas os árabes antes da hégira, os gregos antes dos primeiros jogos olímpicos, os latinos antes da fundação de Roma tinham um rico corpo de tradições, lendas, poemas... Onde estão os poemas homéricos, os épicos de Antar dos caraíbas? Taylor anotou as palavras de uma canção que conta que Iurúmai estava perdido e o grande Satuiê pereceu por causa da insensatez de uma mulher. Quem foi essa mulher e qual foi sua loucura a canção não conta. Durante todos esses meses, Taylor em Hopkins e eu em Trujillo temos tentado encontrar alguma coisa a mais sobre isso, porém sem nenhum resultado. Tenho conversado com muitos velhos em Cristales que nunca ouviram a canção, nem qualquer outra canção semelhante ou relacionada ao assunto. A maioria deles nunca nem mesmo ouviu falar de Satuiê.

A única explicação que posso encontrar para isso é que, no esforço para se manterem à parte dos "africanos", eles tiveram que eliminar todo o seu passado. Às vezes pergunto-me se essa é a única causa possível. É improvável que isso tenha sido adotado como um procedimento consciente. Mas, também, isso teve tanto êxito que parece inacreditável que tendências inconscientes pudessem produzir um resultado tão completo. Poder-se-ia também esperar que o culto *gubida* tivesse tido algum efeito em forçá-los a manter os registros de seus ancestrais, mas esse não parece ser o caso.

Estou longe de estar satisfeito com o que Taylor e eu obtivemos sobre o *cugu*. Sabemos que sacrifícios são oferecidos aos velhíssimos *gubida*, aos não batizados e que, aparentemente, isso é feito lançando-se comida ao mar. Nessa ocasião, eles são chamados pelos seus nomes? Cantam-se canções em louvor às suas façanhas? Lembro-me que a única parte dos rituais que eles se opuseram a nos deixar ver foi a própria disposição das oferendas em comida. Seria porque os nomes de seus ancestrais, os "nomes poderosos", são demasiado sagrados para serem ouvidos por homens brancos intrometidos? Os espíritos descem imediatamente sobre o *búiei* para aceitar o sacrifício? Essas são questões que preciso discutir com Siti e com Faustino Fernandez, quando eu for outra vez a Santa Fé. Outra pergunta: existe uma oferenda coletiva a todos os *gubida* sem nome, aqueles que são velhos demais para serem lembrados pelo nome? Tenho certeza de que deve ser algo parecido com isso.

27

Hoje apliquei o Rorschach na mãe de Maria e pedi-lhe informações completas sobre sua família e a de seu marido. O ponto delicado foi como perguntar sobre os relacionamentos *endamados*. É uma forma de união socialmente permissível, quando não socialmente sancionada (seria melhor dizer que não é inteiramente sancionada); mas eles sabem que a Igreja Católica a condena e os padres tentam casar todos os casais não casados e que possam contrair matrimônio. Eles estão atentos ao padrão de moral ideal predominante na sociedade ladina, ainda que, na prática, o comportamento dos ladinos – no que diz respeito ao casamento e à moral sexual – não seja diferente do comportamento deles próprios. Mas Modesta de Lacayo e Maria de Sanchez não devem ser confundidas com as "outras pessoas"; elas não são esnobes e não se mantêm distantes dos outros, mas deixaram claro para mim, em várias ocasiões, que vivem de acordo com os padrões morais da alta burguesia. No início hesitei, depois tive a idéia de evocar aquelas que Maria havia dito que eram casadas, perguntando, primeiro, sobre seus filhos e qual o nome que eles assinavam. Depois, fiz a mesma pergunta sobre as outras, ou seja, primeiro, quantos filhos tinham e quais eram seus nomes. Se o nome dado fosse o mesmo nome da mãe das crianças, isso significava que tinham nascido fora de um relacionamento *endamado*. Se os nomes fossem diferentes, eu perguntava se tinha havido um casamento ou se o pai reconhecera as crianças, mas fazendo isso soar como algo insignificante, como se fosse somente um registro apurado de dados. Em seguida, perguntava sobre os pais das crianças, mas muito pouco era conhecido a respeito deles, na maioria dos casos nem mesmo seus nomes de batismo. Com esse subterfúgio, consegui todos os dados sem nenhuma outra reação, a não ser a censura da sra. Lacayo à falta de compostura de suas próprias cunhadas e das mulheres caraíbas em geral.

Fiz algumas perguntas adicionais ao inquérito de seu Rorschach e apliquei a testagem de limites[40]. Durante o inquérito, a sra. Lacayo enriqueceu seus conceitos de forma notável. Outra daquelas eternas questões: em que medida um bom *rapport* faz um bom protocolo? Claro, ou as projeções são boas ou não são; mas, por exemplo, quantos param após dizer "dois pássaros" para a prancha III, e não dão, por timidez, falta de confiança ou qualquer outra razão, detalhes enriquecedores que *vêem* claramente? E a precisão da percepção da forma é um dos critérios mais importantes para a avaliação do nível intelectual. Não tenho dúvida de que muitas das crianças que testei

---

40. Técnica de inquérito de Rorschach, utilizada por Klopfer, pela qual se testa a capacidade do sujeito em perceber uma imagem habitualmente vista. (N. de R.)

ficarão registradas como atingindo apenas o nível comum de precisão formal; e isso seria devido à minha incapacidade de criar uma atmosfera descontraída que as habilitaria a fornecer respostas mais ricas e detalhadas. No entanto, esforço-me muito para criar uma atmosfera descontraída e espero que no futuro protocolos desse tipo não sejam numerosos. Depois que terminamos a sra. Lacayo perguntou: "Afinal de contas, o que isso realmente representa?" Repeti que eram somente manchas de tinta e que não se espera que representem algo. Sem dúvida, elas estão cheias de sugestões e isso porque foram selecionadas após milhares de experiências, com centenas de manchas de tinta. Ela pareceu aceitar minha explicação, mas eu gostaria de saber quantas pessoas têm as mesmas dúvidas. Deve haver algumas pessoas que não acreditam em meu pequeno discurso introdutório e pensam que se trata somente de um truque enganoso para apanhá-las desprevenidas.

28

Estou tentando juntar meus dados sobre as crianças. Tenho mantido contato com os seguintes lares, onde há crianças: o de Lorenzo Tifre, antes de todos partirem para a Guatemala; o de Sebastian Tifre, o de Alfredo Miranda, o de Candu Perez, o de Pancha Marin, o de Pedro Moreira, o da sra. Lacayo, onde as crianças de Inez Martinez – Juana e Benjamin Ramos – podem ser vistas constantemente; o de Leonor de Arauz. As crianças de Lorenzo Tifre têm entre três e nove anos de idade, aproximadamente; os sobrinhos e sobrinhas de Sebastian, de cinco a onze; o filho de Candu Perez deve ter entre um ano e meio e dois anos de idade; os filhos de Moreira têm treze e quinze anos, respectivamente; a criança de Pancha Marin tem a mesma idade da de Perez; Benjamin tem treze e Juana nove; e as crianças de Leonor Arauz têm provavelmente oito e seis anos. Estive somente duas vezes na casa de Leonor Arauz, mas, com relação aos outros, tenho os visto com certa freqüência, especialmente as crianças de Alfredo Miranda. Estou tentando organizar todas essas observações de acordo com algumas notas e questões formuladas por Pearl Beaglenole e discutidas em nosso seminário "A Criança na Cultura Primitiva", que foi enriquecido com muitas sugestões da sra. Herskovits. Creio que conheço suficientemente os primeiros estágios da infância, mas muito pouco os estágios posteriores. Aqui, sinto que mesmo um conhecimento imperfeito da língua me ajudaria muito. Como está, não ouso tirar conclusões. Preciso de observações muito mais sobre as diferentes situações na vida das crianças. Mas não posso deixar de me sentir muito inseguro, porque não tenho como checar a partir de explicações verbais. Até que as crianças comecem a ir para a escola, aos seis anos de idade, elas não falam muito espanhol.

Tentei entrar no aspecto econômico de um *cugu* com Sebastian. Mais tarde posso conferir com Siti, apesar de Sebastian não ter podido me dizer muito a respeito. Acho que nossa conversa sobre Marin possui uma ou duas informações interessantes. Maria poderia ampliá-las, especialmente sobre a infeliz história de Chola.

29

Pela manhã datilografei e fui até Cristales à tarde. Sentei-me à sombra dos coqueiros e fiquei horas ali, apenas observando as crianças. Lembrei-me do irlandês de *Cabbages and Kings*[41]: "Após algum tempo mesmo você se torna um comedor de alface." Ninguém mais presta atenção em mim; isto é, tenho certeza de que eles sabem tudo o que comi no café da manhã, quais as cartas que recebi, quanto paguei pela minha última carta no correio. (Foi assunto de orgulho local quando uma vez paguei 4,80 lempiras em selos para uma única carta.) Mas agora não sou mais objeto de intensa curiosidade e desenfreada especulação. Tornei-me uma parte um tanto quanto estranha da vida deles. Certamente gostaria de poder ouvir, daqui a alguns anos, as lendas sobre minha passagem por Trujillo.

30

Agora Maria adquiriu o hábito de vir até a sala de jantar alguns minutos antes da refeição, isto é, tão logo Sebastian saia, e permanece por algum tempo depois que eu termino. Tenho agora duas fontes de boatos, ao invés de uma. Hoje ela comentou excitadamente um fato que Sebastian tinha apenas mencionado.

---

41. Antologia de histórias de autoria de O. Henry, retratando de forma caricatural o mundo lendário de Honduras ao final do século XIX. (N. de R.)

O sr. Glynn levou sua esposa para Tagucigalpa para tratamento médico, pois ela tem estado muito doente com malária, com complicações cardíacas e muitas outras. Durante sua ausência, um tal sr. Hall, de Belize, veio morar na sua casa. Esse sr. Hall está no comércio de mogno, aparentemente como sócio do sr. Glynn. Veio a Trujillo uns três ou quatro dias atrás e contratou duas moças caraíbas como empregadas. Ontem ele notificou o desaparecimento de oitenta lempiras de casa, suspeitando das empregadas. Foi pedir conselho a Rafael Ferrera, o gerente de Glynn. De acordo com Maria, Rafael disse-lhe para chamar a polícia pois essas pessoas não passam de um bando de ladrões. A polícia foi devidamente notificada e as moças levadas ao juizado: mas as mães de ambas vieram imediatamente para socorrê-las, pois não as deixariam sozinhas entre os soldados nem por um minuto. (Eu não as censuro.) Esta manhã o sr. Hall foi à polícia para comunicar que tinha achado o dinheiro em uma gaveta na qual ele o tinha guardado e esquecido completamente. Estava embaraçado e pediu desculpas às moças, para satisfação delas talvez, mas não para a de Maria. Ela ficou muitíssimo indignada com tudo isso e falava com grande veemência.

Parece que a sra. Glynn havia pensado em Lydia para ir trabalhar para os Halls, mas a sra. Lacayo se opôs. Está extremamente desconfiada dos ingleses brancos da colônia; acha que são orgulhosos, mesquinhos e feiticeiros, todos eles. Hoje ela sentia isso de uma maneira mais forte do que antes e com um triunfante "Eu não lhe disse?" para dar ênfase.

Maria também estava muito zangada com Rafael. Ela me contou que hoje, quando foi até os Glynn, disse ao Chimilio (um rapaz caraíba que trabalha lá) em tom bem alto para que Rafael ouvisse: "Bem, não me digam que libertaram *essas negras bandidas!*" (Negro aqui é um insulto ainda maior do que no Brasil.) Mas Rafael somente riu. Ele não é absolutamente hostil aos caraíbas, mas compartilha com todos os ladinos a crença de que eles (os caraíbas) carregam um ou vários genes para o roubo.

A bem da verdade, deve-se dizer que os caraíbas têm uma concepção diferente de propriedade. A prática de se roubar peixe dos balaios uns dos outros é comum, Sebastian e Maria relataram-me isso várias vezes. Eles tratam a propriedade alheia com a mesma falta de cerimônia que, em nossa cultura, os irmãos têm entre si ao usarem gravatas e camisas uns dos outros. Há sempre brigas e violentos protestos, mas ninguém leva muito a sério e tudo recomeça na primeira oportunidade. Laboriel disse-me uma vez: "Somos um bando de comunistas, isso é o que nós somos."

Estou impressionado com o nascimento de gêmeos, fato que aconteceu por três vezes nos últimos meses. Usando esses acontecimentos como um bom início de conversa, tenho falado sobre gêmeos com várias pessoas. Agora além de Maria, de Marin e de Sebastian, tenho informações da mãe de Maria, de Alfredo Miranda e sua mãe, de Anastacio Martinez e de outros velhos que encontro sob os coqueiros. O sentimento geral está mais para o lado negativo; quando se pergunta se, em algum momento, eles quiseram gêmeos, as pessoas geralmente respondem: "Deus me livre!" Todos afirmaram que gêmeos são um mau agouro para a família; os próprios gêmeos ou aquele que sobrevive é considerado afortunado. Talvez, o desejo [de ter gêmeos] de Marin e de Sebastian tenha a ver com a atração que ambos sentem pelo sobrenatural; uma forma de estarem em contato com o lado misterioso da natureza.

Efetivamente, os gêmeos vivos conhecidos pelas pessoas daqui são: dois garotos cujo pai é Andrés Martinez, tio de Teófilo, da mesma idade de Teófilo e que agora vivem em La Ceiba; duas mulheres de quarenta anos de idade que Sebastian e Maria citaram como sendo as irmãs de Luciano Guti; as duas crianças de Froilán Lopez, um menino, Juan, e uma menina, Chon. Há outros casos de gêmeos, mas são casos em que só um sobreviveu. Sebastian disse-me que em sua família houve um caso, mas não se lembra exatamente dele.

À tarde trabalhei na história da vida de Sebastian, mas agora ele tem um sentimento diferente em relação a ela. Está longe de ser fluente, está sempre na defensiva e parece que mede cuidadosamente suas palavras antes de pronunciá-las, impedindo assim a espontaneidade da corrente associativa. É significativo que tal reação parece ser intensificada quando menciono sua mãe ou mesmo as mulheres da geração dela. Não estou preocupado em conseguir muito mais coisas dele, pois essa omissão também é significativa.

MAIO

01

A primeira coisa que Sebastian contou-me esta manhã foi a respeito dos gêmeos de sua família. Eu tinha lhe pedido para perguntar sobre isso e, principalmente, sobre as precauções a serem tomadas, em caso de morte de um dos gêmeos, contra o fantasma. Sua mãe contou-lhe que seu tio Raymundo era o membro sobrevivente de um par de gêmeos. Ele tinha quinze anos quando seu irmão gêmeo morreu (Sebastian esqueceu qual era seu nome). Ele foi completamente vestido de vermelho, da cabeça aos pés, e fizeram uma cruz com índigo em sua testa e outra cruz com alfinetes de segurança em sua camisa. O mesmo é feito com qualquer gêmeo sobrevivente, independente da idade, e isso deve ser mantido por quinze dias. Isso é exatamente o que se faz com toda criança no sétimo dia após seu nascimento.

Eu quis saber se existe a crença de que os gêmeos possuem um único *áfurugu* para ambos. Parece que não é o caso (Sebastian nunca nega nada com firmeza).

Quis saber também se houve casos de nascimento incomum que tivessem sido do conhecimento de todos e, posteriormente, comentados. Ele se lembra de um caso de trigêmeos, mas todos morreram, segundo ele por falta de cuidados adequados e não porque eram fracos demais para sobreviver. Há ainda o caso de uma *dama* de Sixto Cacho que deu à luz ao filho na rua. As dores do trabalho de parto começaram a uma hora da manhã e levaram-na ao porto para transportá-la para o grande hospital de Puerto Castilha. Mas antes mesmo que chegassem ao estaleiro, quando estavam cruzando uma rua em Rio Negro, a criança nasceu, meia hora depois de ela ter sentido as dores. A criança era grande e forte e parece que nem ela nem a mãe se ressentiram da forma pouco comum de vir ao mundo. As mulheres caraíbas são famosas entre os ladinos por terem facilidade para dar à luz. Sebastian não sabia mais nada sobre outros nascimentos incomuns.

Ele estava sorrindo no momento e eu perguntei o porquê. Hesitou um pouco e então contou-me que quando nasceu a última filha de Alfredo Miranda este já trabalhava há um bom tempo em La Ceiba. As pessoas começaram a murmurar que o verdadeiro pai da criança era Polo Santiago, o rapaz ladino que foi adotado pelos caraíbas. Sebastian acha que não é verdade, mas com um sorriso maldoso acrescentou que, às vezes, parece-lhe que a garota é um pouco parecida com Polo. Talvez porque Polo costumasse ficar por perto o tempo todo quando Tacha estava grávida e ela era vista constantemente com ele. [...][42]

Hoje novamente não fiz muita coisa. Estive em Cristales, sentando-me à sombra de um muro onde pudesse encontrar um grupo de crianças brincando. Levei um livro como disfarce e um caderno de anotações. Pela primeira vez senti fortemente a barreira da língua. Bem, suponho que isso não possa ser evitado. Tenho tentado arduamente entrar no mundo das crianças, com pouco resultado até o momento.

Tentei fazer com que Sebastian se interessasse em contar-me novamente sobre sua vida, sem muito sucesso. Pensei que conversar sobre jogos me levaria a algum lugar; ele falou longamente sobre isso, mas de uma forma bastante impessoal e concreta, sem exemplos que fossem extraídos de sua própria experiência, como eu esperava. Não me disse muita coisa que valesse ser registrada. Além disso, eram coisas que eu mesmo havia observado. De qualquer maneira, ele me ajudou a corrigir minha impressão sobre a divisão de jogos de acordo com o sexo.

Na próxima segunda-feira começa o ano escolar. Estou planejando retomar os testes de Rorschach, desta vez aplicando em crianças mais jovens. Isso me permitirá observá-las por muito tempo, tanto na escola como fora dela.

02

Se Sebastian está cada vez mais distante, Maria está se tornando cada vez mais íntima. Como hoje é domingo, Sebastian não veio e eu aproveitei a oportunidade para falar a sós com ela. Eu tinha tocado levemente em um ponto com Sebastian, sobre o qual queria mais dados.

---

42. Corte presente no texto original.

Penso que deixei claro que o conceito de ilegitimidade, como o temos na cultura ocidental, é estranho para uma mente caraíba. Eu ainda não encontrei um homem com mais de quarenta anos de idade que, ao falar de sua família, não mencionasse os filhos que tem com sua legítima esposa (muitas vezes, nesse contexto, chamada simplesmente de *la legítima*) e seus *filhos de fora*. (Taylor e eu encontramos um grego em Roatan que nos disse que a mesma expressão é usada na Grécia hoje em dia. Perguntamos a ele como era em grego e ele respondeu: "*Exogamos*". Ele não conseguia entender porque achamos isso engraçado.) O pai sempre reconhecerá o filho se puder; a lei civil de Honduras, como todas aquelas que são baseadas no "Código Napoleônico"[43], dá a ele esta possibilidade. Todavia, o reconhecimento de filhos adulterinos não é permitido. O juiz Alvarado, meu vizinho, disse-me que eles querem fazê-lo até mesmo nesse caso e, se o oficial do cartório não conhecesse quase todos da cidade, eles teriam conseguido. Naturalmente, para um caraíba, tal distinção aparece como um detalhe técnico legal. Os padres estabelecem diferença somente entre aqueles que vivem em pecado e os que não vivem (?)[44]. Herança e assuntos pertinentes ao culto *gubida* são estabelecidos em particular e a lei somente é convocada para sancionar um fato consumado. Mas minha questão era: e se a mãe não souber quem é o pai da criança?

Eu previa alguma perplexidade nas respostas, mas tanto Sebastian como Maria negaram completamente essa possibilidade. Sebastian está certo de que mesmo a mais promíscua das garotas vai ter uma organização pessoal que lhe dará, de alguma forma, um indício. Eu gostaria de poder discutir esse detalhe com Maria, mas julguei que seria muito delicado para ela. Sebastian acha que os raros casos de paternidade erroneamente atribuída adviriam de fraude. Perguntei-lhe se seria capaz de se lembrar de um exemplo de uma moça que confessasse não saber de quem era o filho. Respondeu que os únicos casos dos quais se lembrava eram casos de paternidade duvidosa e que foram posteriormente esclarecidos. Foi o caso dos "sobrinhos" de Teófilo. (Na verdade são seus primos, como poderá ser visto mais adiante. Os caraíbas usam muito livremente os termos em espanhol de parentesco familiar; eles simplesmente não sabem quando empregar *tio*, *sobrino* e *abuelo*. Sebastian

---

43. Conjunto de leis estabelecidas por Napoleão Bonaparte. Composto de 2281 artigos dispostos em três livros, foi transformado em lei em 1804 e, embora tenha sido muito alterado, tem sido o modelo dos códigos civis de inúmeros países. (N. de R.)

44. A pontuação do original foi mantida. (N. de R.)

chama de *abuelo* até mesmo um primo de sua mãe! Provavelmente é a tradução do termo caraíba. Creio que Taylor mencionou algo sobre essa peculiaridade.) Uma moça de Cristales estava tendo um caso com Andrés Martinez, tio de Teófilo. Enquanto ele estava ausente trabalhando em La Ceiba, ela apresentou sintomas de gravidez. Segundo Sebastian, ela achou melhor, para seus interesses, acusar Andrés Dolmo, que também andava flertando com ela, como sendo o autor da ação. (Dolmo é o carpinteiro que me vendeu a escrivaninha, um homem chegado à bebida e conhecido por não gostar de trabalhar; mas, na época, era um jovem promissor.) Ele negou veementemente, porém a acusação foi mantida pela família e o pobre Dolmo permaneceu seis meses na prisão. As crianças nasceram, um casal de gêmeos; com o passar dos anos e o crescimento das crianças, todos notavam a semelhança notável delas com Martinez. Andrés Martinez, que ainda era solteiro, finalmente as reconheceu e elas assinam o nome de Martinez.

É claro, Sebastian e Maria tiveram de admitir que alguns pais – usando termos legais, pais putativos – não darão nem mesmo um tácito reconhecimento extra oficial de sua paternidade. Eles podem ter brigado com a moça e não querem mais nada com ela, ou eles têm medo da oposição familiar (dele ou dela), ou não querem assumir uma obrigação econômica com relação à criança, ou porque têm uma esposa e não querem que ela saiba.

O que acontece então com a criança? Naturalmente será educada pela mãe, na casa da avó, com a ajuda de todas as parentas por parte da mãe, ou ainda, será levada para casa de um novo companheiro de sua mãe que aceitará o acordo. Maria diz que a mãe dirá sempre à criança que um certo homem é seu pai, que ela deve tratá-lo respeitosamente e nunca procurar encrenca com ele. "Pois mesmo que o homem se tenha comportado muito mal, ainda assim ele é seu pai." Isto significa, suponho, que a relação entre pai e filho tenha um caráter a tal ponto sagrado que deve ser levado em conta mesmo que o pai seja uma pessoa sem valor. É interessante observar que essa situação, a de um menino encontrando um homem velho, em circunstâncias peculiares de algum tipo, sabendo que ele é seu pai, enquanto o velho homem nada sabe, aparece em certos contos folclóricos. A verdadeira situação de Édipo, isto é, o assassinato do pai está iminente o tempo todo, mas nunca se materializa porque o rapaz encontra meios de evitá-lo. O homem velho sempre aparece como imprudente e encrenqueiro.

Sebastian explorou o tema "a carne da minha carne". Conforme o tempo passa e a criança cresce, o homem ficará, primeiro, curioso em conhecê-la e irá encontrar um pretexto para se aproximar do garoto. O homem falará com ele, tentando conhecê-lo e fará sempre alguma coisa por ele. Quando voltar do mar e ver o menino tentando comprar peixe, ele porá de lado alguns pequenos peixes para que ela leve para casa ou algo parecido. "Está no sangue da pessoa. Mesmo quando eles se ausentam por muito tempo, como os marinheiros por exemplo, sem nunca ter visto seus filhos, quando retornam, ficam sabendo sobre eles e quando eles vêem a criança alguma coisa acontece em seus corações. Não se pode evitar. Mesmo aqueles que são muito mesquinhos."

Pedi a Sebastian para aceitar, só para efeito de argumentação, que uma criança possa nascer sem que sua mãe saiba quem é o pai e, quando crescesse, ela se parecesse somente com as pessoas do lado de sua mãe, a situação assim nunca sendo esclarecida. Suponha que esse órfão, já homem, um dia fique doente e vá a um *búiei*, e o *búiei* descobrisse que ele tem problema com os *gubida*, o que ele pode fazer? Ele não sabe o nome de seu pai... Sebastian foi rápido em responder: "Se os *gubida* o estão incomodando, ele terá um sonho e eles lhe dirão o que querem. Ou o *búiei* pode chamá-los e perguntar-lhes quais são as suas exigências. Dessa maneira, se ele não sabia quem era seu pai, agora ele o saberá." Isso é bastante lógico. Eu deveria ter pensado nisso. (Incidentalmente, essas conversas com Sebastian estenderam-se por um período de dois ou três dias. Hoje conferi com Maria e obtive informações adicionais.)

Maria disse-me hoje que o falecido Regino Tifre era um famoso *gabīeaharadi*. E o mesmo aplica-se a Antonio Martinez. Dizem que Antonio Martinez matou várias pessoas com sua magia. Como retaliação, seu filho, o pai de Teófilo, também foi enfeitiçado. Uma estranha e repentina morte aconteceu certa vez em Cristales, a família do morto suspeitou de alguma coisa e consultou um "espiritualista". O "espiritualista" fez um trabalho com um espelho e, quando eles olharam nesse espelho, viram o velho Martinez fazendo uma feitiçaria, enquanto Teófilo segurava uma vela. Teófilo tinha apenas seis anos e não sabia o que estava fazendo. Maria, que mora perto dos Martinez, quando menina, espionava Antonio Martinez dirigindo-se para a *casinha* no fundo do quintal. Ele passava com todo tipo de estranhos trejeitos, dando passos para frente e para trás e também para as laterais. Pensavam que ele estivesse louco. Dizem que, atualmente, ele vai à missa todos os dias para reparar suas ações do passado.

Regino Tifre é considerado o responsável pela morte da sogra de Maria, mãe de Anastacio Sanchez. Ela era parteira e curandeira, muito bem sucedida. Trabalhou com uma Virgem muito milagrosa (suponho que os santos da Igreja Católica sejam utilizados regularmente como *hiúruha* por muitos praticantes do sobrenatural). Certa vez, ela foi enviada para ver uma pessoa da casa de Regino Tifre, Maria não se lembra quem. Ela foi feliz nesse caso e a pessoa foi rapidamente curada. Um dia, Regino Tifre veio lhe pagar, mas ela não aceitou o dinheiro que ele colocou em suas mãos. Ela tinha uma pequena cabaça que utilizava para aquelas ocasiões e lá o velho depositou o dinheiro. Ela o tirava dali, colocava-o em uma gaveta e esquecia-se dele. (Acho que ela tencionava fazer uma desinfecção espiritual.) Após duas semanas ela abriu a gaveta, pois precisava de dinheiro para alguma coisa. Viu o dinheiro na cabaça, mas não se lembrou de que ele não tinha sido *limpo* e usou-o. No dia seguinte, adoeceu e ficou com o corpo todo inchado. Morreu em poucos dias. Anastacio tem certeza de que foi aquele dinheiro que causou tudo. "Por que Regino Tifre quis matá-la?" "Talvez ele nada tivesse contra ela; mas dizem que os feiticeiros fazem coisas por pura maldade. Gostam de mostrar o que podem fazer."

É interessante saber que Regino Tifre, durante os últimos anos de sua vida, foi um católico praticante fervoroso e *fez um pacto* com a Virgem Maria. Aparentemente, Antonio Martinez está passando pela mesma fase. É bem sabido que o outro pilar da igreja, Pedro Moreira, também foi um adepto entusiástico do culto *gubida* nos tempos de sua juventude. Parece haver um padrão regular aqui.

Quando vim pela primeira vez a Trujillo, estava ciente da existência de um forte movimento *anti-gubida*, liderado por Pedro Moreira e Antonio Martinez. Eu teria me espantado em saber que esses mesmos líderes, até pouco tempo atrás, eram adeptos do culto *gubida* e da feitiçaria. Esse é um capítulo interessante no estudo da ambivalência socializada.

03

Notei que meu último registro neste diário ocupou cinco páginas inteiras. Tentei reservar o diário para reflexões ou observações que faço à medida que o trabalho avança, para os rumores da aldeia e para pequenos itens de informação, bem como para registrar o que faço a cada dia. Parece que agora qualquer separação entre a apresentação do material bruto e minhas reflexões, ou a tentativa de uma interpretação parcial, somente seria possível através de um esforço voluntário. Não vejo muito qual seria a utilidade disso. A melhor coisa a fazer é manter apenas um critério aberto e continuar a anotar no diário – no que se refere ao material – somente pequenos fragmentos de informação.

Hoje apliquei o Rorschach em Mercedes de Lopez e em Simeón Marin. Ambos tinham "ambição de qualidade"[45] e tentaram dar tantas respostas globais quanto puderam. Ambos são protocolos muito interessantes e ricos.

Tomei a decisão de permanecer em Cristales o máximo que puder. Mandei Sebastian comprar uma esteira e levá-la à casa de Maria; depois do almoço, fui a Cristales com livros, cadernos, papel, lápis, lápis de cor, papel para desenhar e as pranchas do Rorschach. Estiquei a esteira sob uma mangueira enorme e lá estabeleci meu refúgio de verão. A árvore fica em uma leve elevação, próxima a um pequeno riacho, não muito distante do prédio da escola. De lá, domino a praia e o mar e sei imediatamente tudo o que acontece em Cristales. Farei a tradução de minhas notas e todo trabalho que não necessite da máquina de escrever lá de cima, frente ao oceano. Pode parecer voluptuoso, mas há muitas vantagens: a brisa do mar que refresca, enquanto em casa é quente e abafado; é um excelente posto de observação que me permite vigiar as crianças e os adultos enquanto faço algum trabalho.

04

Hoje apliquei o Rorschach em Pancha Marin e em Natividad Perez, mãe de Alfredo Miranda. Encontrei na farmácia Pancho Fernandez, o filho de Faustino Fernandez, o *búiei* de Santa Fé. Ele veio a Trujillo porque sua mãe tem estado doente ultimamente. Disse-me que logo haverá uma *fiesta* em Santa Fé. (Todas as cerimônias são chamadas eufemisticamente de *fiestas.*) Perguntei-lhe se seria uma grande *fiesta* com tambores e ele disse que sim. Não insisti mais sobre o assunto por causa da presença de Zelaya, o médico. Mas Pancho prometeu que me daria mais informações.

Perguntei a Sebastian sobre a doença da velha senhora Fernandez, mas ele só pôde me dizer que ela vem sofrendo há muito tempo e parece que tudo o que foi feito por ela de nada adiantou. "Poderia ser um caso de *áharí?*"

---

45. Necessidade de exibir um nível elevado de inteligência, que no Rorschach se traduz pelo número elevado de respostas globais (interpretação das manchas como um todo). (N. de R.)

"Sim, isso é o que muitas pessoas dizem. Mas a sra. Fernandez está brigada com seu marido e por isso ela não iria procurá-lo." "Ela não poderia consultar outro *búieî*?" "Ela não gosta de *búieis* de um modo geral; diz que eles têm muitas mulheres e bebem demais. Sabe-se que Pancho disse que, se fosse mais velho, ele mesmo faria o serviço. Mas ele ainda não se atreve a chamar os espíritos, é muito jovem; é preciso um homem maduro e espiritualmente forte para ser bem sucedido nesses assuntos."

Sebastian não se queixa mais de calafrios e nem de febre alta. Atribuiu sua doença ao fato de ter ido a um velório, enquanto estive na Guatemala, e de ter chegado muito próximo do corpo, tendo sido contaminado pelo seu ar frio. Foi curado por sua mãe que colocou em seu banho folhas de laranja silvestre, *zacate limón*, guanabano e, principalmente, alecrim. O alecrim também foi usado em fumigações e queimado sob sua cama. Esse é um traço positivamente europeu; a própria planta é européia e amplamente usada em Portugal e Espanha com propósitos mágico-medicinais. Entre os caraíbas, como na Europa, queima-se alecrim quando há uma morte na casa, com o mesmo propósito de purificação do ar.

Sebastian também tem falado sobre pescaria relacionada com a magia. Confessa não ter nenhuma fórmula nem encantamento para isso e esta seria a razão de seu insucesso. (Ocasionalmente, isso pode ser um bálsamo para as feridas do orgulho de uma pessoa.) E a explicação para a fortuna de Marin não está na sua maior habilidade como pescador, mas nos "livros que herdou de seu avô" e, provavelmente, nos segredos também.

Muitas pessoas têm falado sobre Crispin Mejia, um velho pescador que morreu recentemente, e que era famoso por suas excentricidades. Miranda contou-me que ele gostava de crianças e que costumava comprar anzóis, colocando-os em sua cabeça para que os meninos viessem pegá-los. Os anzóis embaraçavam-se com as mechas encaracoladas de cabelo cinza do velho e, se algum pirralho impaciente puxasse mais forte, ele dava uma palmada (de leve) e isso era motivo para muita brincadeira e risada.

Sebastian contou-me que todos sabiam que, freqüentemente, o velho Mejia oferecia *cugus* aos "mestres do peixe". Sua sorte era extraordinária; dizem que, às vezes, ele e aqueles que o acompanhavam tinham de tirar peixes da rede para poder arrastá-la. Sebastian acha que isso acontecia por ele ser muito experiente e por sempre manter sua rede em bom estado, substituindo as partes gastas ou apodrecidas. Minha experiência tem me mostrado que, entre os caraíbas, acreditar no sobrenatural nunca exclui o senso comum.

Sebastian sente, talvez, que eu sou céptico em relação à eficiência da magia, então me contou uma história "que prova isso". O ponto principal é que Pablo Sandoval nunca teve sorte até que "jogou" uma garrafa de *guaro* e uma vela para os espíritos do mar. Naquela noite ele foi pescar com um amigo e pegaram tanto peixe que não havia espaço no *cayuco* para eles, assim, tiveram que caminhar pela praia arrastando-o por meio de uma corda.

04 [46]

Hoje apliquei o Rorschach em Simeón Marin e Natividad Perez, mãe de Alfredo Miranda. Parece haver uma tendência para as respostas W, como também uma elevada precisão formal; a ambição de qualidade é bem nítida e, conseqüentemente, o R é baixo. São apenas palpites, visto que tenho somente dez protocolos de adultos, mas a repetição desses traços praticamente em todos os protocolos é impressionante. Senti uma grande tentação de classificá-los, mas resisti. Além de outros motivos, não posso despender tanto tempo em uma tarefa que posso muito bem realizar fora do trabalho de campo.

05

Estive conversando com Sebastian e outra vez envolvi-me em uma discussão de ordem econômica. Como eu queria que Sebastian fosse objetivo, usei o velho e infalível artifício da família Ramirez. Eu queria uma verificação final sobre os critérios de riqueza, suas fontes e as atividades econômicas em geral. Estava interessado em ouvir sobre as atividades agrícolas de Simeón Marin, pois ele não é somente um pescador bem sucedido, mas também um ativo agricultor. Ele "abriu" e queimou um pedaço grande de terra e vai produzir feijão e inhame; não me ocorreu perguntar se somente a mulher dele vai cuidar do empreendimento. Ou melhor, se ele limpou outros pedaços de terra para que suas *queridas* também pudessem plantar. Marin, nesse aspecto, é o oposto de Sebastian. Não tem projetos grandiosos e nunca fala sobre assuntos práticos, exceto para dar alguns detalhes concretos quando eu lhe peço. Mas consegue fazer andar as coisas e ganha bastante dinheiro. Não sei se mencionei que ele é barbeiro nos momentos de folga; é algo bem dele, o

---

46. Manteve-se a repetição da data do original. (N. de R.)

ter encontrado uma forma de satisfazer seu gosto pela conversa e pela fofoca e, ao mesmo tempo, ganhar algum dinheiro extra.

Ouvi tiros de rifles e de metralhadoras à tarde e perguntei a Sebastian: "Como! Tão Cedo?" Ele simplesmente riu e disse-me que era exercício de rotina para os soldados. Mas eles fazem isso muito raramente, especialmente nos últimos anos. Tenho impressão, assim como a totalidade dos hondurenhos também, de que alguma coisa espetacular está sendo preparada nos bastidores...

06

Apliquei o Rorschach em Juan Martinez, o rapaz de um braço só que freqüentemente tenho mencionado neste diário. Eu estava particularmente ansioso por esse encontro, pela oportunidade de verificar a situação psicológica de um elemento de exceção nessa cultura. Aparentemente, Juan não é um desajustado; ele vive com Leonor, uma *ex-querida* de Marin mas não descartada por ele. Dizem que ela fora uma moça disputada e a aventura com Marin não é de natureza a diminuir esse assédio, talvez até tenha aumentado seu prestígio. Maria disse-me que, apesar de ter um só braço, Juan sempre trabalhou e ainda trabalha muito, mais do que outros que não são parcialmente deficientes (*touché*, Sebastian!). Ele possui uma das melhores hortas de Trujillo e sempre ajuda sua *querida* a mantê-la; também viaja para La Ceiba para vender a produção. Os donos das lanchas nunca lhe cobram nada, por causa de sua deficiência. Ele tem amigos, vai a bailes e realmente dança, e não parece de modo algum constrangido. Às vezes acho que ele tenta compensar em excesso, sua alegria é um pouco forçada e sua naturalidade um tanto tensa. Embora isso seja simplesmente uma impressão.

Rumores sobre revolução foram ferozes hoje, depois do *bando*. O *bando* é uma proclamação solene lida pelo *comandante* nas esquinas das ruas principais e afixadas nos muros. Este proibiu reuniões com objetivos políticos; para se realizar um encontro dessa natureza é necessário solicitar por escrito às autoridades e obter de uma permissão especial. As pessoas acreditam, no entanto, que nada será tentado até depois das eleições, quando os resultados forem divulgados e o partido derrotado começar o *show*.

07

Pela manhã datilografei algumas coisas que não pude terminar ontem. À tarde fui para meu posto de observação na praia, perto da casa de Maria. Após permanecer lá por mais ou menos uma hora, levantei-me e tentei ir a Rio Negro sem companhia. Achei que tinha conseguido, quando ouvi passos bem conhecidos atrás de mim e Sebastian alcançou-me. A mudança nos meus hábitos não me livrou de meu *áfurugu* das sombras. Eu costumava trabalhar nas minhas anotações, em casa, até às duas ou três horas da tarde, então Sebastian chegava para ir comigo a Cristales ou a Rio Negro. Ultimamente, como tenho levado meus cadernos para trabalhar sob a mangueira do quintal de Maria, ele vem se juntar aos homens que se reúnem sob os coqueiros a uns duzentos pés de distância. Dessa maneira, ele pode ficar de olho em mim.

Hoje nada pude fazer senão sorrir e dizer-lhe que estava indo visitar Siti e Candu Perez. Ele se apossou imediatamente da pasta de papelão que uso para carregar minhas coisas e seguiu meus passos. Preciso acordar mais cedo e convencê-lo de que estou fazendo uma caminhada toda manhã para o bem de minha saúde. Dessa forma, posso um dia passar pela casa de Siti ou de Candu para uma ligeira conversa...

Primeiro fiz uma visita a Candu. Tinha planejado aplicar-lhe o Rorschach, mas antes quis conversar sobre assuntos gerais, pois sei que, sempre que vou visitar Perez, consigo alguma nova informação.

Dessa vez aconteceu de mencionarmos as crianças e, logo, ele estava falando sobre o olho do diabo (olho gordo, ou mau-olhado). Acredita-se que quando a esposa está grávida, o marido adquire *mau-olhado*; naturalmente, há pessoas que nascem com ele e nunca deixam de tê-lo, independentemente de sua vontade. É muito comum um pai lançar mau-olhado para seu próprio filho, antes de sua mulher dar à luz a outra criança. O remédio consiste em pegar uma camisa ou qualquer outra peça de roupa que pertença ao pai e envolver a criança com ela durante a noite. No caso do homem lançar um mau-olhado à criança de alguém e ele mesmo ou outra pessoa perceber isso, ele deve pegar a criança no colo e aplicar compressas quentes no corpo da criança. O efeito mais comum do mau-olhado é fazer com que a criança se torne *empachada*. Os sintomas do *empachamento* são rigidez do corpo e a completa suspensão das funções excretoras. Perez contou-me o que aconteceu certa vez, quando sua mulher estava grávida e ele parecia ter um poder especialmente intenso de mau-olhado. Ele visitou um amigo cujo filho, naquela noite, ficou doente, não conseguindo urinar nem defecar por dois dias. Toda a família estava desesperada, então o próprio Perez sugeriu a possibilidade de ele ter passado mau-olhado à criança. Trouxeram a criança para a sala e, tão logo Candu começou a aplicar compressas quentes, ela começou a defecar e a urinar.

Como medida profilática genérica contra o mau-olhado, dentes de crocodilo são passados por um fio e pendurados no pescoço da criança. A crista vermelha e murcha da cabeça do peru também é usada e, com o mesmo propósito, uma cruz com espinhos de uma planta chamada em espanhol de *téta*.

Falamos sobre a *couvade* e Candu também tinha histórias para contar a respeito do assunto. O ponto crucial de todas elas é que, quando o homem está envolvido com algum esforço vigoroso, seu filho recém-nascido começa a gemer e seu pequeno corpo torna-se tenso, como se estivesse participando do mesmo esforço. O umbigo, ainda não cicatrizado, começa a sangrar; se o esforço for muito grande, o umbigo pode se romper e a criança corre risco de vida. Também nesse caso, a criança é envolvida em alguma roupa que tenha estado em contato com o corpo do pai e, naturalmente, cuida-se também do ferimento. Questões para o futuro: pode alguém lançar um mau-olhado para a terra? Se pode, o que deve ser feito para remediar isso? E para preveni-lo?

Não pude completar hoje o inquérito da aplicação do Rorschach em Candu Perez, porque havia um aglomerado de clientes em sua casa. Ele é muito cortês para me dispensar, mas eu não quis lhe causar nenhum embaraço; levantei-me e parti com a promessa de completar o inquérito amanhã pela manhã.

Da casa de Perez fomos para a casa de Siti e encontramo-lo sentado à porta, lendo a Bíblia e tomando o ar fresco da tarde. Mostrou-me a rede de pescar que está fazendo para mim e que está quase pronta. Agora, resta o problema de conseguir chumbo para ela e mais pretextos para ir vê-lo desacompanhado. Informaram-me que Siti está sem beber outra vez; Sebastian e seus amigos não chegaram à conclusão se Siti pára de beber por vontade própria, quando vê seus clientes fugindo dele e dirigindo-se para outros *búieis* ou, simplesmente, porque lhe falta dinheiro. Ele estava perfeitamente sóbrio hoje.

Fiz uma pergunta a ele que tinha sido de interesse do Taylor, quando esteve aqui, e que despertou a curiosidade do sr. Herskovits também. Era sobre a pilhagem (*abaiuhani*) feita pelas crianças, na fase final do *cugu*. Qual é o significado dessa cerimônia, qual seu objetivo?

Siti somente respondeu após uma pausa de alguns segundos, o que não é muito comum para ele: "Você sabe que o objetivo do *cugu* é alegrar os membros mortos de uma família, de forma que parem de molestá-la e concedam-lhe proteção. Tudo é feito com a intenção de agradar os espíritos: a melhor comida é oferecida a eles, bebida em quantidade e muitas canções são cantadas em sua honra. Nenhum membro da família é dispensado de vir homenagear seus mortos. Mas as crianças, naturalmente, não têm discernimento para participar; são muito jovens para cantar para os *gubida* ou mesmo para permanecer na presença deles. Mas os *gubida* precisam vê-las e conhecê-las, para não vir atormentá-las, pois são seus netos ou bisnetos que, muitas vezes, não os conheceram quando vivos. Quando o *cugu* está para acabar, o *búiei* chama os espíritos para saber se eles aceitarão as comidas que estão sendo oferecidas. Se aceitarem, permite-se às crianças entrar e apanhar a comida que quiserem e que vai ser jogada fora para os espíritos. Mas isso deve ser feito com rapidez, antes que os espíritos se apoderem da comida." "Os espíritos não ficam bravos com as crianças roubando a comida deles?" "Em absoluto! Ao contrário, eles se divertem com isso. Isso é feito para diverti-los. Mas somente as crianças têm o direito de tocar aquela comida e só naquele momento. Se um adulto apenas beliscar um pouquinho da comida separada para os *gubida*, sentirá um gosto terrivelmente amargo e ficará doente. Às vezes, até, os *gubida* se sentirão insultados por isso e toda a cerimônia terá de ser repetida." "Por que a comida para os *gubida* é sempre carregada em folhas de *gasibu* ou de tanchagem?" "Porque você não pode usar pratos para isso. Se você colocar comida para os *gubida* em um prato, você não poderá mais usá-lo para nada. É o prato dos *gubida*; à noite, você ouvirá barulhos estranhos na cozinha; são os *gubida* fazendo desordem em tudo com seus pratos. Finalmente, os pratos devem ser jogados fora, se se quiser ter paz na casa novamente. Eis o porquê de usarmos folhas para as nossas cerimônias."

Essa explicação do *abaiuhani* pode ser somente uma racionalização de Siti, mas acho que é muito boa. Segue os padrões da vida doméstica do caraíba; lembro-me, por exemplo, quando almocei com Lorenzo Tifre e as crianças chegavam e pediam pedacinhos de peixe do prato do pai. Vi a mesma cena na casa de Miranda, no dia em que fui ver como se faz o *casabe*. É natural que os *gubida* fossem tratados de alguma forma semelhante.

Creio que o "Fubainagu" enganou ao Taylor e a mim no *cugu* que ele celebrou: ele disse que o *arairaguni* seria mais tarde, no meio da noite, enquanto ele o estava carregando bem debaixo de nossos narizes!

08

Hoje fui outra vez ver Candu Perez e terminei a aplicação do Rorschach. Levantei-me mais cedo do que o habitual, com a esperança de chegar a Rio Negro antes de Sebastian, mas foi em vão. Ele também veio mais cedo; acho que, pela manhã, uma ou duas vezes, ele vem ver se a porta da entrada está aberta para poder entrar.

Após ter terminado o inquérito, comecei a conversar com Candu, tentando levá-lo ao seu assunto predileto, o sobrenatural nos seus diferentes aspectos. Porém, estava preocupado e distraído. Contou-me a história de uma árvore cuja sombra causa a morte. Um jovem que dormia sob sua sombra foi encontrado alguns dias mais tarde, por um grupo que saíra à sua procura. Ele estava morto, mas seu corpo não estava decomposto, embora houvesse passado quatro dias desde que notaram sua ausência; seu corpo estava rígido e gelado. Havia uma frieza mortal debaixo daquela árvore, embora fosse verão. Eles amarraram um cavalo velho sob a árvore, a título de experiência e, algumas horas mais tarde quando voltaram, o cavalo estava morto. Toda essa história tinha sido contada a Candu por uma mulher de Olancho.

Começamos a falar a respeito de plantas e de suas virtudes e Sebastian disse a Perez como ele tinha sido curado de suas febres pelas "cinco ervas". Houve uma diferença de opinião aqui; Sebastian disse-me que as "cinco ervas", de acordo com a fórmula de sua mãe, são – laranja silvestre, guanabano, alecrim, *flor-dos-muertos* e guanilamo, enquanto Candu afirma que, ao invés de guanilamo, outra planta deveria ser usada, cujo nome é "*cinco negritos*". É chamada assim porque seu fruto possui cinco pequenas sementes pretas. Ele nos disse que ia preparar um banho para sua filha que está doente com malária do tipo terçã e ele está muito preocupado com isso. Disse-lhe que não via motivo para grande preocupação, visto que se trata de doença curável. Hesitou e, então, confessou o verdadeiro motivo de sua preocupação: ele acredita que a criança tenha visto o *áhari* durante os delírios. Ele a ouviu dizer: "Eu não irei, meu pai não quer." Isso é ruim. Ele se sente culpado porque teve muitos gastos com a canoa que foi rebocada não faz muito tempo e com isso adiou a missa pela alma de seu irmão. Ele irá cuidar disso agora, tão logo quanto possível. "Mas", disse eu, "não poderia ser simplesmente que a criança tenha delírio por causa da alta temperatura?" "Sem dúvida, é por isso que ela pode ver o *áhari*."

Essa observação, assim como outras do mesmo tipo, faz com que perceba que não há separação nem exclusão mútua entre causalidade natural e o que chamaríamos de causalidade sobrenatural. As causas naturais da malária são bem conhecidas por todos; mas a maneira como uma doença afeta as pessoas é influenciada pelos *ábari* que, como protetores da família, podem impedi-la ou, para vingar-se das ofensas ou pecados de omissão, podem enviá-la ou agravá-la.

Percebendo que Perez não estava com disposição para falar, parti. Não achei que seria inteligente perguntar se ele iria oferecer um *cugu* para o *ábari* de seu irmão. Não é bom falar sobre os mortos com pessoas de sua família mais do que alguns segundos, isto é, sobre um morto específico. E também, é muito cedo para tomar quaisquer medidas positivas.

Uma pequena informação fornecida por Perez é interessante do ponto de vista do Rorschach. Estávamos discutindo as manchas de tinta e perguntei se, na véspera de São João, eles costumavam deixar um copo com água e a clara de um ovo ao ar livre e ir olhá-lo à meia-noite. Esse é um velho costume ibérico; a massa albuminosa congelada toma uma forma que é interpretada como sendo a de uma igreja, a de um caixão de defunto, etc. e acredita-se que sejam indicações de futuros eventos, como casamento, morte ou alguma coisa importante assim. Fui informado que esse costume existe aqui também e terei a oportunidade de observá-lo no próximo mês. Mas também existe uma outra técnica de adivinhação que é mais próxima do Rorschach. Consiste em apanhar uma mosca azul, daquelas enormes que picam animais, arrancar sua cabeça e esmagá-la em uma peça de linho branco dobrada. Então, você abre o linho e terá uma figura simétrica que deve ser interpretada. Perez acha que não há muita gente que saiba sobre isso. Sebastian diz que nunca ouviu falar a respeito e que esse costume não deve ser muito difundido.

Saindo da casa de Perez encontrei Felix Moreira na rua. Recebi com satisfação a oportunidade de falar com ele, porque tinha em mente conseguir material sobre a história da sua vida. Disse algumas palavras sobre meu desejo de conhecer sua vida, para meus estudos, porque, afinal de contas, ele é um membro importante da comunidade e um homem que venceu pelo seu próprio esforço. Felix Moreira morreu de rir. Disse que poderia começar naquele exato momento, se não tivesse alguns negócios a tratar. Mas combinamos que eu iria à sua plantação na próxima segunda-feira.

Várias vezes ouvi pessoas falando sobre impostos e queixando-se deles. Hoje ocorreu-me perguntar a Sebastian sobre o assunto. Não sei o que fazer com suas respostas. Segundo ele, as pessoas aqui pagam somente dois tipos de impostos. Um é chamado *impuesto de vialidad* (via = estrada) e o outro é um imposto escolar. O imposto escolar é de três lempiras e meia por ano e o outro é de uma, duas ou três lempiras pelo mesmo período. Os trabalhadores não especializados pagam somente uma lempira, enquanto aqueles que recebem salários mais altos devem pagar mais. Fiquei muito surpreso ao saber que aqueles que pagam os impostos mais pesados não pagam mais do que seis lempiras e meia por ano; isso dificilmente poderia ser chamado de um imposto pesado. E há ainda pessoas que declaram não poder pagar, então os soldados vêm e levam-nas para trabalhar nas estradas, por dois ou três dias.

O que fazer em um caso de emergência, tal como o de ter de pagar impostos, levou-me a perguntar-lhe quais as maneiras de se arranjar um dinheirinho extra, aqui mesmo em Trujillo. Uma delas já vimos: ir cortar madeira para a construção de casas. Outra é carregar e descarregar barcos. Não há estivadores em Trujillo, visto que poucos barcos vêm para cá regularmente. Há somente um serviço de lancha regular para La Ceiba e Puerto Cortés, mas não se leva muito tempo para carregar uma lancha. Uma vez por mês, mais ou menos, há uma embarcação que vem de Tampa, Flórida, para carregar cocos e bananas. E, mais freqüentemente, as lanchas ou pequenos navios de Roatan ou de Guanaja. De tempos em tempos vêm navios realmente grandes para carregar toras de mogno, mas esses geralmente trazem sua própria tripulação de estivadores de Belize. Isto tem gerado muitos protestos e a *comunidad* enviou uma representação para o governo pedindo para que torne isso ilegal, obrigando as companhias de mogno a contratar o trabalho local. Outro emprego temporário é o serviço de reparos do cais.

O que é considerado o melhor tipo de emprego que um homem possa ter, se não tiver uma habilidade especial ou boa instrução, é ser marinheiro em um navio americano. Muitos são os que foram marinheiros por alguns anos, quando jovens; e são muitas as famílias que hoje têm um ou dois jovens trabalhando no mar. Pedi a Sebastian que me fizesse uma lista de nomes de tais jovens, somente entre seus amigos. Eis a lista: Santiago Arauz, Margarito Gil, Simon Gil, Victor Lopez, Vicente Arzu, Francisco Molina, Hector Villafranca, Juan Darará (que atualmente está em Cristales) Anastacio Cacho, Celestino Cacho, Carlos Alvarez, Margarito Perez. Desses, eu conheço Juan Darará, que esteve em Lisboa e na África ocidental portuguesa, fala português com sotaque de Lisboa e que me saudava efusivamente, cada vez que nos encontrávamos, com as mais sujas palavras da língua. Conheço também Victor Lopez, que mora em Nova York como Margarito Perez. Ambos naturalizaram-se cidadãos americanos recentemente. Sebastian disse-me que Margarito Perez tem mulher e filhos em Nova York. O que não o impediu de cortejar Lydia, irmã de Maria, todo o tempo em que esteve aqui. E ainda, presumivelmente, com boas intenções! Margarito é meio-irmão de Alfredo Miranda, da mesma mãe. Prometeram-me o endereço de ambos em Nova York, assim como o do clube caraíba que existe lá.

09

Passei o dia todo lendo minhas anotações e refletindo sobre elas, minha ocupação costumeira dos domingos. Tentei avaliar o que já fiz até agora e o que devo fazer no futuro próximo.

Até agora tenho tido bastante sorte. Consegui me manter totalmente à parte da sociedade ladina, sem ser julgado como grosseiro. Ignorei completamente as intrigas políticas, assim como as brigas locais mesquinhas entre o inspetor da escola e o prefeito que terminaram com a demissão de um, logo seguida pela demissão do outro. Na verdade, nem mesmo mencionei esses fatos no meu diário. Tive de usar toda a minha habilidade para evitar uma briga doméstica mortal, mas mantive o controle da situação. Consegui também evitar ser identificado como integrante de qualquer grupo, família ou roda. Falhei em obter a colaboração de dois informantes que, acredito, poderiam me fornecer excelente material, Pedro Moreira e Baldomero Lopez, embora não tenha sido culpa minha. Ambos sumiram. Pedro Moreira não apareceu na cidade durante os últimos três meses, nem mesmo para a Semana Santa, o que foi criticado por todos. Sua posição religiosa está se tornando cada vez mais pessoal e o Padre Pedro acusa-o abertamente de heresia. Como resultado, ele se sentiu ofendido e ferido em seu orgulho, e recolheu-se à solidão, como um asceta da antigüidade. Não tenho ouvido falar de Baldomero há muito tempo. Só sei que não está na cidade e que, ultimamente, não tem sido visto pelos arredores.

Creio que cheguei a uma clara compreensão de como funciona a família e os principais pontos do sistema religioso. Sei que está longe de ser uma visão completa, mas consigo manter uma conversa com qualquer *búiei* e formular perguntas inteligentes. Com relação a esses dois aspectos, assim como em assuntos econômicos, sinto que o principal trabalho foi feito. Vou tentar documentá-lo com estatísticas feitas com a comunidade em geral, suprindo suas deficiências, que suspeito serem numerosas, com observações e suposições pessoais. Enquanto aplico o Rorschach, posso observar as casas nas quais entro sob esse pretexto (na realidade não é um pretexto) e fazer algum tipo de inventário. Posso treinar Sebastian para fazer o mesmo e, posteriormente, podemos comparar as notas. Agora sei os preços das principais coisas compradas e vendidas nos arredores e não será difícil, talvez, chegar a uma noção da situação econômica da casa, sendo complementada pelos boatos, naturalmente. Tentarei obter, também, mais dados sobre a agricultura, sob o ponto de vista econômico. Quanto representa em dinheiro uma safra de iúca? Qual é a parte consumida pelo produtor e qual é a parte vendida? E assim por diante.

Acho que negligenciei a parte católica da vida religiosa, que sei ser muito importante, especialmente na vida das mulheres. O que são as sociedades religiosas das mulheres? E as dos homens? Como a participação nessas sociedades é usada para controlar o culto *gubida*? Com que freqüência os homens e as mulheres fazem a confissão? Comungam? Até que ponto vai a influência e autoridade do padre?

Gostaria de saber se o censo neste país leva em conta as profissões. Há dados sobre o número de *estancos*[47] e *pulperías*[48] em Trujillo? Na minha ida a Tegucigalpa, na próxima semana, posso verificar isso.

Devo obter dados também sobre os órgãos públicos, quem os dirige, eleições e organização da municipalidade em geral. Ou talvez seja melhor deixar isso de lado devido às circunstâncias... Mas posso, sem me arriscar, conseguir dados sobre a *comunidad*, os quais são tão freqüentemente mencionados que me acostumei a tomá-los por certos.

E há todo o universo da educação que quase não abordei. E os Rorschachs que devem ser aplicados e datilografados. Vejo com apreensão os meses que vêm pela frente...

Estava me esquecendo das histórias de vida. Acho que terei muitas sessões com Felix Moreira na próxima semana. Quando sentir que não posso ir mais adiante com ele, iniciarei a história de Maria. Suponho que isso seja o suficiente para manter-me longe de encrencas, por enquanto.

10

Levantei-me esta manhã com a intenção de ir a Mojaguay, onde se localiza a plantação de coco de Felix Moreira. Mas Sebastian chegou com um

---

47. Estabelecimento de venda de tabaco. (N. de R.)
48. Estabelecimento de venda de bebidas, comestíveis, remédios e outros gêneros variados. (N. de R.)

recado de Felix para eu não ir durante esta semana, pois ele está ocupado. Vai fazer um grande carregamento de coco a bordo de um navio que está programado para chegar no sábado. Porém, ele ficará muito contente em receber minha visita no domingo.

Disse a Sebastian que estava interessado em visitar Inés Lacayo, de quem muitas pessoas tinham me falado. Fomos à casa dela; lá encontramos Pancho Fernandez e tivemos uma conversa muito interessante. Pancho apresenta um caso curioso para ser estudado também sob o ponto de vista da ambivalência socializada. Sob esse ponto de vista, é exatamente o oposto de Maria. Ele quer se livrar do vínculo com a religião católica e juntar-se ao culto *gubida*, enquanto ela quer se livrar de seus envolvimentos com o culto *gubida*. No caso de Pancho, há outros fatores envolvidos, tais como a influência materna versus a influência paterna. Definitivamente, vale a pena ir a Santa Fé e conversar com ambos, Faustino e Pancho Fernandez.

Fui informado que Inés Lacayo sempre foi muito trabalhadora e desembaraçada. Sua mãe morreu moça e ela teve de cuidar da família; começou trabalhando como costureira e fez sucesso. Nunca se casou, mas era popular; há uns dez anos atrás, foi escolhida como a Rainha da Terça-Feira de Carnaval, contou-me Maria. Aparentemente, ela também não foi *endamada*, embora falte informação sobre isso. Agora está criando um menino e uma menina, filhos de uma irmã que morreu. Ela tem por volta de quarenta anos, mas quando lhe perguntei a idade para o protocolo do Rorschach, primeiro, adotou uma atitude sonhadora; como eu suavemente insisti, ela respondeu de uma forma evasiva: "trinta e três".

11

Maria disse-me, esta manhã, que vai outra vez encontrar seu marido em Puerto Cortés e, novamente, Lydia ficará em seu lugar por uma ou duas semanas. É uma coincidência, pois eu também vou viajar para Tegucigalpa. Ela vai pegar a lancha amanhã e eu partirei na quinta-feira.

Hoje datilografei um pouco e retomei minhas primeiras notas. Há alguns pontos que foram mencionados por mim e, depois, completamente abandonados. Um desses pontos é o *cumbiato*; esta palavra foi usada somente por Teófilo, outras pessoas com as quais falei durante os primeiros meses pareciam ignorá-la totalmente. Depois de algum tempo, parei de investigar. Outro ponto é sobre os tabus com relação aos alimentos e a possibilidade de transmiti-los de pai para filho ou filha. Preciso me lembrar de fazer mais perguntas sobre isso, assim que tiver uma oportunidade. Valeria a pena, talvez, passar um pente fino em minhas anotações para encontrar esses becos sem saída e tentar fazer algo a respeito. Esta será uma das minhas tarefas para quando eu voltar de Tegucigalpa.

12

Maria partiu hoje. Lydia veio preparar o jantar, dando oportunidade a Sebastian de mostrar que é um cavalheiro; carregou coisas para ela e foi muito atencioso. Pobre Sebastian! Seu comportamento é bem óbvio para mim agora.

Falei sobre a *comunidad* com ele, mas ele não sabe muito sobre isso, exceto que se trata de um bando de ladrões e fraudadores. Cada comunidade caraíba tem uma sociedade similar, pelo menos as de Honduras. Preciso perguntar ao Taylor a respeito de Honduras Britânica. As opiniões de Sebastian são confirmadas por um bom número de pessoas. Estou muito curioso para saber mais sobre isso. Simeón Marin mantém um escritório na *comunidad*e, talvez, ele se disponha a dar informações a respeito.

Fui até a *Gobernación Política* com o objetivo de tentar obter dados numéricos da demografia de Trujillo. Confesso que não estava muito otimista; foi uma surpresa para mim verificar que os registros são mantidos em boa ordem e são aparentemente confiáveis. Tenho conversado com as pessoas e elas não vêem razão para não registrar suas crianças: não lhes custa nada e torna clara a situação delas.

Os dados sobre a atual população de Trujillo foram copiados do livro de recenseamento. De acordo com Corcoran, todos os dados do último censo não são muito confiáveis. Aqui estão eles:

TRUJILLO

	Homens	Mulheres	Total
População Urbana	1.226	1.731	2.957
População Rural	2.355	2.235	4.590
População Distrital			7.547

DEPARTAMENTO DE COLÓN

	Homens	Mulheres	Total
Índios	2.130	2.306	4.436
Mestiços	6.524	6.128	12.652
Brancos	262	268	530
Negros	4.445	5.739	10.184
	13.361	14.441	27.802

A distinção entre a parte rural e a urbana da população, até onde posso ver, não é muito significativa. Muitos daqueles que têm plantações pelas redondezas, têm também uma casa em Trujillo. Poderiam estar incluídos tanto na parte rural como na parte urbana da população e, talvez, tenham sido incluídos em ambas. Os rótulos raciais também são enganosos: os Zambos, uma mistura de Miskito e a raça negra, são classificados como negros. Pelo menos foi o que me disseram.

Por coincidência, quando cheguei à *Gobernación Política*, eles estavam prestes a enviar para Tegucigalpa as folhas contendo dados demográficos. Pude dar uma olhada neles e copiar os números. Aqui estão:

NASCIMENTOS EM TRUJILLO
DE 1º DE JUNHO DE 1946 A 1º DE JUNHO DE 1947

	Índios		Brancos		Negros		Mestiços	
	Legítimos	Ilegítimos	Legítimos	Ilegítimos	Legítimos	Ilegítimos	Legítimos	Ilegítimos
Homens	–	–	–	–	8	27	15	104
Mulheres	–	–	–	–	8	21	10	84
Total	–	–	–	–	16	48	25	188

NATIMORTOS
1

RECONHECIDO PELO PAI NO ATO DE REGISTRO
| Homens | 68 |
| Mulheres | 63 |

SITUAÇÃO LEGAL PARA O DEPARTAMENTO DE COLÓN

	Legítimos	Ilegítimos
Homens	3.522	9.839
Mulheres	3.385	11.056

Esses números estão longe de satisfatórios. Deveria haver um cabeçalho triplo: legítimos, ilegítimos e reconhecidos, sendo que estes últimos deveriam ser separados por origem racial também. As pessoas foram muito gentis comigo, mas muito vagas; não podiam responder minhas perguntas, pois não sabiam sobre isso, a função delas é preencher os requerimentos do censo... A fim de suprir os dados que faltam, tive de recorrer a uma avaliação: o número de nascimentos de negros, legítimos e ilegítimos, é de 64 para um total de 277, que são 23% daquele total. Espera-se que o número de crianças reconhecidas pelos seus pais não se afaste muito dessa porcentagem; sendo 131 o número total de crianças reconhecidas, 23% disso seriam 30, que deve ser, aproximadamente, o número de crianças negras reconhecidas pelo pai.

13 a 17

Nunca esperei que pudesse fazer tudo o que queria tão rapidamente. Cheguei a Tegucigalpa no dia 13 de maio às três e meia da tarde e fui ver imediatamente o dr. Guilbert. Não pude fazer nada nesse dia, pois os ministérios fecham às quatro horas, mas ele me deu instruções por escrito. Naquela noite ele me levou a um jantar no *Rotary Club* de Tegucigalpa, do qual ele é oficial de alguma categoria; a comida estava excelente, por isso não me importei em pagar com uma *brilliante improvisation*. No dia seguinte, passei: a) pelo Ministério da Educação, onde me deram uma carta ou documento para o Ministério das Relações Exteriores; b) pela seção de protocolo do Ministério das Relações Exteriores; c) pelo Ministério das Relações Exteriores; d) pela seção de protocolo do Departamento de Investigações da Polícia Nacional; e) pela seção de passaportes do Departamento de Investigações da Polícia Nacional; f) pela seção de passaportes do Ministério das Relações Exteriores. Por volta das três horas da tarde, tudo estava terminado e eu tinha um visto para permanecer por mais quatro meses, o que, segundo me disseram, era trabalho que normalmente levaria duas semanas. Mas meus papéis estavam marcados com "urgente" e, ao invés de esperar na fila, eu era encaminhado imediatamente para o homem cuja assinatura era necessária. Tive até tempo para ir até a "Estadística Nacional" e verificar o livro que contém o resultado do censo de 1945. Eu pude pegar o avião para La Ceiba e voltar para Trujillo na segunda-feira dia 17.

Por coincidência, na ida e na volta de Tegucigalpa, viajei com dois delegados do departamento de Colón à Convenção do Partido Liberal, que aconteceu no domingo, dia 16. Eu não fui e preferi passar meu domingo em La Ceiba; sei, com a maior segurança, que tenho uma excepcional aversão por me envolver com tiroteio na rua em larga escala. Para minha surpresa, não houve nenhum. Don Luis Crespo, um dos delegados, contou-me que teve sua barriga cutucada pelo bocal de uma submetralhadora, mas não houve nenhum tiro real. O governo está tomando precauções para garantir que, pelo menos, as aparências de uma eleição livre serão respeitadas; uma parte indispensável do *show*...

Não havia nenhuma notícia importante na minha volta. Andrés Garcia, marido – pelo direito consuetudinário – de Natividad Perez, morreu em um hospital em San Pedro Sula. Polo Santiago, o rapaz ladino "caribizado", foi enviado para Mosquitia para fazer propaganda do Partido Liberal. Isso pode dar uma idéia do que seja "liberdade" de uma campanha política em Honduras...

18

Retirado do *Resumen del Censo General de Población* como base comparativa:

POSIÇÃO LEGAL DA POPULAÇÃO

	Legítimos	Ilegítimos
Homens	275.173	326.790
Mulheres	262.945	335.634
Total	538.118	662.424

Sebastian apareceu de manhã com uma pequena *kataure* e duas *guagais* que eu havia encomendado antes de viajar. São boas peças de artesanato.

A propósito da *guagai*, sua função era obscura para mim; foi-me explicado que o tecido vermelho pendente era uma espécie de ímã para o *áhari*, mas por que deveria pender de uma *guagai* não ficou claro. Sebastian conversou com as pessoas e obteve uma explicação completa. Dentro da *guagai* há também duas pequenas cabaças para o uso dos *áhari*; pois durante o último dia do *dogo*, um *amuiedahani* acontece. O costumeiro buraco oval é cavado e despeja-se água nele; os *áhari* vêm e banham-se à maneira caraíba usual, apanhando água na cuia e jogando-a sobre seus... corpos (?)[49]. Então, vestem suas roupas limpas e o *dogo* é encerrado. É interessante notar que o próprio Sebastian enfatizou que este *amuiedahani* acontece no final do *dogo* porque é o fim da jornada dos *áhari*. É costume entre os caraíbas, quando viajam, parar antes de entrarem em uma cidade, bem cedo pela manhã, para tomar um banho e trocar de roupas. Quando fui a Santa Fé, observei pessoas que chegavam a Trujillo, tomando seu banho e trocando suas roupas. Dizem que após o *dogo* o *áhari* encontra seu lugar definitivo no céu; então, ele não é mais um *áhari* e sim um *gubida*.

Outra pequena informação dada hoje por Sebastian diz respeito ao *câguati*. É também chamado de *macaco* e *pirujo*, que significa moeda ilegal ou falsificada. O *câguati*, além de curar soluços, tem o poder de curar os esbanjadores de sua excessiva generosidade. Sebastian não conseguiu me arrumar a tal moeda, conforme me prometeu; parece que os marinheiros americanos que aportaram em Puerto Castilla adquiriram todas as que puderam comprar.

Fica claro agora que o *dogo* é realmente uma cerimônia complexa que inclui todas as outras cerimônias do culto *gubida*, além de ter suas próprias características. Há o *cugu*, o *dogo* propriamente dito – que na verdade só é uma dança –, as canções *mali*, os *úienus* e, finalmente, o banho das almas. Eu estava curioso sobre um detalhe. Para tudo isso há tanto um substantivo como uma substantivação verbal, exceto para *amuiedahani*; há o *dogo* e *adogorahani*, *cugu* e *acuguhani*, *mali* e *ámalihani*, etc. Mas o substantivo correspondente a *amuiedahani* é *lágãu hilali*, *lágãu úadi* ou *lágãu finau*, todos significando o banho do morto.

19

Pela manhã Sebastian chegou com os boatos de sempre, no entanto, parece que está faltando assunto agora. Teófilo, que está em Tegucigalpa, não conseguiu a bolsa de estudos para a qual se candidatou; dizem que chegou um telegrama para o subcomandante com instruções para investigar a filiação política de Teófilo Martinez. O resultado deve ter sido a descoberta

---

49. Foi mantida a pontuação do original. (N. de R.)

de que o avô de Teófilo é um liberal, e isso é o suficiente. Nenhuma bolsa de estudos para os netos desses monstros! Não sei se a maldição vai além da terceira geração...

Alguns dados estatísticos comparativos. Com relação à posição legal, a população do Departamento de Colón é composta de 20.895 ilegítimos e 6.907 legítimos, perfazendo um total de 27.802; a proporção de ilegitimidade é de 71,56%. Em toda a República há 662.424 ilegítimos de uma população total de 1.200.542 habitantes, sendo 55,18% a proporção de ilegítimos.

Há um ponto discutível, não explicado pelos cavalheiros da *Gobernación Política*, que é o seguinte: para os propósitos do censo, qual é a posição legal das crianças reconhecidas pelos seus pais? Uma vez que existem somente duas categorias, a das crianças legítimas e a das ilegítimas, elas teriam que se enquadrar em uma das duas. Suponho que devam se enquadrar na categoria das ilegítimas; a alternativa contrária produziria o resultado no qual o número de legítimos seria maior do que o número de ilegítimos, e esse não é o caso.

Voltemos ao Distrito de Trujillo. O número total de nascimentos, de 1° de junho de 1946 a 1° de junho de 1947 foi de 277, sendo que o número de nascimentos de negros foi de 64. Desses, os ilegítimos são 48, ou 75% do total; de acordo com uma avaliação baseada em proporções, desses 48, aproximadamente 30 foram reconhecidos pelo pai. Isso significa que, das 64 crianças nascidas no período mencionado, 46 (16 legítimas mais 30 reconhecidas) usarão o nome do pai e desfrutarão as prerrogativas da lei de herança, etc.; a porcentagem é de 71,87. Somente 18, isto é, 28,12% usarão o nome da mãe; como vimos, em muitos casos o pai não poderá reconhecer a criança por causa de seu casamento com outra mulher, já que a lei proíbe o reconhecimento de filhos do adultério.

Todos esses dados estatísticos dão o suporte que preciso a algumas de minhas afirmações anteriores e confirmam algumas impressões de caráter vago. Creio que se pode dizer, diante de tal evidência, que: a) o tipo predominante de união é o relacionamento *endamado*; isso pode ser deduzido dos 75% de nascimentos de ilegítimos; b) a maioria dos envolvidos no relacionamento *endamado* são ou solteiros, ou viúvos, ou divorciados; o que se baseia no fato de que, aproximadamente, 30 das 48 crianças ilegítimas puderam ser reconhecidas; c) a moral sexual caraíba não é diferente daquela dos não caraíbas entre os quais eles vivem; isso pode ser deduzido da porcentagem de ilegitimidade de 88,26%, para o Distrito de Trujillo, para pessoas não caraíbas; da porcentagem de 71,56% para a população total do Departamento de Colón e 55,18% para a população total de Honduras; d) o relacionamento *endamado* tem alguma estabilidade; isso também pode ser deduzido pelo fato de que, em 30 dos 48 casos, o parceiro masculino assumiu pelo menos a responsabilidade de reconhecer da criança.

Há perguntas referentes aos 23,12%, isto é, aos 18 casos de crianças ilegítimas não reconhecidas, que, infelizmente, não podem ser respondidas. São elas: 1) dessas 18, quantas não puderam ser reconhecidas pelo fato de terem nascido de uma *querida* de um homem casado que vive com sua esposa? 2) Quantas não puderam ser reconhecidas porque nasceram de um relacionamento *endamado* que aconteceu após um casamento ter terminado, mas sem divórcio? Não creio, por razões óbvias, que eu possa pegar meu caderno de anotações e ir de casa em casa fazendo essas perguntas. Uma suposição totalmente arbitrária seria a de que, em metade desses casos, tenha havido um casamento anterior com simples separação do casal, sem o dispendioso processo de divórcio. Isso nos daria 9 crianças, ou 11,56%, que são, provavelmente, o resultado de casamento múltiplo. E isso nos ajuda a ver o casamento múltiplo entre os caraíbas em sua luz verdadeira. A menos que haja um amplo conhecimento e uso de métodos contraceptivos (uma hipótese altamente improvável), uma simples olhada nos números apresentados aqui mostraria que os casos efetivos de homens que mantêm uma ou mais concubinas além da esposa legítima deve, forçosamente, ser muito limitado. Claro que minha suposição de que metade das crianças ilegítimas não reconhecidas nasceu de tais uniões foi uma concessão a uma possível argumentação contrária. Minhas observações levam-me a crer que muito mais da metade das crianças *não possíveis de serem reconhecidas* nasceu de um casal *endamado*, no qual um ou ambos os parceiros estavam ainda ligados legalmente pelo casamento.

Um hondurenho de origem ladina dificilmente aceitaria essa opinião e, provavelmente, até seria céptico quanto à validade desses dados estatísticos. Tenho ouvido várias vezes que um caraíba que não tenha duas ou três mulheres não é considerado, por seus semelhantes, um homem no verdadeiro sentido da palavra. Isso não é verdade. Pedindo a ajuda de Sebastian e complementando a informação dele com conversas ouvidas em outros lugares, não conseguimos encontrar mais de dez casos de homens que são conhecidos por terem *queridas*. Para uma população de aproximadamente 2.500, isso não é muito. Um caso como o de Simeón Marin é considerado excepcional.

Creio que as estatísticas existentes não podem me dar muito mais do que consegui acima. Os dados sobre profissões parecem ser totalmente inconsistentes. Basta dizer que em todo o Departamento de Colón não há um só pescador registrado! Não sei o que aconteceu; como o censo era baseado em declaração pessoal, talvez as pessoas estivessem com medo de ser tributadas, se admitissem ser pescadores. As categorias mais importantes são: menores sem profissão, 10.474; donas de casa, 6.590; sem profissão, 5.503; agricultores, 2.307; diaristas, 1.693; lavradores, 225; carpinteiros e marceneiros, 147; costureiras e modistas, 140. Os restantes não chegam a uma centena. Eu questionaria a veracidade de todos esses números.

20

Pela manhã estive trabalhando com Sebastian a respeito de termos de parentesco. Estou satisfeito por ter feito esse trabalho, pois há tantas palavras espanholas entre esses termos, que devem ser diferentes daqueles que Taylor conseguiu na Honduras Britânica. Creio que a informação fornecida por Sebastian representa o sistema de parentesco como funciona hoje, enquanto Taylor obteve seus dados com mulheres idosas que forneceram a ele, talvez, os termos antigos que, pouco a pouco, estão caindo em desuso. De qualquer maneira, será uma comparação interessante entre os dois.

Juan Lagarto veio me visitar à tarde. Sua saúde parece ter melhorado e ele está voltando a ser o que era anteriormente. Contou-me a história de Misi, isto é, o enredo e as canções. Um bom contador de histórias pode fazê-la durar por um longo tempo; Sebastian disse-me que Pedro Alvarez levou das nove horas da noite às duas da madrugada para contá-la, o que evidentemente é um exagero. Talvez leve duas horas. Juan Lagarto, que estava bastante falante hoje, contou também a história de Jesus, de uma forma muito mais alterada em sua própria versão do que qualquer coisa tirada d'*As Mil e Uma Noites*. Não pude anotar nada porque seu ritmo estava ainda mais rápido do que o usual; mas há alguns fatos surpreendentes, que não foram narrados nem mesmo por João, que, supõe-se, tenha lido os outros Evangelhos antes de escrever sua própria versão para ter certeza de que incluiria tudo o que os outros omitiram. Por exemplo, eu ignorava, até hoje, que Madalena tinha sido uma criada na casa de Jesus e *dama* de Dimas, o bom ladrão. Durante quase uma hora, ouvi algo comparável a *The Green Pastures*, embora menos literário e menos sofisticado. Algumas passagens me divertiram. O episódio do Judeu Errante poderia ser lido assim, se a gíria pudesse substituir o espanhol hondurenho coloquial: "Jesus estava muito cansado. Enxugou a cara com a manga e viu um homem sentado perto de um poço. Olhou para o homem e disse: 'Ah, Deus! Estou com sede! Você poderia me trazer um pouco de água, irmão?' 'Nada feito. Se manda! Você é pé-frio, o poço pode secar.' Jesus perdeu a calma: 'Isso já é demais! Aqui estou eu, pronto para morrer pela humanidade e ele se recusa a me dar um pouco d'água!' Disse o homem: 'Você me ouviu. Se manda! Não quero saber de problemas.' 'Então, você não quer problemas, hein? *Se manda*, diz ele!... Há problemas vindo para o seu lado, irmão, e muitos! Portanto, agora *eu* digo *se manda*, e não me apareça até o julgamento final!'" Juan Lagarto pode ser divertido, mas o problema é que ele não sabe quando parar. Ele estraga seus melhores efeitos pela repetição e, após três horas ouvindo a mesma coisa, eu estava cansado e aborrecido. Tentei aplicar o Rorschach nele, sem nenhum sucesso. Após olhar a primeira prancha por cinco segundos, ele disse: "Uma coruja." Ele pegou todas as outras pranchas e, logo após olhá-las, disse: "É a mesma coisa, uma coruja. São todas a mesma coisa." Tenho certeza de que era uma fuga do teste. Ele tem sessenta e nove anos, mas é muito animado e não demonstra nenhum sinal de deterioração mental. Mas, às vezes, queixa-se que já não é mais o mesmo, a queixa habitual das pessoas idosas. Creio, no entanto, que estava com medo de enfrentar o teste, medo de não conseguir um desempenho brilhante. Ele pensou que a coruja na primeira prancha, que é uma resposta comum, fosse um palpite seguro; para as outras pranchas, mal deu uma olhada. Anotei seu tempo de reação e nunca excedeu em três segundos. Finalmente, partiu um pouco antes do jantar.

Maria voltou hoje de Puerto Cortés e amanhã reassumirá suas funções na cozinha. Encontrou Teófilo em La Ceiba e ouviu a respeito de seu insucesso quanto à bolsa de estudos. Parece que ele está tentando conseguir um emprego em La Ceiba, mas ela não tem muita certeza disso.

21

Maria ainda não está cozinhando para mim. Lydia continua substituindo-a. Não sei que tipo de acordo está ocorrendo. Contudo, isso não importa; eu até seria a favor de uma substituição permanente, visto que Lydia possui a disposição dos principiantes.

Hoje apliquei o Rorschach em Alfredo Miranda e trabalhei em pequenos detalhes com Sebastian. Minhas anotações sobre o comportamento das crianças pareceram-me insatisfatórias. Preciso observá-las mais.

22

Estava atrasado com meu trabalho de datilografia, assim, tentei atualizá-lo. Estava pensando em sair à tarde, mas choveu muito forte. Tivemos algumas chuvas nos últimos dias, justamente o que é necessário para tornar a terra fofa para o plantio de iúca, inhame e outras raízes.

Sebastian contou-me a respeito de um velho que esteve em Tegucigalpa para assistir à convenção do Partido Liberal e, por causa disto, foi preso quando retornou. O patrimônio do falecido Andrés Garcia está causando brigas na família. A situação é muito parecida com aquela dos Tifre, após a morte do velho Regino Tifre. Quando Andrés Garcia faleceu, não mantinha bom relacionamento com sua *dama* Natividad Perez. Ele tinha ido a La Ceiba e suas irmãs cuidavam dele, levando-o até mesmo para o hospital em San Pedro Sula. Elas reivindicam que a plantação de coco que o velho deixou, por direito, deveria ser delas, enquanto Natividad Perez insiste que deveria ser dos filhos dele (com ela). A lei está do lado dela, mas a opinião pública está dividida. Estou curioso para saber qual será a decisão final e quem irá ditá-la.

23

A velha noção da similaridade dos métodos da antropologia, psicanálise e investigação policial. As técnicas de se trabalhar com evidência indireta. Mas, no estudo da cultura, o quanto é evidência indireta? Estritamente falando, a psicologia acadêmica não está também baseada em evidência indireta? Aquilo que chamamos de emoção para um cientista puramente objetivo (Monsieur Teste, de Paul Valéry) deveria ser descrito assim: "movimentos descoordenados e contrações dos braços; contrações descoordenadas dos músculos faciais; excitação lacrimal, resultando em superprodução de lágrimas." Qualquer coisa além disso é interpretação.

O trabalho de campo etnológico está a meio caminho entre a psicanálise, na qual a completa cooperação do sujeito é assegurada (mas e o que dizer das resistências inconscientes?), e a investigação criminal, que deve superar a hostilidade da maioria das pessoas envolvidas, assim como revelar as artimanhas do criminoso. (Nas novelas policiais, há uma clara tendência para exagerar essa hostilidade; de modo geral, é verdade que ninguém gosta da polícia e somente o sentimento de dever assegura a cooperação com ela.) O pesquisador de campo em etnologia nunca é visto com a amarga desconfiança, encontrada pelo homem de uniforme; mas ele também não é recebido com aquele misto de esperança e respeito que a visão de um avental branco produz na mente do americano médio. Porém, ouvi médicos dizerem que muitas pessoas relutam em contar seus sintomas, forçando-os a fazer um trabalho de suposição e a checá-lo com os resultados de uma investigação obstinada e paciente.

Dentro da experiência desta viagem, encontrei todo tipo de resistência. Tenho a impressão de que demonstrar interesse por alguma coisa foi o suficiente para produzir uma reação defensiva imediata de dissimular qualquer coisa relacionada a ela. Essa reação é parcialmente consciente e, muitas vezes, envolve consciência elevada, nos casos de impostura voluntária. Mas, geralmente, é um processo mais difuso "automático". Por exemplo, durante meu primeiro mês aqui, em setembro, ao conversar com Sebastian e Alfredo Miranda, eu tentava abordar assuntos de comida, refeições, etc. Eles se mostravam dispostos a falar sobre pratos e como prepará-los, mas quando tentei sondar sobre o que eles comiam nas refeições encontrei resistência. Eles sorriam e davam respostas vagas; Sebastian descreveu-me o que deve ser para eles um banquete fantasticamente suntuoso, afirmando, entre risadas gerais, que se tratava de uma refeição comum para um caraíba.

Porém, há uma forma de resistência que era a mais difícil de ser detectada e que é familiar ao psicanalista. Creio que foi Freud que se referiu a ela pela primeira vez, num caso de neurose compulsiva. Lembranças de conflitos neuróticos e situações-chave apareceram nas associações, no meio de imagens ou idéias indiferentes ou mesmo sem importância. Apareceram pálidas e descoloridas, desprovidas de qualquer significado emocional; Freud, com seu talento para metáforas precisas, afirma: "como as princesas dos contos de fadas que se disfarçaram em jovens mendigas." Demorei para descobrir como esse mecanismo está profundamente embutido na psicologia caraíba. Uma conversa com Candu Perez deu-me a pista. Estávamos discutindo presságios e o significado dos animais que entram nas casas. Ele me disse que certo tipo de borboleta que entra nas casas tem um significado agourento. Mas é muito perigoso gritar ou emitir uma exclamação ao vê-las, ou mesmo mostrá-las para outras pessoas da família. Você deve apenas dar uma boa olhada, fingindo não vê-la e esperar até que ela saia para então falar sobre o assunto.

Prestei atenção a um detalhe de todas as histórias de fantasmas que tinha me impressionado desde o início, mas cujo significado não pude entender. Quando o contador de histórias reproduzia um diálogo com um fantasma, sempre assumia um tom de voz demonstrando somente uma enfadonha indiferença. Quando perguntei por que era assim, tive como resposta: "É a maneira de se falar com os *ufīē*. Você não pode demonstrar interesse nem mesmo quando eles falam de um tesouro escondido."

Superficialmente, essa atitude lembra a "rigidez estóica" do índio americano, com todos seus "Ugh" e "Ow". Mesmo descontando-se a parte de ficção que há na descrição, é verdade que o índio enfatiza o controle de emoções. Mas é diferente. Valendo-me outra vez das imagens literárias, eu poderia dizer que é a mesma diferença entre a linha Maginot e uma divisão fortemente blindada. No primeiro caso, é a coluna F, o controle "formal", rígido; uma vez quebrado, se despedaça completamente. Porém, os protocolos caraíbas mostram uma coluna F apoiada em ambos os lados por FK e Fc; é uma defesa móvel, que usa a técnica de terra arrasada, se necessário.

Lógico que são apenas impressões. Não estou mais classificando os Rorschachs; mas estou bastante inclinado a pensar que, quando a análise for feita e um gráfico coletivo for desenhado, uma das características predominantes será a presença de numerosos FK e Fc.

23

Eu ainda estou tentando me reorganizar para a reta final. Sei qual informação me falta mas, em muitos casos, não tenho muita esperança de consegui-la. Muitas das questões que me faço sobre as crianças somente poderiam ser respondidas se eu tivesse um conhecimento prático da língua. Não importa o quão íntimo eu seja de uma família (no caso das famílias de Alfredo Miranda e Candu Perez sou muito íntimo), quando estão falando caraíba, eles fogem para um universo próprio, ao qual eu não tenho nenhum acesso. Quando falam em espanhol, estão sempre se explicando. Enfim, isso não pode ser evitado.

Passei todo o dia fazendo planos para a próxima etapa, enquanto relia minhas anotações. Minha maior tristeza é o fracasso em conseguir histórias de vida. É claro que ainda não desisti, mas minhas esperanças não estão exatamente florescendo. Maria é muito evasiva; Felix Moreira, muito ocupado; os outros dos quais me aproximei não reagiram às minhas sugestões. E eu não tenho mais muito tempo.

Uma coisa que consegui esclarecer mais ou menos é o lado católico da vida religiosa. Tive algumas conversas com diferentes pessoas e o Padre Pedro colaborou com algumas informações. A grande maioria dos caraíbas, homens e mulheres, assiste à missa aos domingos, confessa e comunga na Semana Santa. A maioria das mulheres pertence a alguma associação religiosa. Há, em Trujillo, as seguintes *hermandades* ou *asociaciones*: "De Propaganda Fide", "de la Medala Milagrosa", "Sta. Teresita de Jesus", "Sagrada Corazón de Jesus", "de la Madre Dolorosa", "San Judas Tadeu", "de la Virgen de Suyapa", "de la Guardia del Santísimo". De acordo com uma estimativa feita com a ajuda de Maria e Lydia e confirmada pelo Padre Pedro, mais ou menos 3/5 das mulheres são membros ativos de uma das associações. A filiação envolve a obrigação de se confessar e comungar uma vez por mês (o primeiro domingo, a primeira sexta-feira ou qualquer outro dia) e participar das novenas e rosários da associação. Todas as associações possuem uma pintura a óleo ou estatueta do santo padroeiro que, às vezes, pode ser levada à casa de um dos associados, onde se reza um rosário.

Algumas associações estão abertas tanto para homens como para mulheres. Mas há bem poucos homens filiados, não mais que dez, segundo Sebastian. Ele não conseguiu enumerar mais do que sete nomes, todos homens velhos; seu próprio pai participava ativamente da "Madre Dolorosa".

As obrigações econômicas dos membros são leves; Maria pagava cinqüenta centavos de lempira por mês para a "Sta. Teresita", à qual pertencia antes de seu casamento. Esse dinheiro é utilizado para as velas (as contribuições, na "Guardia del Santísimo" são para comprar óleo para as lamparinas acesas permanentemente). Durante a missa, os membros usam uma faixa com as cores da associação, amarrada nos ombros, como uma bandoleira.

As associações seguem exatamente o padrão que pode ser encontrado em qualquer país da América Latina. Além das funções religiosas, há naturalmente as funções sociais. São uma fonte de prestígio mesmo para aqueles que não exercem cargos nelas; estou surpreso que tão poucos homens procurem se associar a elas. Em algumas delas (senão em todas), os membros mais antigos do sexo masculino têm o direito de usar um manto com as cores da associação e levar um candelabro de bronze para a missa. Nas comunidades indígenas da Guatemala, há também o queimador de incenso próprio (as mulheres estão totalmente excluídas dessas associações). Os caraíbas, aparentemente, não são atraídos por isso (quero dizer, os homens). Os encontros para rezar são também ocasiões sociais. Terminado o rosário, serve-se café e bolos para os convidados e os rapazes acompanham as moças até em casa. Certa vez, ouvi Pedro Moreira censurar o espírito secular que a nova geração exibia ao voltar para casa depois de suas piedosas devoções. O Padre Pedro abstém-se prudentemente de fazer comentários sobre esse pormenor.

As associações dão aos padres os mais eficientes meios para combater o culto *gubida*. Seus membros são encorajados a denunciar quaisquer outros membros que participem de "cerimônias pagãs". Uma vez que a maioria deles participa ativamente também do culto *gubida*, uma tolerância mútua nascida da cumplicidade os silencia. Porém, há uma atmosfera de suspeita e insegurança; eles sabem que, em caso de briga, poderá haver uma denúncia seguida da expulsão da associação. Essa é uma das principais razões para o segredo que cerca os *cugus* e *dogos*. Isso também se aplica aos sentimentos de culpa dos veneradores dos *gubida*.

25

Logo após meu retorno de Tegucigalpa, Sebastian tinha visto um recorte de jornal de uma proclamação de Froylán Lopez, o *subcomandante* de Cristales, dirigida aos eleitores morenos da Costa Norte. Ele se apressou em explicar que não foi Froylán quem a escreveu; era um completo testa-de-ferro. Froylán Lopez fala pouco espanhol, tendo aprendido inglês ao invés do espanhol quando menino. Não sei se ele nasceu em Honduras Britânica ou em Bay Islands.

Hoje Sebastian veio com uma nota escrita por algum de seus amigos, em resposta à proclamação assinada por don Froylán. Ele me pediu para datilografá-la. Hesitei um pouco, pois não quero me envolver em lutas políticas. Mas sei que os caraíbas são muito discretos, então deixei bem claro a Sebastian que eu não gostaria que fosse revelado que eu não tinha algo a ver com aquilo e, assim, não só copiei a nota como também dei-lhe certo polimento. Tenho uma cópia em carbono. Trata-se de uma curiosa mistura de termos retóricos com os mais graves erros de ortografia e de gramática. Apesar disso, possuía um tom de sinceridade. Sebastian espera que seja publicada em algum jornal de oposição e, ao mesmo tempo, tem medo que possa ser rastreada de volta até seus autores.

DON FROYLAN EN APUROS POR SALVAR LA DICTADURA

Un genuino nacionalista cariista y genuino verdugo del Barrio de Cristales hace un llamamiento al electorado Moreno para acuerpar la candidatura oficial, porque el esbirro ese quiere seguir construyendo casas a cuenta del Erario Nacional.

Después de haber sido un verdugo para el barrio, hoy viene a hacernos llamamientos para imponernos más sacrificios, e inflingirnos más ultrajes e insultos. Froylán, no hagas llamamientos a los Morenos, que lo que has hecho en Cristales és deshonra para lo que yá és imposible defender. Durante 15 años, que és lo que la dictadura ha hecho a los Morenos? Nada más que mandarlos fusilar. En San Juan, jurisdicción de Tela, fueron fusilados Morenos indefensos. Y ahora quieres lavar las manos después de cometer barbaridades. No vés nuestra comunidad, que yá su directoria sirve de títeres en sus puestos, porque és mandada por oficiales? Yá no puede hacer algo por el barrio, las rentas de sus cocales y entradas por arrendamiento o alquiler de la casa comunal ván para los jefes militares y don Froylán en cuenta.

La juventud cristaleña, amante de las liberdades, protesta contra ese escrito de Froylán; la juventud cristaleña hasta en esta era Tiburciana és cuando ha visto fusilamiento de Morenos indefensos y humildes pescadores, que pasan por eso sin haber cometido falta contra la autoridad.

Unos cristaleños

Creio que a maioria dos caraíbas está contra a atual administração, mas fico imaginando se eles não eram oposicionistas sistemáticos no passado. Eles não são mais do que frios maquiavelistas; quando Teófilo falava em ir a Tegucigalpa pedir uma bolsa de estudos, Sebastian encorajou-o intensamente. O fato de saber que para obter tal bolsa Teófilo tinha de se submeter ao Partido Nacionalista, na sua opinião, não constituía um empecilho. Ele está convencido que se pode prometer lealdade a um partido e guardar para si sua verdadeira inclinação política. Parece, no entanto, que o regime de Carías é particularmente mal quisto por eles e os fuzilamentos em San Juan deixaram uma profunda impressão em suas mentes.

Mas, além disso, e essa é a verdadeira razão pela qual o regime de Carías é tão impopular, eles sentem falta da excitação e do divertimento de uma boa revolução à moda antiga. Os caraíbas – todos eles hábeis marinheiros e contrabandistas experientes – eram uma ferramenta indispensável para qualquer revolucionário. E o contrabando de rifles e balas é o mais vantajoso de todos.

Os incidentes de San Juan nunca me foram totalmente explicados. Não acho que os relatos caraíbas sejam inteiramente confiáveis. Segundo eles, um dia a aldeia de San Juan, próxima a Tela, foi invadida por soldados que deram uma batida em todos os habitantes masculinos que puderam encontrar, fazendo-os marcharem para um lugar aberto das proximidades, obrigando-os a cavar suas próprias sepulturas e matando-os todos. A única razão para isso foi que eles ficaram sabendo que a aldeia era um centro de oposicionismo. Outros mencionam que, pouco antes, tinha sido descoberta uma grande quantidade de rifles e de balas em poder de elementos suspeitos e havia uma denúncia acusando o povo de San Juan como sendo os contrabandistas que introduziram as armas no país. Em Tegucigalpa, informaram-me que um líder da oposição havia entrado no país com as armas e munições. Sem dúvida, isso não é uma justificativa para a execução em massa de uma população inteira, mas demonstra que havia um motivo concreto por trás e não meras suspeitas de atividades da oposição. Chegaram mesmo a contar-me que a denúncia foi feita por um caraíba, alguém que se considerou trapaceado quando dividiram o total pago pelo contrabando. Taylor ouviu muitos depoimentos pessoais lúgubres e vívidos dos acontecimentos, dados por pessoas que procuraram refúgio na Honduras Britânica, após escapar da perseguição dos soldados.

É preciso coragem para ser um oposicionista neste país. Medidas drásticas são tomadas contra todos que confessam ser liberais. As garantias de eleições livres oferecidas pelo governo são ridicularizadas e não enganam nem mesmo o mais inocente dos espectadores. Os funcionários do governo são instruídos para pressionar todos aqueles que demonstram tendências de não votar certo. Permite-se, no papel, que os exilados retornem, mas as autoridades consulares têm ordens de negar-lhes passaportes ou vistos. Por isso, negam-se vistos a todos os estrangeiros que pareçam suspeitos. E isso explica os problemas que tive para obter meus vistos.

26

Trabalhei em minhas anotações antigas, tentando colocá-las em ordem e verificar quais são os pontos que perdi no começo. Fui à praia e conversei com os homens que estavam sentados sob os coqueiros, mas nada surgiu.

27

Finalmente tive a tão esperada oportunidade de ver Candu Perez e Siti Garcia a sós. Sebastian disse que estava fazendo mais algumas nassas e que iria chegar mais tarde. Disse-lhe que estava tudo bem e, logo após o café, fui a Rio Negro. Parei na casa de Perez por algum tempo, conversamos sobre certos pontos do ritual *gubida* e as sanções sobrenaturais para o comportamento humano. Ele não me pareceu estar diferente de quando lá estive com Sebastian.

Deixei-o e fui ver Siti. Tinha comigo as pranchas do Rorschach, uma vez que tinha decidido aplicar-lhe o teste sem a ajuda de Sebastian que, às vezes, parece exercer uma influência negativa sobre o sujeito. Fiz a Siti algumas perguntas abordando os mesmos pontos que acabara de discutir com Perez, então fiz meu pequeno discurso introdutório e coloquei a primeira prancha na frente dele. Sua reação foi surpreendente, embora eu já esperasse alguma coisa parecida. Pegou a prancha em suas mãos e olhou-a com uma cautela que eu nunca o vira dedicar antes a qualquer coisa do mundo exterior. Parecia estar intensamente deleitado com ela e, após alguns segundos, levantou-se e dirigiu-se para a outra sala. Eu o segui e o vi colocar a prancha sob a imagem do "el Señor de la Porteria", que estava encostada na parede sobre uma espécie de prateleira de livros. Contemplou a prancha com grande atenção e, então, pegou alguns cadernos de notas e parecia fazer comparações. Dei uma espiada no que estava olhando nos cadernos e pareceram-me desenhos à tinta, com contornos um tanto nebulosos. Fico pensando, será que ele havia feito desenhos dos espíritos que o visitam? Não ousei perguntar-lhe e acho que ele nunca me fará confidências no que diz respeito a esse assunto específico. Demonstrou insatisfação quanto às minhas olhadelas por cima de seus ombros. Após a devida consideração, voltou para a sala maior, anunciou que iria estudar a gravura e que me daria algumas respostas mais tarde. Por um momento, pensei que tudo estivesse perdido. Mas então disse-lhe que considerava uma ótima idéia e que certamente ninguém deveria se comprometer sem antes refletir muito. Entretanto, será que ele não gostaria de me contar o que estava vendo à primeira vista, só por brincadeira? É claro que eu não tomaria aquelas respostas muito em consideração, mas seria interessante tê-las agora. Ele consentiu e, ao olhar as pranchas uma após a outra, ficou excitado. Eu nunca tinha visto antes um tal brilho em seus olhos nem tamanha animação em seu semblante. Ele estava cada vez mais deleitado e, na última prancha, positivamente gargalhou. Demonstrou estar encantado com as pranchas e quis ficar com elas. Eu tinha pensado nessa eventualidade e dei-lhe uma folha de localização, o que aparentemente o satisfez. (As mesmas coisas aconteceram, com pequenas variações, a Mel Spiro no Lac du Flambeau, quando aplicou o teste em um velho.) Siti disse-me que iria mostrá-las aos espíritos e obter sua opinião sobre elas. Seria maravilhoso se eu pudesse mostrar-lhe as pranchas enquanto ele estivesse em estado de possessão. Mas isso, claro, é impossível.

O inquérito foi um problema delicado, pois ele tinha uma tendência em explicar as implicações teológicas de seus concertos, em vez de prestar atenção aos prosaicos detalhes materiais. Contudo, penso que as coisas estão suficientemente claras para fazer um protocolo classificável.

Minha rede de pescar está quase pronta; comprei alguns chumbinhos para ela, mas Siti pediu mais. Na realidade, eu não tinha pensado em usá-la, mas como todos estão falando em levar-me a uma pescaria, eu provavelmente irei. Pergunto-me se eu posso convencer Marin a conceder-me alguma fórmula ou mágica pesqueira de algum tipo, antes de usar a nova *atarraya* pela primeira vez.

Saindo da casa de Siti encontrei Juan Lagarto na rua principal de Rio Negro. Ele saiu de uma *pulpería* para me cumprimentar e, como de costume, pediu-me dinheiro. Conversamos por algum tempo e eu toquei no nome de Siti. Então, ele me disse que Siti é seu sobrinho; supus, um pouco distraidamente, que ele quis dizer sobrinho no sentido europeu, e não me aprofundei nisso.

A propósito do chumbo para a minha rede, há um pequeno incidente que vale a pena constar neste diário. Há algum tempo atrás, Alfredo disse-me que tinha o chumbo para a rede, mas eu esqueci; recentemente, Sebastian lembrou-me disso e pedi-lhe que solicitasse ao Alfredo que me trouxesse. Alfredo veio e quando lhe perguntei o preço ele respondeu: "Dois por um centavo." " Isso dá cinquenta centavos para cem, não é?" "É sim senhor." Sebastian interveio rapidamente: "Bem, há o centavo de lempira e o centavo de ouro (isto é, americano); a qual você se refere?" Alfredo olhou para ele e hesitou; olhei atentamente para ambos: Sebastian mal podia conter seu desejo de se comunicar com Alfredo, por meio de gestos ou qualquer outro meio dissimulado. Finalmente, Alfredo disse: "Bem, como é para o don Ruy, falemos em lempiras." Assim, Sebastian, após tantos meses de parceria, após todos os empréstimos que lhe concedi, após nunca lhe ter sido negada permissão para ausentar-se, tenta induzir uma pessoa a fazer um negócio injusto comigo. Não fiquei surpreso, pois no caso das lagostas ele tinha feito o mesmo. E também não me desapontou, pois eu nunca confiei muito nele. Mas, confesso que, às vezes, sua esperteza grosseira e suas artimanas óbvias mexem com meus nervos.

28

Pela manhã datilografei o material acumulado nesses últimos dias. À tarde saí para uma pequena caminhada e para fazer minha visita diária, ou quase diária, ao "clube" na praia. Ao chegar em casa recebi uma visita: Maria veio me ver. (Ela ainda não está trabalhando para mim, pois vai deixar Lydia completar o mês.)

Maria queria uma "oração mágica" que tinha lido em *El Gran Libro de San Cipriano* que eu trouxera de Tegucigalpa. Ela tinha me pedido uma cópia, há muito tempo atrás, mas eu tinha esquecido. Aqui está: "Sortilegio para aplacar la cólera. Con dos te miro, con tres te ato, la sangre te bebo y el corazón te parto. Cristo, valedme y dadme la paz." (Para ser repetida três vezes.)

Ao me pedir isso, Maria se denunciou, pois disse: "Quero a oração para aplacar a raiva de uma mulher." Após lhe dar uma cópia, perguntei: "Para que você quer isso, Maria?" "Quero ver se funciona, don Ruy." "Em quem você vai fazer a experiência, Maria?" Ela riu, não respondeu por um instante e então disse: "Em Lydia, don Ruy, porque ela está muito irritada." Lydia tem um temperamento melhor do que o de Maria, ela própria o confessa; mas não insisti. Tivemos uma longa conversa, mas eu não tomei notas pois, sempre que tento anotar, Maria fica retraída. Tenho que confiar em minha memória.

Conversamos bastante sobre sua infância, os amigos que teve, aqueles que se foram e aqueles que ainda são seus amigos. Maria mencionou nomes de amigos de ambos os sexos; perguntei-lhe se os rapazes eram realmente amigos ou se isso era apenas uma outra maneira de intitular seus namorados. Ela riu e respondeu que eram amigos de verdade, que não tinham nenhum interesse amoroso na situação; um deles, o mais íntimo, teria até consentido em ser seu guarda-costas, quando necessário.

Ela falou de *tiras* e do *máipol*; adora o *máipol* mas não gosta de *tiras*. Ela participou várias vezes do *máipol*, a última vez há três anos atrás; foi vestida de camponesa húngara(!). Sua mãe gosta muito de *tiras*; sempre quis que Maria, quando criança, participasse disso. Certa vez, após muita insistência, Maria consentiu; mas, ao se aproximar o dia marcado, Maria ficou terrivelmente assustada e não quis mais ir. Porém, como sua mãe havia feito seu vestido e havia pago sua contribuição, nem quis ouvir falar dessa possibilidade. Assim, embora constrangida, Maria participou das *tiras*. Mas quando voltou para casa estava com febre alta; as pessoas disseram que foi porque ela ficou muito tempo sob o sol. Ela acha, contudo, que seu medo teve algo a ver com isso. "Mas Maria, por que sua mãe queria tanto que você participasse de *tiras*? Se ela gostava tanto, por que ela mesma não participava?" "Ela participou quando era mais jovem. Mas ela queria que eu participasse porque, quando criança, eu era muito tímida e ela não queria que eu crescesse assim, como um animal selvagem das florestas." A conversa continuou, mas acho que esses foram os pontos de maior interesse.

Depois que ela se foi, fiquei pensando a respeito do que havíamos conversado. Em primeiro lugar, há essa questão da expressão dos sentimentos agressivos. Eu gostaria de ter encontrado aqui um quadro tão nítido quanto aquele dos Ojibway: toda forma de agressão aberta é socialmente condenada e encontra expressão na feitiçaria. Na superfície, todos demonstram a mais agradável disposição em relação a quem quer que seja; quando os comentários sarcásticos ocorrem e a pessoa de quem se fala chega, todos são muito simpáticos com ela. Mas aqui tudo é tão complexo! Há formas abertas de agressão permitidas socialmente no nível verbal; há as encobertas pela feitiçaria e há formas de transição que encontram caminho nas canções de insinuações, etc. E também todos os tipos de formas intermediárias. Uma forma é, muitas vezes, substituída por outra socialmente mais aceita, por exemplo, uma canção de escárnio. Mas, novamente, tal canção pode despertar a raiva da pessoa que é objeto da zombaria e ela pode valer-se das formas mais diretas de agressão. E assim por diante.

Outro ponto interessante é a existência de relações de amizade entre os sexos, que podem ser mais importantes do que eu suspeitava anteriormente. Isso não se encontra na história de vida de Sebastian, mas a vida de Sebastian parece ter sido, em muitos aspectos, atípica. Por exemplo, embora não seja incomum os rapazes caraíbas passarem parte de sua juventude longe de casa, eles vão embora geralmente quando estão com dezenove ou vinte anos, e não com quinze, como Sebastian. Mas mesmo na história de vida de Sebastian, ou talvez em outras notas, lembro-me que havia a referência a uma moça, a quem foi dado "Sulfatiazol" como um abortivo, por um amigo. Pareceu-me estranho que, para um assunto tão íntimo e delicado, uma moça pudesse confiar em um amigo. Não me parece estranho agora que sei que tais laços de amizade existem e são socialmente sancionados.

É curioso notar também as medidas tomadas pela sra. Lacayo para desenvolver o lado social da personalidade de Maria, sua preocupação com a tendência para a timidez e o isolamento que Maria diz ter apresentado naquela época. Isso ladeia o encorajamento dado a uma criança que demonstra desembaraço social ou que apresenta alguma coisa em público. Tenho testemunhado muitas vezes uma criancinha em uma *embarrada* dançando no meio de uma roda de adultos que riem e aplaudem-lhe encantados. É preciso notar que a preocupação da sra. Lacayo levou-a a forçar Maria a tomar parte de *tiras*, mesmo contra a vontade dela e, inicialmente, muitos elogios foram feitos para se conseguir o consentimento de Maria. Maria parece ter superado totalmente a timidez de sua adolescência. Mas a resistência contra sua mãe aparece no fato de que ela, até hoje, não gosta de *tiras*. Na verdade, o *máipol*, enquanto função social, não difere muito de *tiras*. Mas Maria alega que a liberdade deixada para a escolha do figurino faz com que seja mais bonita e interessante.

29

Estou tentando aferir as atividades políticas e cívicas dos habitantes de Cristales e Rio Negro. Pela manhã conversei sobre isso com Sebastian e à tarde fui ver Marin para conseguir mais informações sobre o assunto. Ainda que Simeón Marin me conheça bem e, suponho, confie em mim, ele foi um tanto hesitante em se abrir comigo; no início, tentou ser bastante genérico e quando fiz perguntas precisas, concretas e detalhadas, ele respondia de forma relutante. Pouco a pouco, ganhou mais confiança e tornou-se mais espontâneo. De qualquer maneira, política é o assunto mais delicado para se abordar nestes dias.

A completa exclusão dos caraíbas das repartições públicas e cargos de responsabilidade na administração é, naturalmente, muito ressentida. Mais ainda porque não era assim no passado. Quando abordo o assunto das administrações passadas, ao conversar com Marin ou nos diferentes clubes-sob-os-coqueiros, sempre ouço entusiásticos elogios. Por um lado, é uma forma indireta de atacar a atual administração, o que eles não ousam fazer em público. Mas há também uma boa dose de sinceridade. Eles reinvindicam medidas para melhorar os serviços públicos e para embelezar a cidade ou quaisquer outras medidas úteis que fossem tomadas por prefeitos caraíbas. O parque é uma das medidas, a água e o sistema de esgoto é outra e assim por diante.

Fundamentalmente, as razões para essa exclusão são políticas, mas como sempre acontece motivos sociais e raciais estão misturados nelas. Dando uma olhada na lista dos titulares dos cargos oficiais no Departamento de Colón, encontra-se somente nomes de ricos proprietários de terra brancos e de lojistas brancos e mestiços. Estes últimos, como é comumente também encontrado em outros lugares, são os mais cruéis em sua animosidade e descrença com relação aos caraíbas. Portanto, por trás das afiliações políticas percebe-se os vínculos de classes sociais e grupos raciais; assim, nacionalistas versus liberais significa grandes proprietários versus a massa de pescadores-agricultores e ladino versus caraíba. É evidente que não é tão claro assim e, às vezes, as afiliações por classe, raça e partido cruzam-se entre si. Eusebio Alvarez, que possui extensos coqueirais e é um caraíba, pertence ao Partido Nacionalista. Silvio Arzu, cuja propriedade fica próxima à de Felix Moreira, é um liberal. Luis Crespo, proprietário branco, é também liberal; e o mesmo se dá com José Castillo, um lojista e homem branco.

Tive a impressão de que a presidência da *comunidad* possui mais prestígio do que o cargo de prefeito. Eusebio Alvarez foi prefeito há alguns anos atrás e depois foi eleito presidente da *comunidad*. Abram Lopez, que se mantém inteiramente à parte das lutas políticas, na verdade sendo acusado por alguns de ser um tanto indiferente, quando eleito presidente da *comunidad*, há anos atrás, ficou honrado em aceitar. O presidente da *comunidad* é visto um pouco como uma espécie de antigo estadista, um velho sábio encarregado dos mais altos interesses de seu povo.

Sem dúvida, as pessoas têm justas razões para se queixar. Os representantes de 530 homens brancos dominam 27.802 negros e mestiços, sem qualquer tipo de fiscalização ou controle. Eu ouvi, em Tegucigalpa, algumas pessoas dizerem que a abolição *de facto* de um sistema democrático de governo em Honduras não alterou substancialmente sua estrutura política. Essas pessoas sustentam que a massa analfabeta e cega tem sido sempre manobrada por uma pequena minoria de políticos, cujas divergências e mesquinhas rivalidades provocaram revoluções que arruinaram o país. Honduras, segundo elas, está muito melhor sem esse sistema dispendioso e ineficiente. Não posso verificar a veracidade dessa opinião em toda a República, mas no que se refere ao Departamento de Colón, isso não se aplica. Os caraíbas são alfabetizados, politicamente sofisticados, perfeitamente capazes de escolher seus próprios administradores, como já demonstraram no passado. Eles estão bastante conscientes de que a privação de seus direitos políticos é somente tirania e opressão injusta.

30

Minha visita a Felix Moreira não rendeu resultados imediatos, como eu esperava. Eu havia levado as pranchas de Rorschach comigo, mas não quis pedir a Moreira que se submetesse ao teste antes de ter certeza de que ele não tentaria se esquivar como Juan Lagarto fez. A oportunidade para falar sobre o assunto, preparatória à introdução do teste, não se apresentou e eu nem pude criá-la. Ele me levou por toda parte de sua extensa fazenda, mostrando-me os coqueiros, as plantações de iúca, as áreas queimadas onde pretende plantar arroz e mais iúcas e o poteiro onde ele mantém seus cavalos. Ele me fez notar a abundância de água, pois existem três riachos, dois pequenos córregos e o Mojaguay que correm por perto ou atravessam a propriedade. Ele me apontava cada árvore frutífera: mangueira, caimito, guanabano, abacateiro, comentando quando as havia plantado ou se ele as tinha encontrado no lugar, em 1933, quando chegou. Mostrou-me com orgulho uma enorme e majestosa paineira situada bem no meio da fazenda. Tentei conduzir a conversa de forma que eu pudesse perguntar se havia alguém vivendo na árvore, mas ele evitou habilmente esse caminho perigoso, o que me deu o que pensar... Ele falava incessantemente e eu trotava atrás dele, com meu caderno de anotações, tendo dificuldade em acompanhar seu passo de velho esperto e fazer breves anotações aqui e ali. Mas ele falou somente de sua propriedade e de como ele a tinha comprado pouco a pouco, trabalhando primeiro somente com suas nassas e então plantando cocos e bananeiras. Esses detalhes não são importantes, a não ser para mostrá-lo como um homem tenaz, determinado e ambicioso.

Após uma hora de conversa e caminhada, lembrando do trajeto de uma hora e meia a pé de Trujillo a Mojaguay que devia ser feito outra vez, eu estava me perguntando com um suspiro reprimido: "Por que tão pálido e cansado, carinhoso amante?"* Felix Moreira deve ter notado que eu começava a tropeçar nas raízes das árvores e que minhas respostas eram cada vez mais mecânicas: "Verdade?! Que interessante! Bela propriedade!" Finalmente, ele me levou de volta para a casa e permitiu que eu me atirasse em uma cadeira por alguns momentos; até me ofereceu um coco cuja água pareceu um néctar para meu palato sedento. Eu ainda tentei fazê-lo falar sobre sua vida, de uma maneira mais pessoal, mas sem sucesso; deu a impressão que, para ele, sua vida resume-se à sua plantação, e isso é tudo.

Enquanto ele falava e falava, eu pensava o quanto eu tinha sido ingênuo em imaginar que seria um trabalho fácil conseguir a sua história de vida! Gente danada! Não é nada pessoal, nada proposital mas, às vezes, eu gostaria que fosse; isso, pelo menos, seria algo palpável, algo concreto contra o qual pode-se lutar. Tenho certeza de que Felix Moreira ficaria atônito se alguém o acusasse de realmente não querer me contar sua vida, como havia me prometido, e de se esquivar ao responder às minhas perguntas. Ele tem certeza de que respondeu da melhor forma que lhe foi possível; só que, é evidente, há certas coisas que não se conta a um homem branco. Para que o homem branco quer saber sobre essas coisas?

Após mais algumas tentativas de forçar barreiras invisíveis, decidi partir e voltei para casa. Além de bolhas nos pés, consegui também uma queimadura de sol de primeiro grau.

31

Dormi mal e tive febre ontem à noite. Acho que não muito alta; não me dei ao trabalho de levantar e procurar o termômetro. No entanto, aprendi a lição. Achei que sabia tudo sobre o sol e como lidar com ele, mas não levei em conta a diferença entre inverno e verão. Há uma diferença entre o sol de inverno e o sol de verão, posso senti-la em minha própria pele. Lembro-me das viagens que fiz a Santa Fé, quando o sol não me afetava tanto; como a diferença de temperatura [não] é muito grande, pensei que seria a mesma coisa. Não pude suportar nenhuma outra roupa além de uma bermuda, e não posso sair assim. Datilografei durante o dia todo, revisei as últimas anotações e escrevi cartas.

* Citação do poema "Why so pale and wan, fond lover!", de John Suckling (1609-1642). (N. de R.)

Pescador com uma masíua, armadilha tradicional feita de taquara para a pesca da lagosta.

JUNHO

01

Hoje ainda tive febre, fiquei então levemente preocupado e mandei chamar o médico. Eu ainda estou alerta com a malária da qual, até agora, consegui escapar. Zelaya não achou nada de errado comigo, exceto uma leve insolação; quando ele soube que eu tinha feito todo o caminho a pé até Mojaguay e voltado sob o sol do meio-dia, ficou espantado. Nem mesmo os caraíbas, que estão protegidos pela sua pele escura, ousariam fazer isso. Ele me advertiu, no mais severo tom, para não voltar a fazê-lo, o que é um conselho inteiramente desnecessário, visto que não tenho o menor desejo de repetir a experiência. Recomendou descanso absoluto por hoje e não prescreveu nada, a não ser beber líquidos em abundância. Tem certeza de que até amanhã tudo terá passado.

De certa forma, tenho tido muita sorte com minha saúde. Mas devo confessar que o calor constante deixa-me um pouco abatido. Às vezes, sinto-me irritado com essa atmosfera abafada e tento ser mais ativo. A viagem a Mojaguay foi planejada em um desses momentos de reação. Vejo agora o quanto é insensato tentar lutar sozinho com toda a natureza tropical. Estou cada vez mais aclimatado e adotando o esquema nativo de horas de trabalho; por duas ou três vezes já sucumbi ao hábito da *siesta* e estou no caminho para me tornar um viciado.

Sebastian não veio pela manhã porque passou toda a noite pescando. Veio à tarde e disse-me que fez uma pesca maravilhosa. Mas não tinha nenhuma novidade do bairro.

Maria também veio me ver e contou-me sobre um jovem pescador que insistiu em remar através da baía no horário do meio-dia e foi acometido de uma grave insolação e febre alta. Mas ela não tinha outras novidades. A vida mal pode se mover nesse ar entorpecido de banho turco.

02

Tivemos uma chuva pesada ontem e durante todo o dia de hoje tivemos tempo encoberto e garoa. Minha temperatura voltou ao normal e acho que minha pele vai começar a descascar a qualquer momento.

De manhã recebi a visita de Candu Perez; creio que a principal razão para sua visita foi pedir emprestado o *Livro de São Cipriano*, que eu lhe disse que tinha comprado em Tegucigalpa. Assim que viu o livro sobre minha escrivaninha, pegou-o e começou a lê-lo avidamente. Depois que eu lhe disse que poderia levá-lo para casa, deixou-o de lado. Perez não é absolutamente um leitor ingênuo e seu senso crítico alertou-o para a má qualidade do livro. Parece ter feito algumas leituras de livros que tratam de "ciências ocultas"; ele citou o *Grand Albert* e o *Little Albert* que, aparentemente, foram traduzidos também para o espanhol.

A conversa seguiu seu curso habitual de quando Candu e Sebastian estão presentes; competindo entre si, contaram muitos casos insólitos e fatos extraordinários. O *dramatis personae* de Sebastian é variado: um rapaz nicaragüense, seu amigo Natividad Calderón e outros que são "verdadeiros galos" nas artes mágicas. Perez conta histórias sobre Siti Garcia, por quem nutre uma infinita admiração, e sobre *búieis* dos velhos tempos. Eles adoram contar o mesmo enredo com personagens diferentes ou com pequenas modificações nas situações. Os heróis abrem portas com palavras mágicas, são invulneráveis às balas, soldados enviados ao seu encalço não conseguem prendê-los, são capazes de invocar visões que confundem seus inimigos, etc. Como tenho muitos exemplos dessas histórias, não me dei ao trabalho de anotá-las. Tentei dirigir a conversa para um ponto de meu interesse, isto é, se é uma prática comum para *búieis* ou "espiritualistas" trabalharem com santos da Igreja Católica.

Segundo as lembranças de Candu Perez, foi e é mais próprio das curandeiras trabalharem com os santos. Ou melhor, para ser mais preciso, as curandeiras, com mais freqüência do que os curandeiros, têm um santo católico como seu *biúruba* principal. Naturalmente, todo praticante do sobrenatural deve ter vá-rias cordas em seu arco e ser capaz de recorrer a vários espíritos diferentes. Mas, entre esses ajudantes espirituais, há um que é o mais poderoso e que vem mais freqüentemente ao *búiei* fazer o que lhe é pedido. (Algo vagamente reminiscente do *maît' tête*.) É esse espírito que faz o nome do *búiei* famoso; ele pode ter uma linha especializada de trabalho, por exemplo, achar objetos perdidos e trazer de volta cônjuges fujões e, assim, as pessoas que têm necessidade de ajuda dentro dessas linhas irão procurá-lo. É sabido que Faustino Fernandez trabalha principalmente com os "mortos anciões"; Siti, atualmente, trabalha mais com os santos católicos, que têm um temperamento melhor e são mais fáceis de lidar do que, por exemplo, os espíritos infernais.

A *Weltanschauung*[50] caraíba, pelo menos na visão de especialistas como Siti ou amadores ilustres como Candu, é extraordinariamente unificada, apesar da disparidade de seus elementos originais. Um santo da Igreja Católica (europeu), um antepassado deificado (africano), um demônio do mar ou das florestas (provavelmente ameríndio) têm as mesmas funções, oferecem o mesmo tipo de relacionamento para os devotos e, quando se tornam um ajudante do *búiei*, são todos agrupados sob o mesmo termo: *biúruha*. Acredito que não haja diferença de categoria entre eles na mente da maioria, embora eles sejam reconhecidos como pertencendo a diferentes tipos. Somente algumas pessoas, como Pedro Moreira e Antonio Martinez, sustentam que somente os santos e anjos da Igreja são os verdadeiros auxiliares do gênero humano e todos os outros são manifestações do Diabo e puramente malignos, de acordo com as ortodoxas noções cristãs.

As relações entre os devotos e essas entidades espirituais ou divindades secundárias são nuançadas. São poucas as pessoas que não têm uma, duas ou mais delas associadas à sua sorte; essa associação pode variar de intensidade. Uma pessoa pode ficar satisfeita simplesmente em cumprir seus deveres como membro da Igreja Católica: ir à missa, confessar e comungar uma vez por ano; no que se refere ao culto nativo, ele deve rezar missas para os mortos e oferecer-lhes aquilo que periodicamente pedem: "banhos das almas", festejos e danças. Também na vida cotidiana é preciso dar-lhes uma parte da produção da horta e peixes apanhados no mar. Espíritos de outros tipos também têm direito a receber pequenos presentes, especialmente os espíritos do mar e os habitantes da paineira (*pengaliba*). Às vezes, forçado pela necessidade ou impelido pela ambição, alguém pode fazer uma associação mais íntima com as entidades espirituais. No caso dos santos, isso é chamado de "devoção" (*devoción*); no caso de espíritos ancestrais não há nome determinado; no caso de espíritos de outros tipos é chamado de pacto (*pauto*). Deve ser notado que o uso da palavra *pauto* não está restrito aos

50. Vide nota 39, p. 105. (N. de R.)

pactos feitos com o Diabo ou com um dos demônios do inferno, como em outros países latino-americanos. Siti confessa ter feito um pacto com os espíritos do mar; nos contos folclóricos, os homens fazem pactos com os "mestres dos animais", e assim por diante.

O pacto é caracterizado por obrigações estipuladas de modo bem definido, as quais o devoto promete cumprir em troca de proteção contra inimigos e desgraças, saúde, prosperidade, fortuna e honrarias... Ou simplesmente resolver uma situação difícil, ou conceder um favor especial: uma criança ou conquistar o amor de outra pessoa, etc. Aos espíritos ancestrais e aos espíritos da natureza são oferecidas comidas e bebidas; as danças são apresentadas em homenagem aos ancestrais; as preces são rezadas para os santos. Velas são acesas para todos os três tipos de seres espirituais.

Quando o apelo direto não produz resultados, vai-se ao especialista que lida com o sobrenatural, seja um *búiei*, um *gariahati* ou um *curandeiro*. (O termo espiritualista é usado para todos que lidam com o sobrenatural). O espiritualista é o mediador entre o devoto e o ser espiritual, seja ele um santo, *gubida* ou espírito de outro tipo. Ele sabe como "fazer baixar" (*arairaguni*) os espíritos, como falar com eles, como interpretar por meio de sinais ocultos a vontade deles. Quando perguntei a Pancho Fernandez quantas maneiras existiam para se chamar os espíritos, ele respondeu biblicamente: "Existem duas vezes sete maneiras de se chamar os espíritos."

Em seguida perguntei a Candu: se uma pessoa pode fazer uma promessa diretamente ao santo, por que tem de ir a um espiritualista? "Porque os santos não escutam todas as pessoas que se dirigem por conta própria a eles." O espiritualista é aquele que desfruta dos favores e da intimidade dos santos; assim como um homem precisa de um amigo que interceda a seu favor devido às suas ligações com as autoridades desta terra, ele também precisa de um intercessor sagrado, alguém que tenha boas relações com as figuras importantes da corte celestial.

"Os santos vêm ao *gule* e falam com o *búiei*?" "Nunca vi isso. Entretanto, não haveria uma oportunidade para isso. Os espíritos que vêm ao *gule*, chamados pelo *búiei*, são sempre os *gubida*, a quem perguntam se estão satisfeitos com a cerimônia em homenagem a eles." Contudo, não há dúvida de que o *búiei* se comunica com os santos, embora Candu não tenha certeza por quais meios; o *búiei* deve saber a vontade dos santos, de modo que ele possa dirigir os passos da pessoa que vem consultá-lo. O devoto, nesse caso, nunca é colocado em contato direto com o santo; o *búiei* pede-lhe para acender velas para o santo na igreja e trazer velas para ele também, para que possa acendê-las para os santos. Aqui, como no resto dos países latino-americanos, há pessoas que têm santos "entronizados" em casa; há uma vela ou lamparina sempre acesa em frente da estatueta ou da gravura e, periodicamente, reza-se o rosário em sua homenagem.

No que se refere aos ancestrais, alguns podem conceder sua proteção a um descendente e, da mesma forma, têm o direito a uma vela acesa para eles em determinadas épocas ou continuadamente. Esta vela é acesa perto de um prato contendo comida que é colocado em um canto da casa. Neste caso, a comida não é colocada sobre uma folha de tanchagem, mas um prato é colocado à parte para uso exclusivo dos *gubida*.

Maria veio à tarde e eu lhe perguntei a respeito do *baixo latim* em caraíba. Maria fez uma consulta a Lydia e disse-me algo a respeito. Depois que Maria se foi, Lydia forneceu-me explicações mais completas. O engraçado é que, recentemente, Lydia tinha negado conhecimento sobre o assunto; e Lydia não tem má vontade comigo, muito pelo contrário. É exatamente mais um exemplo da reserva que é típica do caráter caraíba.

O princípio disso não é difícil de compreender: basta simplesmente introduzir depois da sílaba tônica da palavra, uma outra sílaba composta de *s, t* e a vogal da sílaba tônica. Por exemplo, *dúna*, água, torna-se *dustúna*. Eis um curto diálogo: "Como vai você?" "Sempre o mesmo, obrigado. E você?" "O mesmo. Adeus, amigo!" "Adeus." Primeiro em caraíba: "Ida *bīa*?" "Ábã le,*tēki nīabu*. Ágia bugúia?" "Ábã le. Aiáu, numáda." "Aiáu." E agora em *arrabuesco*: "Istída *bistīa*?" "Astábã lesté, *testēki nistīabu*. Astágia bugústuia?" "Astábã lesté. Aiaustáu, numastáda." "Aiaustáu."

Arrabuesco é o nome que Lydia deu a esta "língua"; vem claramente do espanhol *arabesco*, árabe. Não é restrita às crianças; é usada por adultos de ambos os sexos quando é necessário comunicar-se verbalmente na presença de pessoas que não devem saber o que está sendo falado. Segundo Sebastian, as mulheres usam essa língua com mais freqüência que os homens; talvez isso seja uma desculpa por ele mesmo não saber.

03

Sobre o *arrabuesco*: Lydia afirma que é usado principalmente para brincadeiras. Sebastian, no entanto, disse-me que é usado com o intuito de dar vazão a sentimentos agressivos contra um superior sem que ele saiba. É claro que para ser efetivo não pode ser muito divulgado. Os ladinos que sabem que isso existe (José Castillo, por exemplo) acreditam que era usado principalmente por contrabandistas, pois assim eles podiam se comunicar entre si sem serem compreendidos por outros grupos. É provável que seja tudo verdade. É preciso pesquisar mais.

Sebastian, ultimamente, anda impressionado com maus presságios. Em primeiro lugar, há os sonhos. Começo a suspeitar que muitas das noites de pescaria na lagoa sejam apenas um pretexto que ele usa para ir à farra beber e não vir trabalhar pela manhã. Lembro-me de quando ele estava cortejando a jovem que tentou colocar no lugar de Maria como cozinheira e mantinha-me informado dos seus progressos. A família da moça estava muito contra a união e uma das razões apresentada foi a de que Sebastian "amava o copo demasia-damente". Naquela ocasião, ele negou veementemente essa acusação e atribuiu-a a seus inimigos. Agora estou em dúvida...

O incidente que causou um dos sonhos que o impressionou muito era típico dessas discussões de bêbados que tenho visto tão freqüentemente em *embarradas* e velórios. Sebastian disse-me que estava com um grupo de amigos, mas não mencionou o fato de que eles tinham bebido bastante, o que provavelmente aconteceu; eles foram a Rio Negro, para a casa de Cornélio Arauz, que os havia convidado para o almoço. Acontece que não havia almoço para eles, e Anastacio Franzuá, um dos integrantes do grupo, pediu ao pai de Cornélio que lhe desse um gole de *guaro*. Sebastian, então, interveio na conversa e disse: "Não peça nada a ele, pois ele é apenas um pão duro miserável." Houve grande troca de insultos e Sebastian deixou a casa. Essa é uma versão bem resumida dos fatos, pois Sebastian não me poupou dos mínimos detalhes: para qual casa eles foram, quem eles encontraram, como Cornélio convenceu-os a ir a Rio Negro (embora sem motivo aparente), e assim por diante.

De qualquer maneira, naquela noite ele teve um sonho. Nesse sonho ele ouviu Cornélio dizer a seu pai: "Tifre vai me pagar por aquele *guaro* e eu conseguirei minha vingança com uma dose de *guaro*." Sebastian estava alarmado; ele acredita que esse sonho faz parte da realidade mesmo, uma cena real testemunhada por seu *áfurugu*. Ele me disse que não vai mais aceitar bebidas de Cornélio, pois tem certeza de que alguma delas pode estar *abïaragole*.

Ontem ele me disse que, na noite anterior, teve um sonho que o deixou muito assustado. Sonhou que estava em La Ceiba, com sua mãe e sua irmã

Edwiges; eles estavam no cais prestes a entrar em um barco parecido com o "Julia H". Porém, Sebastian, por alguma razão que lhe pareceu bastante aceitável no sonho e da qual não conseguia se lembrar agora, não entrou no barco. Em vez disso, foi colocado em um caixão com a forma de lancha no qual faria a viagem para Trujillo. Entretanto, o caixão, embora suficientemente largo, não era suficientemente grande para conter Sebastian; ele teve de dobrar seus joelhos para poder se deitar. Enquanto se queixava a Edwiges que não ia dar, que ela tinha de comprar um caixão maior, viu chegar todo vestido de preto Martin Alvarez, o marido de sua prima Eugenia. Ele usava sapatos pretos, meias pretas, terno preto, camisa preta, gravata preta e chapéu preto. Sebastian pensou: "Caramba! Nunca vi ninguém usando luto tão fechado! Isso deve ser sério!" Então acordou, terrivelmente assustado. Para piorar a situação, naquele mesmo dia, ou seja, ontem, a caminho da minha casa, levou um tombo. Para os caraíbas, tombo é mau presságio; tenho observado que, quando caem, as pessoas procuram imediatamente achar uma razão para se justificar. Na festa do arrastão da canoa, uma mulher caiu ao passar por nós com uma carga pesada de madeira queimada. Imediatamente, ajudaram-na a se levantar e ela se apressou em explicar: "Havia um buraco escondido pelas folhas, não pude ver." Todos concordaram instantaneamente: "Claro, claro, agora podemos ver o buraco; foi aqui que seu pé tropeçou." Eles me mostraram o buraco e explicaram-me em espanhol o que tinha acontecido. Estavam ansiosos para dissipar qualquer possível sensação estranha associada ao acidente. Agora, Sebastian estava andando no plano em Cristales e, de repente, caiu, sem nenhuma razão aparente. Isso é ruim; provavelmente, um *áhari* empurrou-o e isso é um presságio de morte na família. Ele me disse que a mesma coisa aconteceu no dia em que seu pai morreu. Ele estava muito preocupado e queria saber o que o livro que eu possuo tem a dizer sobre o assunto. Mas o princípio dominante, na chave dos sonhos de São Cypriano, é que as coisas nos sonhos têm um significado oposto ao que teriam na vida real. Assim, sonhar com a própria morte é sinal de vida longa. Isso pareceu acalmar um pouco Sebastian.

 Outro sonho: ele estava visitando suas tias Florentina e Aurelia e sua mãe estava com ele. De repente, Aurelia começou a repreendê-lo severamente pelo seu comportamento: "Nos últimos tempos, você não faz nada mais do que beber! Meu irmão não lhe deixou seu dinheiro para você desperdiçá-lo com bebida!" Sebastian ficou bastante enraivecido, porque, como já é sabido, a opinião pública acusa suas tias de terem ficado com o dinheiro de seu pai, que deveria legalmente vir para ele. Ele gritou para ela: "Não diga tolices, sua velha! Você roubou o dinheiro de meu pai e agora fala desse jeito! O dinheiro que tenho é meu e eu o uso como quiser!" Sua mãe estava sentada entre as duas tias e nada disse. É interessante notar que, nesse sonho, a repreensão, o aspecto desagradável da autoridade parental foi assumida pelas tias do lado paterno. As tias do lado materno, por outro lado, são consideradas como calorosamente protetoras e afetuosas. A mãe, embora nada tenha dito, estava sentada com suas cunhadas, o que pode ser interpretado como se estivesse de acordo com elas, delegando-lhes a tarefa de repreender seu filho.

Após o jantar tive outra conversa com Lydia sobre o *arrabuesco*. Divertiu-me tomar as poucas palavras que conheço em caraíba e colocá-las em *arrabuesco* e então checar a pronúncia exata. Aqui estão algumas delas: conhaque – *bínu, bistínu*; café – *gáfe, gastáfe*; sapato – *sabádu, sabastádu*; calças – *galásu, galastásu*...

No entanto, parece que não funciona para algumas palavras como, por exemplo, fantasma – *ufĩē*, de acordo com a regra seria *ustufĩē*, mas Lydia disse-me que, na realidade, é *ustufistĩē*. Por que há outra sílaba "arrabuescana" anexada? Lydia não soube dizer mais nada, a não ser que é assim e assim deve ser. Eu gostaria de saber se é uma palavra duplamente acentuada; preciso escrever ao Taylor sobre isso.

Sebastian não veio hoje e não se preocupou de forma alguma em se desculpar. Decididamente, está abandonando o barco que está prestes a partir.

04

Mais uma vez fui obrigado a modificar minhas idéias sobre *arrabuesco*. Fui à cozinha e perguntei à Lydia como ela diria *ufĩē* em *arrabuesco* e ela respondeu: *ustufĩēstē*. Esta é uma terceira forma! "Mas Lydia! Ainda ontem você disse que era *ustufistĩē*" "Pode ser assim também." "Você poderia dizer *gastàlastásu?*" " Sim, poderia." "Como você diria *gubida, gubistida* ou *gustubistida?*" "Qualquer um." "E *uéiu?*" "*Uestéiu.*" "Não seria *uesteiustu?*" "Não, somente *uestéiu.*" Coisas engraçadas acontecem com os ditongos; por exemplo, *nirão*, "meu filho" torna-se *niraostói*. Esses ditongos são a única dificuldade real que eu senti em relação à fonética caraíba; eles têm a infernal peculiaridade de mudar sem avisar. Especialmente os ditongos formados com o som que Taylor representa pelo *o*, que é escrito *ö* por Conzemius e está mais perto do som do símbolo *i* do Alfabeto Fonético Internacional (mutação vocálica do i). *Arrabuesco* seria uma ferramenta interessante nas mãos de um lingüista, pois a sílaba acrescentada à palavra é supostamente composta da mesma vogal ou grupo vocálico da sílaba precedente com as consoantes *st*. Em alguns casos o grupo vocálico é dividido; por exemplo, *báiba* – vá embora! – torna-se *bastáiba*. Mas o ditongo inteiro pode também ser repetido; no caso de *ufīē* você pode fazer um ditongo a partir de um grupo de duas de vogais silábicas, resultando *ustufīēstē*. Parece que se pode tomar todo tipo de liberdade com as palavras.

À tarde fui para meu velho posto de observação sob a mangueira no quintal de Maria. Encontrei na casa de Maria dois senhores de Limón que são primos da sra. Lacayo; um deles é aleijado, tem apenas um braço normal, não sei se por acidente ou se é um defeito congênito. Enquanto conversava com eles, chegou o barbeiro que veio fazer um corte de cabelo no aleijado. Por sugestão de Maria, apliquei o Rorschach no outro, cujo nome é Eusebio Castro.

Antes disso, contudo, conversamos sobre *arrabuesco*, todos parecem conhecer o assunto. Eusebio Castro acha que *arrabuesco* não tem nada a ver com o árabe; ele o pronuncia "alrebesco" e sustenta que o nome vem de uma forma primitiva do calão, que consistia simplesmente em inverter a ordem das sílabas na palavra. Por exemplo, *duna* torna-se *nadu*. Dizia-se que as palavras estavam *al revés* (invertidas). Isso provavelmente é verdade, embora a palavra deve ter sido influenciada por "arabesco". De qualquer forma, o termo caraíba para isso, que todos conhecem, é *leidimuhái*. Situações que pedem seu uso: Maria: "Quando você deseja criticar alguém que está perto o bastante para ouvi-lo." Eusebio Castro: "É usado quando você quer falar com alguém sobre algo e deseja que ninguém mais entenda." Sra. Lacayo: "São coisas que os jovens inventam para se divertir."

Após deixar os Lacayos, fui visitar Candu Perez. Tinha algumas perguntas para fazer a ele, que há muito tempo esperavam por uma resposta.

05

Como sou novato em lingüística darei aqui a matéria bruta do *leidimuhái*, isto é, transcrevo minhas notas diretamente do caderno, não esperando eliminar erros, fazer agrupamentos, etc. Assim, nem mesmo há separações entre o joio e o trigo, sem falar nas conversas e invenções. Deve ser observado que a informação sobre isso é obtida em conversas de pouca duração, não mais que dez minutos por vez. Isso foi considerado melhor por várias razões: oportunidade de verificação dia a dia, não cansando o informante, usando o material conseguido em um dia para extrair mais informações no dia seguinte, etc. Ultimamente, tenho usado mais essa técnica de uma palavrinha aqui e ali do que longas conversas substanciais, exceto com Candu Perez e Siti Garcia.

Hoje submeti à Lydia uma lista de palavras caraíbas que ela "traduziu" para *leidimuhái*. Aqui estão: *faugiábu* – pobre, lamentável, *faugiastiábu* ou *faugastiábu*; *búgucu* – (sua) mãe, *bustúgucu*; *nárugute* – (meu) avô, *nastárugute*; *hébenene* – padrinho (deles), *hebesténene*; *nubúiduri* – (meu) colega, *nubustúiduri*; *Haliá bádi bu?* – Onde você vai? *Halistiá bádi bustú?*; *Darí harúga!* – Até amanhã, *Daristí harustúga!*

Como pode ser visto, o sistema é bem elástico; as únicas regras que consigo discernir são a adição de uma ou mais sílabas à palavra, essas sílabas sendo compostas de *s*, *t* e a vogal da sílaba precedente ou seguida a ela. Geralmente, há somente uma sílaba acrescentada à palavra, antes ou depois da sílaba acentuada, em palavras com duas ou mais que três sílabas. Nas palavras trissílabas, com frequência, acrescentam-se duas sílabas em vez de uma. Em casos de palavras que contenham ditongos tudo pode acontecer! Tudo isso deve ser apreciado com muita cautela; não posso de maneira alguma garantir sua exatidão.

06

O que eu represento para os criados e para as pessoas que vejo com mais frequência? Para Sebastian, tenho certeza, sou um pouco mais do que o fornecedor de uma barra de ouro. Tenho a impressão de que ele mantém um controle rígido de seu comportamento e deixa transparecer somente o que considera seguro. Parte disso é consciente, esforço intencional, e parte é fruto do treinamento ao qual foi submetido dentro dessa cultura, desde a infância. Minhas relações com Maria são marcadas pela cordialidade, até mesmo afeição, sem nenhuma conotação sexual, pelo menos no nível consciente. Lydia, que é orgulhosa e indiferente, é talvez agora a mais íntima. Sobre Lydia, posteriormente será dito mais.

Sebastian preocupa-se somente em como me controlar de forma que possa obter o máximo possível de dinheiro, bebidas e coisas assim, para ele e seus amigos. Cuidando do suprimento de minhas necessidades, ele sempre diz aos fornecedores de provisões para cobrarem o dobro do preço normal, etc. E, no entanto, não hesitou em me contar sua vida; é claro que foi cauteloso e, tenho certeza, nunca mencionou nada que pudesse traí-lo. Acredito que tudo aquilo que sentiu confusamente que pudesse ser revelador demais, ele guardou para si; há mais do que um ato semi intencional em evitar trazer a figura de sua mãe à baila. A mãe dele desempenha na verdade em sua vida uma parte muito maior do que uma leitura superficial de sua história de vida levaria a supor. Essa defesa elaborada pode parecer muito artificial, talvez, para o membro de um grupo "primitivo"; mas não para aqueles que sabem o grau de sofisticação que alguns desses assim chamados primitivos podem alcançar. Para não falar da diminuição da importância emocional da situação, embora não alterando os fatos objetivos...

Maria, ao contrário, após recusar categoricamente contar coisas sobre sua vida, para que eu anotasse, consentiu de má vontade, mas tem se esquivado de fazê-lo. Por outro lado, quando me conta qualquer coisa, não retém a emoção; de certa forma, é um presente dela, uma permissão para invadir sua intimidade.

Pobre Maria; com sua voz barulhenta e maneiras enérgicas tem uma personalidade mais frágil e infantil do que poderia parecer à primeira vista. Agora sei que ela foi ver a sra. Glynn, após o choque com Sebastian, porque se abateu completamente, e não somente por uma manobra política, como eu havia imaginado. Ela espera realmente que todos gostem dela e, quando encontra oposição de tipo hostil, a fachada de ameaças e falas ásperas desintegra-se e ela se comporta como uma criança ferida.

Lydia é mais resistente do que ela. É quieta, muito mais alta, esbelta, uma figura graciosa, que é muito comum dentre os adolescentes negros, mas que não se encontra freqüentemente entre os caraíbas. Ela se move leve e graciosamente pela casa e quase não se ouve sua voz; não obstante, sente-se que sua personalidade é firme e feita de fibras mais fortes do que as de Maria. A própria Maria admite que sua irmã é orgulhosa e fria; ela me disse que Lydia é do tipo que guarda rancor por muito tempo, quase que ternamente, diferente de Maria que, imediatamente, dá vasão à sua raiva, que dessa forma passa. Às vezes, Lydia assume uma postura carregada de altivez graciosa, revelando uma majestade ancestral, eu diria, desprezando a integridade etnográfica a bem da literatura e da frase literária gasta. O fato de ela utilizar uma vassoura como apoio não a deprecia em nada.

Fiquei um tanto surpreso quando Lydia demonstrou inconfundíveis sinais de se aproximar mais de mim, emocionalmente falando. A princípio, pensei que fosse apenas o velho charme e preparei-me para enfrentar a situação; mas estava errado. Não digo que não haja um certo ar coquete na maneira como ela se dirige a mim; mas não é nada mais do que uma sugestão, o cuidado com minhas calças, barba e voz grave. Na verdade, Lydia sente-se sozinha e preocupada e não conhece ninguém com quem possa conversar. O fato de eu não ter usado a abordagem Harpo Marx com ela, quando nós ficamos sozinhos em casa, aparentemente deu-lhe um alto conceito de meu cavalheirismo. Ela parece confiar em mim e, no início, tive a impressão que havia nela uma certa expectativa, não necessariamente sexual. Não registrei isso em meu diário, esperando mais desdobramentos; sou sensível, mas sei que a intuição desacompanhada de uma evidência concreta pode levar diretamente ao engano.

Ela levava invariavelmente a conversa para temas sexuais, tentando usar minha vaidade masculina como estímulo. Eu simulava aceitar e ela murmurava: "Don Ruy, aposto que o senhor é muito maroto!... Agora, diga-me..." E perguntava quantas mulheres eu tinha conhecido (eles usam aqui o termo bíblico), como fui para a cama com elas, etc. Eu respondia até onde julgava conveniente, pensando o tempo todo "O que ela está querendo?" Se ela estava tentando me conquistar, parecia que estava empregando um caminho incomum; dei a ela razões para que acreditasse que eu estava disposto a corresponder a uma abordagem mais direta. Para encurtar a história, finalmente ela mesma desabafou: tem medo de homens.

Ela começou perguntando se eu já tinha conhecido alguma virgem (*una mujer señorita*, como dizem aqui; virgem é um termo que se usa somente para a Virgem Maria, uma virgem sendo uma gravura de uma das Nossas Senhoras). Respondi que não e, então, ela me perguntou se era verdade que a primeira vez é muito dolorida para a mulher. Disse-lhe que não sabia exatamente, mas uma moça, certa vez, me havia dito que não era mais doloroso do que extrair um dente. Mas Lydia nunca tivera um dente extraído, assim, não ficou tranquilizada. Fiz o melhor que pude, percebendo minha situação de ... o quê?; um irmão dificilmente seria consultado sobre esses assuntos, e um padre, o juiz do tribunal de penitência, é a última pessoa a ser chamada para fornecer informações sobre o assunto. Digamos que minha posição de confidente parecia estranha, embora etnograficamente vantajosa. Pareceu-me curioso que não recorresse à sua mãe em busca de conselho; contou que recorreu, mas sua mãe disse que ela era muito tola e preocupada demais com esse assunto, que todas as mulheres, sem exceção, passam por isso e nenhuma morreu até agora. Acho que a sra. Lacayo não a tranqüilizou com essas palavras; Lydia sabe que outras moças não têm a mesma visão trágica sobre o assunto, o que somente enfatiza sua sensação de ser diferente e estranha. Creio que não seria útil entrar em todos os detalhes das conversas (como não tenho notas, obviamente, não poderia fazê-lo). Há, no entanto, alguns pontos de interesse, os quais tentei anotar da forma mais detalhada possível, à noite, depois da saída de Lydia.

"Uma vez, eu estava andando pela praia indo para casa e cheguei perto de onde os *cayucos* ficam, sob os coqueiros. Vi um homem sentado sozinho em uma das canoas. Ele não me ouviu chegar e estava com a sua *coisa* para fora e olhava para ela. Senti minhas pernas fracas e meu coração disparou no meu peito; corri para casa e fiquei terrivelmente assustada, não sei por quê."

"Quando Maria se casou, ela e Anastacio passaram a noite de núpcias em nossa casa. Ficaram em um quarto pegado ao meu e eu não pude dormir a noite toda. Eles falavam somente entre sussurros e eu ouvi a cama ranger o tempo todo. Parecia que tudo estava acontecendo comigo e eu me senti horrível. No dia seguinte, eu não queria vê-los e, assim, saí correndo de casa e fiz todas as minhas refeições fora, voltando somente à noite, quando eles já tinham se recolhido. No outro dia, quando foram para Cortés, senti-me aliviada."

"Você alguma vez falou com Maria sobre essas coisas?" "Não! Eu ficaria muito envergonhada." "Não me refiro ao casamento dela. Mas quando ela era solteira, você nunca falou sobre como é estar com um homem ou coisas desse tipo?" "Não, sempre senti muita vergonha de conversar sobre essas coisas com ela, acho que porque ela é seis anos mais velha do que eu." "Você nunca falou sobre isso com suas amigas?" "Sim, algumas vezes; mas elas sempre zombam de mim e acham que eu estou fingindo sentir coisas que não são verdadeiras."

Lydia é uma moça bonita e tem muitos rapazes à sua volta, os quais ela costumava desencorajar, segundo ela própria, com violentas bofetadas dadas com as costas das mãos. A propósito, tenho sido maldoso com ela sem o saber; o hábito de Sebastian de confundir o nome de todo mundo induziu-me ao erro. O pretendente dela é Esteban Garcia, irmão de Alfredo Miranda, e não Margarito Perez, que também é irmão de Miranda. Margarito Perez é um marinheiro e mora em Nova York; Esteban Garcia, que também é marinheiro, vive com seu irmão quando não está em viagem. Esteban Garcia é considerado um bom rapaz, e por ser marinheiro em navios americanos, ocupa uma boa posição social e econômica na sociedade de Trujillo. A sra. Lacayo selou a união com sua aprovação, parece gostar do rapaz que a trata com grande consideração, como pude observar em nosso passeio pela horta dela. Embora ele tenha feito uma proposta formal à Lydia, ela disse que não pretendia se casar agora, justificando que é muito jovem (tem dezoito anos). Sua mãe acha que foi muito tola agindo assim, pois Esteban pode encontrar outra mulher que não o faça esperar tanto tempo. Mas ela não pôde suportar a idéia de manter contatos físicos com um homem. Entretanto, contou-me que não tem medo de Esteban; na verdade, ela o aceitou porque ele é gentil e não grosseiro como os outros. Respondendo às minhas perguntas, ela disse que não sente atração sexual quando ele a beija, nem mesmo quando ele toca seus seios. Ela permite, mas não sente absolutamente nada. "Sei que as outras moças são diferentes. Às vezes, eu passeava à noite com uma amiga e íamos à praia. Havia casais se beijando lá; só de ver isso deixava minha amiga ofegante, mas eu não me excitava nem um pouco. Há moças em Cristales que me contam que quando o homem toca seus seios, elas se sentem como se estivessem se derretendo por dentro. Há algumas que deixam o homem fazer o que quiser, porque elas não conseguem resistir. Não posso entender como uma pessoa pode se sentir assim."

"Quando era criança, eu costumava achar que para o homem também doía; quando contei isso às minhas amigas, elas riram de mim."

Lydia estava muito curiosa sobre sexo e fez muitas perguntas. Ontem, perguntei-lhe por que ela fazia essas perguntas a mim. Ela me disse que nunca tinha certeza quando seus amigos estavam lhe dizendo a verdade ou quando estavam apenas zombando dela. Às vezes, acho que finge ser mais ignorante do que na realidade é, talvez para conferir uma informação anterior. Ela declarou não saber sobre a existência do esperma e de seu papel na fecundação; no entanto, sabia sobre o óvulo e as causas dos períodos de menstruação. Mas pensava, pelo menos foi o que me disse, que o papel do macho na copulação era o de *abrir* a mulher, de forma que o óvulo chegasse ao útero, desenvolvendo-se em um bebê.

Ela estava muito impressionada com a "felação" e com a "cunilíngua" e perguntou-me se era verdade que existem homens e mulheres que *se beijam naquelas partes*. Pareceu enojada e disse: "Que sujeira!" Ela considera os órgãos sexuais masculinos a coisa mais feia do mundo.

Lydia queixa-se de tonturas e repentinas batidas irregulares do coração; ela está muito magra. Sua mãe levou-a a algumas *curandeiras* que lhe disseram que a moça precisa se casar e que tudo isso desaparecerá com o casamento. Ela também esteve com Zelaya, quando teve malária, mas ele nada viu nela a não ser a malária. Ela pode ter alguma disfunção da tiróide. Sua mãe pretende levá-la ao médico em La Ceiba, depois que eu partir. Sua aproximação em busca de conselho ou, como acredito, apenas pela catarse de falar sobre o assunto com um ouvinte simpatizante, é compreensível se considerarmos nesta cultura as relações amistosas entre homens e mulheres, especialmente quando são jovens.

07

Sebastian estava cheio de novidades hoje. Parece que Julio Alcerro, secretário da *Gobernación*, e don Andrés Galindo, o agente do correio, serão removidos. Há uma longa história para explicar o fato, mas vou dar somente o enredo.

Os liberais de Ilanga (uma aldeia do leste) reuniram-se e enviaram uma petição à *Gobernación* pedindo permissão para organizar e iniciar suas atividades, de acordo com a lei. Julio Alcerro, o secretário da *Gobernación*, recebeu essa petição e respondeu negando o que era pedido. Alguns dias atrás, os homens de Ilanga vieram a Trujillo trazendo a petição e um deles mostrou-a a Andrés Galindo. Ele viu que a caligrafia não era a de Carlos Lopes Pineda e levou-a a don Carlos, que identificou a caligrafia como sendo a de Alcerro. Ele questionou o secretário sobre o fato e obteve a resposta de que tudo tinha sido feito para obedecer as ordens do general Zanabria, o "comandante". Todos sabem que o "Governador Político" é somente uma condecoração, mas as aparências precisam ser mantidas. Don Carlos Lopez Pineda tem poderosas conexões familiares e ficou ferido em seu orgulho. Pediu a Tegucigalpa para remover Alcerro; mas Zanabria, ressentido com o que será feito de seu protegido, está pedindo que Andrés Galindo também seja removido. Sem dúvida, esse é um prato cheio para falatórios: um conflito entre homens brancos nas mais altas posições e a cidade toda está fervendo com os comentários.

Com exceção disso, nada de novo ocorreu, pelo menos nada que chame a atenção.

08

Tenho pensado sobre o caso de Lydia. Não há dúvida de que sofre de um forte bloqueio sexual; mas tenho a impressão de que o processo de bloqueio não é tão profundo nem tão fortemente estabelecido. Ela conseguia conversar comigo sobre isso muito à vontade, sem qualquer sinal de distúrbio emocional. Exteriormente, ela é perfeitamente normal, trabalha regularmente, ri, tem amigos, vai dançar, tem um noivo, e assim por diante. Estou inclinado a concordar com os *curandeiros* que acreditam que o casamento resolverá o problema. Se ela contasse seus problemas a Esteban e se ele entendesse a situação, ele a ajudaria a superar o bloqueio. Lydia pediu-lhe que esperasse por mais dois anos e ele concordou. Ela está tentando se acostumar com a idéia.

Qual o grau de desvio de Lydia? Creio que é considerável. As moças que encontro aqui não me dão a impressão de serem sexualmente bloqueadas de forma alguma. Muito pelo contrário... A própria Lydia tem consciência de que não é igual às outras e está intrigada com isso. Às vezes, acha que tudo é conseqüência de causas físicas, mas sabe que está somente tentando enganar a si mesma. O verdadeiro problema está na sua mente.

Eu gostaria de saber o que causou esse bloqueio. Seria porque a sra. Lacayo educou-a com muito rigor? Mas Maria não parece ter sido afetada por esse tipo de educação. Será que houve algum incidente traumático em sua infância? Gostaria de saber mais sobre tudo isso e vou tentar.

Nas minhas notas ou no diário dos últimos dias de maio, mencionei um manifesto escrito por alguns liberais de Cristales que Sebastian me trouxe para datilografar. Hoje, procurando por alguma coisa no caos que está sobre minha escrivaninha, achei uma cópia do manifesto que tinha esquecido de enviar para os Estados Unidos. Vou enviá-la com aquelas notas.

Sebastian não veio hoje e não apresentou nenhuma desculpa. Eu realmente não preciso dele, mas fico ressentido com sua atitude. Ele vinha pedindo continuamente por adiantamento até seu salário chegar ao fim. Agora ele não se preocupa mais em vir ou vem por alguns segundos às cinco horas da tarde. É melhor considerá-lo como já dispensado e deixar por isso mesmo.

09

Estava procurando alguma coisa nas minhas notas e achei a lista de termos de parentesco coletados por Sebastian. Eu não estava satisfeito com essa lista; embora soubesse que Taylor tem excelentes e extensos dados sobre o assunto, incomodava-me deixá-la assim. Por essa razão, fiz uma outra lista de palavras, em espanhol, tão completa quanto pude, e trabalhei com Lydia nisso. Sebastian veio e eu lhe pedi para conferir as palavras. Como consequência disso, tivemos uma conversa sobre a instituição do compadrio, suas implicações e seu funcionamento.

Eu tinha observado e anotei há algum tempo atrás que é considerado falta de educação entrar na casa por uma porta e sair por outra. A mesma crença existe também no Brasil, portanto, eu dei isso como certo. Mas ultimamente ando possuído por uma fúria cartesiana de tudo questionar, e perguntei a Sebastian o porquê e ele não soube me responder. Hoje veio com a solução do problema. De acordo com sua mãe, uma pessoa que entra em uma casa por uma porta e sai por outra pode livrar-se dessa maneira de um espírito que a estava seguindo. Se a pessoa não tem nenhum espírito seguindo-a e age assim, um espírito deixado na casa por outra pessoa pode se prender a ela. Portanto, é perigoso para quem costuma fazer isso também.

É lógico que a melhor coisa é não fazê-lo; mas se alguém for obrigado a sair por outra porta, em uma casa estranha, deve parar na soleira da porta por um minuto e, enquanto se despede, sacudir o fundilho das calças ou a camisa às escondidas. Então, sair rapidamente e o espírito permanecerá na casa.

As pessoas que moram na casa têm defesas contra isso. Se elas notaram algo de estranho no comportamento do visitante, tão logo ele esteja a uma distância que não possa ouvir, a proprietária da casa dirá em voz alta três vezes: "Baiba lárigi babúreme!", "Siga seu dono!" Às vezes, ela pega a vassoura e pontua a exclamação com três batidas na soleira da porta de entrada, e três mais na soleira da porta de saída. Isso é feito para espantar as coisas ruins. "Essa coisa má é sempre um espírito?" "Sim, é o que minha mãe disse." Eu achava que uma pessoa pudesse deixar o *udabadu* em uma casa dessa maneira, mas parece que somente espíritos.

Um capítulo da crônica de Cristales contado por Sebastian hoje. Isidoro Cacho teve durante toda a vida muitos problemas com Amancio Lopez, que é filho de sua *querida* com outro homem, e que ele ajudou a criar. Amancio Lopez é um típico inútil, e agora que está com vinte e oito anos, continua inútil e quando ele se cansa de ser inútil faz algumas travessuras, apenas para passar o tempo. Desde criança, Isidoro tentou de tudo sem resultado; e parece que Amancio tem sido particularmente detestável ultimamente. Ontem, Isidoro chamou Amancio e pediu-lhe que levasse uma carta ao chefe da polícia. Assim, ele foi à polícia e disse: "Coronel, aqui está uma carta enviada por meu pai e ele me disse para esperar pela resposta." O coronel leu a carta na qual Isidoro pedia-lhe para prender Amancio e deixá-lo em uma boa cela fria por algum tempo. Ele acabou de ler a carta, olhou para Amancio e gritou para seus soldados: "Levem este homem e coloquem-no na *bartolina*!" (solitária). Essa história é motivo de risos de todo o bairro.

Dois pontos emergem dessa anedota. Um é um conceito de *patria potestas* semelhante ao da velha lei romana; o pai exerce sua autoridade sobre o filho até à morte. É evidente que isso não é claramente expresso, mas é sancionado pelo costume. Espera-se que a autoridade dos pais sobre a filha, principalmente em assuntos de conduta sexual, seja interrompida somente com a morte. Esse é o padrão ideal, mas, com maior ou menor flexibilidade, ainda é imposto na prática. Recordo o caso de Sebastian cortejando uma moça de vinte e três anos; como a moça foi proibida de vê-lo durante algum tempo e desobedeceu a ordem, foi surrada por sua mãe.

Outro ponto que pude verificar também pelas histórias sobre mau comportamento sexual das moças é o papel das autoridades em geral e, em particular, o da polícia. A autoridade não é indiferente, imparcial, acima dos interesses dos simples cidadãos, como é suposto ser em nossa própria cultura. Isidoro Cacho, sendo irmão de um deputado suplente, tem influência nas esferas oficiais; isso lhe dá o direito de usar a polícia com objetivos inteiramente particulares, tais como controlar um filho rebelde. Todos acham muito natural. Não há nenhuma concepção de dicotomia entre funções públicas e o homem que as ocupa, entre interesses públicos e interesses privados. Patriarcalismo ibérico, diria Gilberto Freyre... Tenho certeza de que não é só ibérico e, quanto ao patriarcalismo, o conceito deveria ser tão cortado para se ajustar às condições daqui, que prefiro não usá-lo.

Foi curioso observar as reações públicas a esse acontecimento. Em primeiro lugar, foi considerado muito divertido. Não há nada que divirta mais um caraíba do que uma demonstração de astúcia, uma intriga bem-sucedida. Isidoro Cacho é considerado como um velho astuto e ninguém o censura por isso. Com relação a Amancio Lopez, seus delitos não lhe causaram a perda do *status*, mas cair em uma cilada dessa forma, sim. O alto apreço dado à opinião pública entre os caraíbas é de tal natureza, que eu não hesitaria em dizer que se prefere qualquer outra forma de vergonha do que ser exposto ao ridículo em público. Isso é confirmado por outros fatos e opiniões que tenho em minhas anotações.

10

Sebastian trouxe alguns rumores essa manhã. Existe um homem chamado Nolasco que vive em uma aldeia perto de Castilla e possui uma esposa e uma *querida*. A *querida* mora com uma filha, cujo pai é Rozendo Martinez, que era *endamado* dela há muito tempo atrás. Parece que Nolasco viveu em paz com sua mulher e com a *querida* durante muito tempo; mas, ultimamente, tem tido muitas brigas com a *querida*. Ontem, tiveram um violento duelo verbal, no qual Nolasco, se é que eu sei alguma coisa sobre as mulheres caraíbas, foi provavelmente derrotado, recorrendo em seguida ao supremo argumento dos punhos. Os gritos da mulher foram ouvidos pela filha que chegou correndo. Vendo que Nolasco estava muito exaltado e necessitava de um sedativo, ela o deu sob forma de um golpe na região occipital com um bastão de madeira. Santo remédio! Ele se acalmou imediatamente e assim permaneceu durante toda a tarde. Hoje, porém, veio à cidade e estava falando em apresentar uma queixa criminal contra a moça, por tentativa de homicídio. Isso demonstra sua falta de reconhecimento pelo cuidado da moça em relação ao estado de seus nervos. Provavelmente, nada acontecerá. O juiz, muito possivelmente, irá dissuadi-lo de seu intento; um julgamento é um negócio complicado e cansativo, e está muito calor para isso.

Sebastian tem falado com sua mãe sobre o significado daqueles dois montes de terra com formas ovais, construídos para os *dogos* e *cugus*. Segundo ela, o dinheiro do *búiei*, a quantia paga a ele para realizar a cerimônia, fica guardado lá até que tudo esteja terminado. Considero que isso dificilmente seja uma explicação; caso contrário, cria-se um novo problema: por que isso é feito?

Juan Lagarto também veio me ver pela manhã. Disse-me que sua saúde está muito melhor e que agora vai retornar a Guadalupe. Eu tinha muito trabalho, mas não quis mandar o velho embora e, então, convidei-o a entrar, após ouvi-lo cantar por algum tempo sentado nos degraus da entrada. Essa é a sua maneira costumeira de se anunciar. Antes de entrar, ele me ouviu datilografando e, quando respondi aos seus cumprimentos, dizendo que eu tinha muito trabalho a fazer, disse: "Então, acho melhor ir embora" e se moveu, preparando-se para levantar. "Não, don Juan, isso não é motivo para nós não podermos conversar um pouco. O trabalho que tenho não é urgente." Ele ficou.

Eu trouxe à baila o assunto de Siti Garcia que, ao que parece, é seu sobrinho. Juan Lagarto estava muito sério com relação aos *gubida*, disse-me que é tudo verdade e conforme o evangelho (para ele, o evangelho é toda a

Bíblia). Detectei nessa teoria sinais claros das idéias de Faustino Fernandez. Juan Lagarto falou por algum tempo antes que me ocorresse pegar meu caderno de notas. Sua filosofia corresponde, em todos os sentidos, às de Siti Garcia, Candu Perez ou Faustino Fernandez. Ele acredita na existência de um Deus cristão, o supremo regente do universo, e seus santos e anjos, todos incorporados na Igreja Católica. Mas há no universo outras forças de natureza espiritual que não são controladas diretamente pela Igreja. "Essas são objeto das ciências ocultas." (Juan Lagarto estava visivelmente satisfeito com o seu papel de um cientista explicando problemas a um eminente colega estrangeiro, escalando-me para esse papel.)

O homem, no início dos séculos, sabia muito mais do que sabe agora. Deus falou aos seus profetas, que podiam realizar milagres; mas os feiticeiros de outras raças também podiam realizar milagres, por exemplo, aqueles da corte dos faraós que podiam repetir os milagres feitos por Moisés. Eles tinham o conhecimento das ciências ocultas. "E nós, da raça caraíba, também sabemos muitos segredos do passado..." Mas, com o passar dos séculos, o homem perdeu progressivamente os princípios das ciências ocultas. Hoje bem poucos sabem algo a respeito e mesmo esses poucos não sabem muito. "Meu sobrinho Hermenegildo é muito inteligente, mas não pode ser comparado aos *búieis* dos velhos tempos." (Juan Lagarto nunca chama seu sobrinho de Siti.)

Chegamos a falar sobre os *hiúruha* de Siti e eu perguntei a Juan Lagarto com quais espíritos Siti trabalha. "Eu vou lhe contar. Todo homem possui duas almas: uma que vai para o céu ou para aquele lugar lá embaixo quando ele morre e a outra que permanece nessa terra, até o dia do julgamento final. Pois nosso corpo é apenas um grão de terra e para ela volta; mas o que o anima, o que lhe dá agilidade (*sic*) é aquela alma da qual eu lhe falei. Está dito no credo que Jesus Cristo ressuscitou no terceiro dia após sua morte e ascendeu ao Céu onde está sentado à direita de Deus, o Pai Todo Poderoso, e de onde julgará os vivos e os mortos. Ora, no Evangelho, está dito que Cristo apareceu, nessa terra, para muitas pessoas, após sua morte: para os discípulos na estrada de Jerusalém, para Marta e Maria Madalena, para os discípulos quando São Tomé estava com eles e colocou o dedo em suas chagas, para todos os discípulos e para a Virgem em Emaús, para São Pedro quando escapava de Roma e muitas outras vezes. (Juan Lagarto seguramente conhece sua Bíblia.) Como poderia Ele estar na Terra, se ao mesmo tempo estava no Céu, sentado à direita de Deus-Pai? É porque sua outra alma, sua alma corpórea, permaneceu na Terra. Esses são os espíritos com os quais Hermenegildo trabalha."

Para Juan Lagarto essa "alma corpórea" tem "apetites carnais". (Ele realmente usou esses termos bombásticos.) Se um homem morrer com muita sede, sua alma corpórea suplicará por água. Também terá necessidade de comida e banhos "da mesma forma que uma pessoa viva." Ele acredita também que a morte violenta ou não natural ocasionará a permanência da alma corpórea no local, não lhe sendo possível gozar da paz. Parece que a alma corpórea mostra maior apego às coisas terrestres quando o curso normal da vida foi indevidamente abreviado.

Eu lhe perguntei a respeito do significado dos famosos pequenos montes de terra do ritual *gubida*. Então, Sebastian interrompeu para repetir a explicação de sua mãe. Juan Lagarto não a contestou, mas tinha outras razões para acrescentar. Disse que a principal função dos pequenos montes era restringir os velhos *gubida*, aqueles que não são mais lembrados e não são mais objeto de culto. Essa é a razão porque as velhas moedas de prata são colocadas dentro dos montes e porque velas são acesas sobre eles; as cuias viradas para baixo, assim como as moedas antigas, manteriam os espíritos lá, impedindo-os de causar a destruição de todos os procedimentos em andamento na ocasião. Talvez o *búiei* colocasse o dinheiro lá porque sabe que é o único lugar que ninguém ousaria tocar. Dessa maneira, ele assistiria à cerimônia sem se preocupar com a segurança de seu dinheiro e beberia todo *guaro* que desejasse (que geralmente é bastante).

É a primeira vez que ouvi uma explicação convicente para o problema que já despertara a curiosidade de Conzemius. No entanto, não acho que toda a história foi contada. Parece que a terra usada para construir esses pequenos montes é de um tipo especial, embora ninguém pudesse me dizer de que tipo. E, claro, deve haver um rito de algum tipo para enviar os *gubida* para dentro dos montes.

Casualmente, isso coincide com a informação que Candu Perez me deu, de que a mulher mais velha da família é a pessoa que fica responsável por esses montes. O perigo espiritual envolvido por estar em contato tão próximo com os *gubida*, tendo realmente de manipulá-los, deve ser, de alguma forma, muito grande. Somente uma mulher velha e experiente, que talvez tenha visto centenas de *dogos* durante sua vida, pode se incumbir disso com segurança.

Desnecessário dizer que eu devo confirmar tudo isso.

Juan Lagarto garantiu-me que vai haver um *dogo* em Santa Fé. Não sei como considerar a informação, pois o velho blefa às vezes. Pancho Fernandez tinha me dito que Gonzalez tinha planejado oferecer um *dogo* porque um filho de Victorino Gonzalez estava muito doente e os médicos e curandeiros nada puderam fazer por ele. Mas como ele tem aversão pelos *gubida*, mudou de idéia e tomou o avião para Tegucigalpa. Essa foi a última coisa que ouvi sobre isso. Mas agora Juan Lagarto diz que Leoncio Gonzalez assumiu a responsabilidade de organizar toda a cerimônia e que está convidando todos os membros da (extensa) família que, como de costume, estavam dispersos por toda a costa. Marcaram a data, 28 de junho; isso não significa nada, pois leva tempo reunir todos os fiéis.

Se acontecer disso ser verdade, apesar de tudo, irei a Santa Fé e ficarei lá enquanto durar o *dogo*, conforme havia planejado antes. Além disso, se for realizado em 28 de junho (um acontecimento improvável) terei a oportunidade de ver também o *máipol* e será uma viagem antropológica proveitosa.

Lydia vai participar do *máipol*; eles já começaram a ensaiar. Vou pedir a ela para me deixar ver os ensaios.

11

Sebastian disse-me hoje pela manhã que o velho liberal que tinha sido preso por participar da convenção do Partido Liberal foi enviado para Puerto Lempira, próximo a Brus Laguna (Brewers' Lagoon). Polo Santiago também foi enviado para lá. A região é pantanosa e insalubre e não existe nada além de um posto avançado da guarda aduaneira (*resguardo*). Uma versão tropical da Sibéria.

Eu estava tentando conseguir mais dados a respeito de feitiçaria e comecei coletando palavras usadas para designá-la. Os termos usados para feitiçaria são: *gabiēa rahádi*, a mais comum; *gashádi*; *gabàcahádi* (segundo Lydia essa palavra significa fofoqueiro, caluniador); *gagùdahádi* (literalmente queimador, por isso diz-se que o feiticeiro está queimando alguém quando está fazendo uma magia negra contra aquela pessoa).

Pedi a Sebastian que me desse os nomes de outros feiticeiros além daqueles que eu já tinha. O pai de Simeón Marin, cujo apelido é Hū, é considerado um *gabiarahaditi* poderoso. Há um caso famoso de morte por feitiçaria causado por Hū Marin que é relembrado por todos em Cristales. Sebastian era colega de escola de Sebastian Marin, um irmão mais jovem de Siméon, e Anselmo Ruiz. Certo dia, tiveram uma desavença e Sebastian Marin atirou um canivete na direção de Anselmo, mas atingiu outro rapaz, Toribio Santos. Um tendão do pé foi atingido, ele teve uma hemorragia abundante, desmaiou e teve de ser levado para o hospital de Puerto Castilla. Hũ Marin teve de pagar a conta do hospital e por causa disso ficou com uma grande aversão pelo pai de Toribio Santos. O velho costumava trabalhar em uma serraria que ficava em Puerto Castilla; certo dia, indo para o trabalho, ele tocou com a ponta do dedo do pé um sapo que tinha sido deixado em seu caminho por Hũ Marin. No dia seguinte seu pé ficou todo inchado e duas semanas depois ele morreu no hospital.

Outro *gabiarahaditi* muito conhecido em Cristales é Monico Ruiz, um eletricista que certa vez veio à minha casa consertar um soquete na cozinha. Dizem que o mesmo Anselmo Ruiz, amigo de Sebastian, aprende com ele. Há outro rapaz, cujo apelido é Chacho (Sebastian não sabe o verdadeiro nome de pelo menos dois terços de seus conhecidos), que algum tempo atrás teve um sonho com Anselmo. Ele viu Anselmo olhando para dentro de uma jarra cheia de água e sentiu que ele estava sendo "arrastado" para aquela jarra; mas seu *áfurugu* era pesado e ele resistiu. No dia seguinte ele foi à casa de Anselmo e perguntou-lhe que tipo de traquinagem estava fazendo. Anselmo disse-lhe que estava tentando fazer uma experiência, mas sem nenhuma intenção maldosa e Chacho acreditou nele, pois eram bons amigos. Porém, disse a Anselmo: "Se você quer continuar a ser meu amigo, pare com essas tolices."

Esse mesmo Chacho teve, certa vez, uma conversa com Baldomero que foi muito reveladora. Certa vez Baldomero convidou Chacho para um drinque, coisa surpreendente, pois Baldomero raramente é amável com alguém. Chacho recusou e Baldomoro respondeu: "Eu sei por que você recusa, é porque você acredita que eu sou um feiticeiro. Vou explicar algumas coisas para você. Na verdade, sei muito pouco sobre magia e coisas afins. Mas minha mãe sabia muito e, certa vez, foi considerada a melhor curandeira de toda a região. Quando vim de Livingston para Honduras, minha mãe chamou-me e disse: 'Meu filho, você está indo para um país estrangeiro, não tem amigos lá e, portanto, precisa de proteção.'" Ela tinha um santo poderoso (*sic*) e foi isso que ela ofereceu a ele. Ela o "curou" e deu-lhe a oração que deveria ser dita quando ele quisesse que algo fosse feito. Isso foi o que Baldomero contou a Chacho e acrescentou que somente usa seus poderes no caso de ser atacado por um inimigo. Mesmo que quisesse, ele não pode fazer nada contra as pessoas inofensivas. Chacho aceitou o drinque e, depois disso, tornaram-se amigos.

Perguntei a Sebastian o que queria dizer com "ela o curou", se ele tinha alguma doença. "Não, don Ruy, ele estava com boa saúde. Mas, se um feiticeiro quiser lhe conceder algum poder, ele tem que fazer algumas coisas para você, não sei exatamente o quê."

É curioso notar que Sebastian usou a frase: "*Ella tenia un santo poderoso*", que poderia ser usada com referência a qualquer devoto do candomblé ou da macumba.

Sebastian tinha conversado com sua mãe a respeito dos famosos montes pequenos. Ela lhe disse que ele não tinha entendido sua explicação do dia anterior; quando mencionou o dinheiro do *búiei*, ela tinha em mente um número de moedas previamente trabalhadas pelo *búiei*, e não o dinheiro pago ao *búiei* pela cerimônia. Esse dinheiro não é colocado dentro dos montes; se o *búiei* assim o fizesse, ele não poderia recuperar esse dinheiro antes de um mês, quando a terra seria novamente nivelada dentro do *dabuiaba*, antes de sua demolição. O dinheiro é colocado dentro da cuia que é, então, emborcada no pequeno monte. O objetivo disso é manter os *gubida* distraídos com a contagem do dinheiro enquanto a cerimônia continua.

Vejo com satisfação que o assunto está sendo esclarecido. Essa última explicação parece ser verdadeira; mostra uma semelhança com a prática haitiana de manter os espíritos entretidos, tentando enfiar a linha em uma agulha com o olho quebrado, etc.

Sebastian ouviu de pessoas aparentadas a famílias de Santa Fé que os Gonzalez realmente vão oferecer um *dogo*. Ele falou em ir a Santa Fé no domingo e eu disse que iria com ele na viagem. Não tanto para investigar os assuntos referentes ao *dogo*; mas para conversar com Faustino Fernandez e, talvez, lhe aplicar o Rorschach.

12

Maria chegou às oito horas da manhã quando eu tinha acabado de tomar café. Ela vai reassumir suas tarefas na próxima segunda-feira. Descobri que sentia falta de sua voz alta, suas constantes torrentes de palavras e exclamações.

Fiz-lhe algumas perguntas para obter mais informações a respeito da *couvade*. Em primeiro lugar, qual o nome dado a isso? Maria diz que é *uburugudinã*, uma palavra que designa a delicada condição da criança durante os primeiros dias de vida e a doença causada pelo "mau-olhado" do pai ou pelo excessivo esforço muscular do pai. Maria ouviu falar de muitos casos de *uburugudinã*, embora não tenha informações de primeira mão sobre eles. Mas em todos acontece a mesma coisa, com pequena variação; o umbigo da criança sangra enquanto o pai está envolvido em um trabalho pesado. No momento em que ele pára, o sangramento também cessa; se ele for louco o bastante para continuar fazendo um esforço muscular, o umbigo pode se romper e a criança morrer. Não há registro de tal caso, pois nenhum pai é tão estúpido a ponto de arriscar gratuitamente a vida de seu filho. Mas têm havido casos de homens que confessaram não acreditar em nada disso e que foram trabalhar como de costume; na hora em que eles estavam, por exemplo, puxando a canoa para a praia, podia-se ouvir os gemidos do recém-nascido na casa como se estivesse envolvido em esforços vigorosos. Quando o pai chegava em casa, via sempre o umbigo sangrando e a criança chorando. Aqueles para os quais isso aconteceu ficaram assustados e permaneceram em casa durante toda a semana.

Um pai cuidadoso deve ficar em casa mesmo depois do umbigo estar curado. Alguns saem, mas evitam fazer trabalhos pesados; todavia, seria imprudente sair para pescar, pois há todo o tipo de imprevistos no mar esperando por alguém e, às vezes, depende-se exclusivamente dos próprios braços para salvar a canoa e seus homens.

Quando o filho de Maria nasceu, Anastacio, seu marido, estava em alto mar. Ele era informado do que estava acontecendo e, quando a criança nasceu, telegrafaram-lhe comunicando a novidade. Então, ele tentou da melhor forma possível evitar o trabalho pesado, embora não pudesse, obviamente, esquivar-se de trabalhar. A título de prevenção, ele tinha deixado um lenço seu em casa para ser envolto na criança em caso de necessidade. Esse lenço, para manter seu poder, não podia ser lavado. Mas não houve necessidade disso.

Parece-me que Maria está errada em um ponto: tenho uma vaga lembrança de que alguém me disse que *uburugudinã* significa literalmente mau-olhado e não se aplica ao sangramento do umbigo. Ajudaria muito se eu soubesse o significado literal da palavra. Mas, apesar de meus esforços, não consegui ainda fazer com que um informante entenda o que é "significado literal".

Sebastian também veio pela manhã, mas não tinha novidades do bairro. Conversando, ele mencionou por acaso algo que eu não sabia. Quando um grupo de *chinchorro* (pesca de arrastão) vai para o mar, os *chinchorreros* devem se abster dos contactos sexuais na véspera. Isso é uma fonte inesgotável de piadas e zombarias para os outros pescadores.

Choveu durante todo o dia, o que é pouco comum para o mês de junho. À tarde Maria contou-me que ela está preocupada com sua *milpa*. Ela foi *limpa* pelos seus dois primos de Limón e por um outro parente dela, mas ainda não foi queimada. Ela receia que as águas das chuvas possam carregar as folhas deixadas na terra, que são o único fertilizante usado aqui.

Eu também receio que a chuva possa impedir nossa viagem a Santa Fé, pois os meteorologistas locais previram que ela continuará amanhã. Essas previsões são confiáveis até certo ponto.

Hoje é véspera de Santo Antônio e haverá rezas em muitas casas. Marin, que é um devoto de Santo Antônio, fará um desses encontros para orações em sua casa, isto é, em uma de suas casas, a barbearia.

Estou tentando fazer um inventário de Trujillo. Com a ajuda de Sebastian estou reunindo alguns dados que se seguem aqui:

Escolas – em Cristales, duas escolas elementares, "Manuel Bonilha" e "Socorro Sorel" (esta última ocupa dois edifícios, mas trata-se de uma só unidade administrativa); no centro, outras duas escolas elementares, "Pedro Nufio" e "José Trinidad Reyes" e o Instituto Departamental "Espíritu del Siglo".

Matadouros – um.

Farmácia – uma, pertence a Thomas L. Glynn.

Cinemas – um, idem.

Açougue – um.

Bares – três; o maior pertence ao sr. Glynn e possui duas mesas para jogo de bilhar; outro, no Hotel "Lempira"; o terceiro é um quiosque que abriga uma banca de jornais e uma biblioteca que supre tanto a sede intelectual como a física.

Hotel – um.

Padaria – uma, em Rio Negro. Pertence a Pedro Cuta, um caraíba que é um dos poucos protestantes locais.

Fábricas – uma, a fábrica de gelo, que pertence ao sr. Glynn.

Trujillo tem uma usina elétrica que utiliza óleo diesel e não força hidráulica. Considerando-se o número de rios que descem das montanhas a uma tão curta distância da cidade, isso parece inacreditável. Porém, uma usina hidroelétrica nova poderia ser um investimento não econômico, pois é óbvio que os cidadãos comuns de Trujillo não poderiam pagar por ela. Quando a *United Fruit Co.* tinha uma concessão em Puerto Castilla, eles tinham uma usina elétrica que fornecia força e luz para Puerto Castilla e Trujillo. A usina que está em operação agora em Trujillo era uma pequena unidade de emergência que eles doaram à cidade quando saíram daqui. A grande usina foi desmontada e levada embora. Subindo as montanhas, durante aquela expedição para arrastar a canoa, pude ver os grandes canos de água que foram deixados. Há um telégrafo e um sistema telefônico, relíquia de tempos melhores. Atualmente, o sistema compreende cerca de quinze telefones diretamente conectados entre si, sem um painel. Quando alguém telefona, todos ouvem o toque; cada aparelho possui um sinal determinado, assim, quando a pessoa chamada ouve seu sinal, sabe que é ela que está sendo chamada. Por exemplo, o sinal para a loja dos Glynn é um longo e dois curtos (– . .); se eu quiser telefonar para eles, devo tocar esse sinal que é ouvido em todos os aparelhos, até que o Glynn me responda. Há telefones nos escritórios do governo, no campo de aviação e nas casas de Glynn, Melhado e Justo Crespo. Esqueci de mencionar que a força elétrica é conectada somente das seis da tarde até às dez da noite. Todas as pessoas ricas possuem geradores de força elétrica particulares.

As grandes lojas de Trujillo, em ordem decrescente de tamanho e de importância, são as de Glynn, Melhado, Justo Crespo, Danilow, José Castilho e Alberto Crespo. Há em Rio Negro dois estabelecimentos que se pretendem *general stores*, mas se enquadrariam melhor na classe de *pulperías*, loja de gêneros secos, embora vendam alguns artigos de outros tipos. Há duas dessas *pulperías* em Cristales, ambas pertencem a caraíbas: Bonifacio Garcia e Cornélio Alvarez; há duas em Rio Negro, uma pertence a um caraíba e na outra eu nunca entrei e nada sei a respeito. Vamos considerar agora os *estancos*, isto é, pequenas lojas que vendem somente "aguardente nacional". Há três delas no centro, uma das quais pertence a uma mulher caraíba, segundo consta; duas em Cristales que pertencem, respectivamente, a Zaida Millares e Fernando Lozano, ambos caraíbas; e há três em Rio Negro, que conheço somente de vista. Pertencem provavelmente também a caraíbas.

Vejamos agora as ocupações dos trujillanos. Deve ser entendido que, no caso dos caraíbas, salvo casos contrários indicados, as ocupações indicadas são apenas de meio período; basicamente são quase todos pescadores. C = caraíba, L = ladino.

Barbeiros – centro: Tomás Nolasco (L); Cristales: Simeón Marin (C), Andrés Dolmo (C); Rio Negro: Manuel Zepeda (L).

Carpinteiros – centro: Juan Garcia (L); Cristales: Tomás Lorero (C), Braulio Arzu (C), Lopez (C); Rio Negro: Nepomuceno (C), Octavio Menendez (L).

Marcineiros – Cristales: Atanasio Arzu, Silvio Arzu (C), Francisco Cacho (C), Antonio Martinez (C).

Canoeiros – Macáiu Arauz (C), José Perez em Rio Negro.

Lenhadores – Tomás Cordova (L) e um caraíba cujo apelido é Guax, ambos vivendo em Rio Negro.

(Todos que trabalham com madeira são trabalhadores em tempo integral.)

Ferreiros e Mecânicos – Cristales: Mateo Ávila.

Encanadores – centro: Ismael Echenique (L); Cristales: Pablo Laboriel (C).

Trabalho com prata – centro: José Parada (L).

Sapateiros – centro: José Maria Recarte (L). Ele também conserta selas e faz outros artigos em couro. Cristales: Anastacio Franzuá (C). Trabalhadores em tempo integral.

Alfaiates – Cristales: Julio Mena (C), Tito Chamorro (C); Rio Negro: Candu Perez (C), Tomás Garcia (C). Trabalhadores em tempo integral.

Pedreiros – Cristales: Manuel Ruiz (C), Fá David (C).

Canteiro – Cristales: José Gamboa (C).

Tecelões de Cestos – (Inclui aqueles que trabalham com junco, casca de árvore, videira, etc., para fazer cestos, peneiras, *ruguma*, *kataure*...) Cristales: Pará (C); Pedro Alvarez (C), Emilio Blanco (C).

Pintores – Cristales: Eliseu Marin (C), Anastacio Lopez (C).

Parteiras – Cristales: Pancha Marin (C), Francisca Mena (C), Dadá (C).

Extratores de dentes – Cristales: Pastor Oliva (C).

Professores – Cristales: Teófilo Martinez (C), Guilhermina Martinez (C). Há inúmeros nomes de não caraíbas que não vale a pena listar.

Juízes de paz – Abraham Lopez (C), Isabel Lopez (C) em Rio Negro e três ladinos no centro.

Curandeiros/advinhos – Rio Negro: Hermenegildo Garcia (C); Cristales: Julian Nogales (*Fubainagu*) (C). (Siti trabalha em tempo integral e Fubainagu somente meio período.)

Não há açougueiros regulares em Trujillo. Os proprietários de gado (Pepe Lobo, Glynn e outros) mantêm um de seus colonos para levar o gado para o matadouro e ele mesmo processa o abate. Siriaco Velasquez é o empregado de Glynn que mais freqüentemente é encarregado desse serviço.

Os porcos são abatidos pelos donos em casa. Pequenas fazendas de porcos são de propriedade de Madariaga (também uma *pulpería* que esqueci de listar), Calixto e Guilhermo Castillo, todos ladinos. Bonifacio Garcia, de Cristales, também cria porcos e vende carne de porco na sua *pulpería*.

É difícil calcular o número de empregados domésticos. Toda família ladina rica ou com boa renda tem pelo menos dois criados e todos são caraíbas, moças ou rapazes. Como já foi comentado, quase toda mulher envia a produção de sua horta para ser vendida por uma criança, faz quitutes para vender, lava roupas, etc. É muito difícil também verificar o número de curandeiros, massagistas (*sovadoras*) ou o equivalente entre as mulheres. A maioria oferece seus serviços gratuitamente ou recebem pequenos presentes pelo seu trabalho. As curandeiras que têm *status* profissional são parteiras ao mesmo tempo.

Notas sobre os marinheiros são encontradas em outra parte deste diário. Descobri que um grande número deles não são marujos, mas cozinheiros. Os homens caraíbas, segundo o que se diz com orgulho, são muito apreciados como cozinheiros a bordo dos navios americanos.

As lojas não empregam muitos caraíbas. O único balconista caraíba é Pedro Chimillo, da loja do Glynn. Há um outro que trabalha para Danilow, mas ele é mestiço e parece mais branco do que muitos ladinos. Lozano, que também tem um *estanco* conduzido por sua mulher, é motorista de caminhão para os Glynns. Agapito, outro caraíba, é encarregado do celeiro dos Glynn. Nomes de ricos caraíbas proprietários de terras também foram dados.

O médico, os dois padres, todos os funcionários públicos (exceto Daniel Alvarez), todos os empregados do governo, professores (exceto os Martinez) e os empregados das lojas são ladinos.

13

Algumas das ocupações que deixei de citar na minha lista de ontem: Chenta, que mantém um *estanco*, é também parteira e curandeira; é ladina, mas os caraíbas também vêm para consultá-la.

Manuel Zepeda é o chefe da *marimba* local. A banda *marimba* é composta de um saxofone, um violão, um baixo e a bateria, além da própria *marimba*. Zepeda toca o segundo saxofone quando a composição musical o requer. Os músicos são José Lacayo, Martin Lacayo, Alfredo Zeballos, José Sambulá, Domingos Alvarez e outros (todos caraíbas).

Outra curandeira de nível profissional, que também é *sovadora*, é Juana de Mena. Tinha me esquecido também de incluir entre aqueles que trabalham com cestas o meu amigo Dudu, que é um especialista em fazer *hibise* (peneiras).

Esqueci também de mencionar os eletricistas Monico Martinez e Domingos Alvarez (também são caraíbas).

Há uma mulher que faz capachos de tipo grosso, chamado *nado*, feitos de junco amarrado por cordas, não aqueles finos chamados *petates*, usados pelos ladinos e feitos de tiras finas de casca de árvore tecidas. Há duas mulheres que fazem *egis*, Micaela Castrillo e Antonia Lopez; esta última faz também redes.

Uma olhadela em meus protocolos de Rorschach mostra que, além dos Martinez, há outros professores caraíbas: Heriberta Laboriel e Leonor de Arauz.

Não há tecelagem nem cerâmica e nenhuma forma de arte entre os caraíbas. Eles usam objetos de cerâmica feitos por índios e ladinos e armazenam os materiais comprados. Parece que todo o sentimento artístico nessa cultura encontra expressão na música, dança e na narração de histórias dramáticas.

Praticamente todos os pescadores fazem seus próprios instrumentos. Os preguiçosos ou aqueles que não têm habilidade manual os encomendam a Siti, se desejam redes, ou a Emilio Blanco, se desejam uma armadilha para peixes.

Havia uma pessoa que fazia colchões, um negro inglês, mas como era liberal, foi obrigado a deixar Trujillo. Dizem que foi viver em Honduras Britânica.

Outro assunto que chamou minha atenção foi o das condições de saúde. Conversei com Zelaya sobre isso e abordei sistematicamente o tema com Sebastian e Maria, mas nunca de uma forma prolongada porque "não é bom falar muito sobre essas coisas."

A doença mais disseminada aqui é a malária. Não é exagero dizer que cada um já teve, tem ou terá malária. Fiz uma lista de todas as pessoas que conheci, morenos e ladinos, e verifiquei cada uma. A única pessoa que ainda não tinha contraído malária era a sra. Glynn, que foi levada para Tegucigalpa, há dois meses atrás, gravemente enferma. Felizmente, a forma mais comum é a benigna, a variedade terçã (*Plasmodium vivax*); também há casos de *P. falciparum* e alguns de *P. malariae*. Os caraíbas têm apenas um nome para a malária e gripe: *calenturas, fiebres*; em ambos os casos tomam quinino e possuem também muitos remédios nativos.

A malária abre o caminho para a disenteria amebiana (*Entamabae colli* e *Entamabae dysenteriae*) que são também extremamente freqüentes. As duas doenças combinadas minam a vitalidade do organismo; seguem-se a anemia e a tuberculose. Sebastian, Maria e a mãe de Maria, quando foram indagados sobre quais as doenças mais freqüentes, enumeraram as quatro na ordem em que foram citadas, o que foi confirmado por Zelaya. Outras doenças bastante abundantes são: hipertensão, reumatismo, gastrite, colite, gastroenterite... A incidência de doenças venéreas é insignificante. Alguns marinheiros as trazem para suas casas, mas são imediatamente reconhecidas e eles convenientemente mantidos em quarentena.

A diabete também é conhecida aqui e diagnosticada pelos próprios nativos em razão da sede intensa, da fome e da perda de peso. Naturalmente, há outras doenças, mas são mais raras e os nativos têm menos consciência do quadro de sintomas, das características da doença. Exceto o *mal-de-ojos* que acredito seja o tracoma, chamado em caraíba de *figĩu*, e *bésuru*, como uma ulceração do tipo eczema (se não é o verdadeiro eczema) que acomete algumas pessoas.

Ao conferir isso com Lydia, descobri que Sebastian estava errado em um ponto. Em geral, o nome para febre é *abĩrua*; mas há um termo específico para malária, *dúru*. A tuberculose é chamada *túnu* e a disenteria, ou qualquer forma de diarréia, *abúrucuní*. Nem Lydia nem Sebastian sabem o nome nativo da anemia, embora ambos conhecessem a palavra e a doença. Sebastian disse-me que para estados de fraqueza em geral, "para tornar o sangue mais forte", os curandeiros prescrevem infusos de casca de *zapotón*, *índio desnudo*, *céiñerude* e de outras árvores.

As doenças infantis são as mesmas de outras partes. Segundo Maria, Lydia está errada e Sebastian está certo com relação à malária: é chamada de *abĩrua*. Ela me disse que *dúru* é a palavra para sarampo. Aparentemente, nada sabem sobre a escarlatina; provavelmente, pensam ser a mesma coisa que sarampo. Erupções, em geral, são chamadas de *fugatilura*. O único remédio aplicado pelas pessoas da família da criança doente é o óleo de coco, que é espalhado sobre o corpo dela para aliviar a coceira. Também não souberam me dizer nada sobre a catapora.

A caxumba é chamada de *cagãbe* (cagã'abe? cagã'nabe?) e o remédio indicado é pitoresco: pega-se um cachorro (um gato, disse Maria, embora tenha admitido que um cachorro também serviria), coloca-se o cachorro atrás de uma porta e, dançando com ele, diz-se o tempo todo: "Uáuguda, uáuguda, cagãnabe!"

até que o animal emita protestos audíveis. *Uáuguda* é a forma imperativa do verbo latir, portanto deve ser usado somente para cachorros. A forma como funciona está provavelmente baseada no princípio do bode expiatório, mas isso é apenas uma suposição minha, nem Sebastian, nem Maria puderam me dizer porque é eficiente, mas foram enfáticos ao declarar que é eficaz.

A tosse comprida é chamada de *tere'tere*; é considerada uma coceira na garganta, por isso se dá à criança óleo de coco para beber. Os vermes intestinais são tratados com laxantes fortes; no caso de *lumbricus*, eles acreditam que alho amarrado em um fio de linha e suspenso acima do umbigo poderá ajudar. Quando se trata de solitária, dá-se à criança a polpa branca do coco verde.

O endentecer é chamado de *táfugacõ*, que quer dizer literalmente incubação. Nem Maria, nem Sebastian sabiam nada a respeito. Preciso falar sobre tudo isso com Pancha Marin.

A propósito, *tunú* ou *tunáu*, segundo Maria, é qualquer tipo de tosse, não só tuberculose.

14

Antes de mais nada, omiti da minha lista de ocupações as chamadas costureiras e aquela senhora da *haute coûture*, Inés Lacayo; em Cristales, Cristina Marin e Julia Lopes. Há, creio eu, uma costureira ladina no centro e há outras, talvez, em Rio Negro.

Ontem após o jantar fui a Cristales com Lydia ver o ensaio do *máipol*, mas quando chegamos lá não havia ninguém e fomos informados de que o ensaio já tinha terminado.

Voltei para casa, mas logo depois Lydia e sua cunhada vieram me dizer que havia uma comédia na casa "de uma senhora de Cristales". Assim, fomos para lá, mas conseguimos ver somente os últimos dez minutos do espetáculo. Era muito parecido com a peça de Natal que eu tinha visto antes, quero dizer, a atmosfera geral, o espírito da coisa. Havia o mesmo tablado com três lados cobertos com roupas penduradas e folhas de palmeiras. Os atores eram principalmente crianças também e os figurinos feitos em casa revelavam o mesmo gosto por cores fortes: azul-cobalto, vermelho, rosa-choque... Dessa vez, eram seculares, mas em grande estilo, visando evidentemente a suntuosidade; muitas garotas usavam diademas de papelão, dourados ou prateados, no lugar das auréolas que tinham usado na peça de Natal.

Quando chegamos, a comédia propriamente dita já tinha terminado e eles estavam apresentando um pequeno ato de variedades com canções (todas mexicanas) e danças em grupos de garotas (rumbas e *jitterbug*). Novamente, tive a oportunidade de ver como a criança com auto-confiança e algum talento é estimulada pelo riso e aplauso. A música era executada por uma banda de cinco homens: dois saxofones, dois violões e tambores.

Essas comédias são razoavelmente freqüentes: quando estive em Roatan houve uma, na época do Natal houve três ou quatro delas, Pancha Marin produziu uma quando eu estava na Guatemala e vai produzir outra em breve... Ouvi dizer que eram mais freqüentes nos bons velhos tempos, é claro.

Eu quis ir mais uma vez às hortas das colinas para ver como elas estariam agora. Assim, ontem, quando Maria disse-me que iria até a sua *milpa*, pedi-lhe que me chamasse quando passasse por aqui. Ela veio com Lydia às quatro da manhã e, depois de uma xícara de café e biscoitos, estávamos a caminho.

As hortas parecem muito diferentes agora; têm um aspecto desnudo, acentuado por manchas pretas de pedaços de terra queimados. Por toda a parte, os brotos de iúca, recentemente plantados, estão cobertos de pequenas folhas. Mas as árvores de tanchagem e as bananeiras estão ainda pequenas. Tirei tantas fotos quanto pude, mas descobri quase no fim do filme que havia usado a medida de intensidade da luz sem pensar no filtro... Acho que nunca serei nem mesmo um fotógrafo passável.

Maria estava atrasada com sua plantação, mas não quis demorar muito por minha causa. De qualquer forma, pude ver como a iúca é plantada, um processo simples. Maria afofava a terra ao redor das raízes com a machete e arrancava toda a planta; as raízes eram colocadas em uma cesta e o tronco era quebrado em três partes, cada uma das quais era fincada em pequenos montes de terra fofa, feitos previamente com o auxílio de uma enxada. E isso é tudo. Em cada pedaço do tronco brotarão folhas e, no devido tempo, vão se desenvolver raízes tuberosas onde o amido será acumulado.

Maria trouxe para casa somente iúca doce, pois queria fazer amido, não *casabe*. Para se fazer amido, é preciso descascar as raízes e ralá-las como de costume, mas não se deve colocá-las no *ruguma*. (A iúca doce realmente não precisa ser colocada no *ruguma*, porque não contém o suco venenoso que deve ser extraído. Mas para se fazer *casabe* rapidamente, uma grande quantidade de farinha seca deve estar à mão e, então, o *ruguma* é usado assim mesmo.) Em vez disso, é peneirada através de um pano limpo. A maneira comum de se fazer isso é com uma peça de tecido de algodão grosso amarrada pelas quatro pontas nas quatro pernas de uma cadeira colocada com as pernas para cima sobre uma mesa; a iúca ralada é colocada sobre o tecido e deixada assim até que o suco tenha sido filtrado através do algodão. Então, a farinha ainda úmida é colocada sobre uma outra peça de pano limpo, onde fica até secar.

Pensei em verificar as informações que tenho sobre o calendário agrícola. Suponho que, agora, tendo que encarar novas tarefas, mais detalhes serão lembrados e a teoria e a prática serão confrontadas.

Voltei para casa às nove e meia, menos cansado do que em minhas excursões anteriores. Estou adquirindo um bom treinamento.

Lydia disse-me que o *máipol* será provavelmente "apresentado" em 23 de junho, véspera de São João. Por falar em feriados, ontem pude dar uma olhada em um *rezo* presidido por Antonio Martinez. Eu estava passando e vi as luzes, ouvi as orações e hinos, mas como se tratava de um assunto estritamente familiar, não quis me intrometer.

14

Fui ver a sra. Glynn para tratar da data de minha partida; ela quer a casa para um filho do sr. Hall, o cortador de mogno, que vem morar em Trujillo em breve. Dentre as várias virtudes da excelente sra. Glynn, a virtude do silêncio infelizmente não é encontrada. Eu não consegui sair de sua casa antes das onze horas da manhã e, como eu tinha outras coisas a fazer, a manhã inteira foi perdida.

À tarde tentei investigar o problema das formas verbais em caraíba, as quais Taylor quer que eu esclareça. Confesso que me sinto perdido com qualquer coisa que se relacione com a lingüística. Meus informantes parecem se tornar muitos densos repentinamente toda vez que tento abordar o assunto. É verdade que se trata de uma coisa particularmente complicada. Contudo, espero conseguir mais alguns exemplos para ele.

15

Sebastian veio me acordar às cinco da manhã e fomos juntos até a praia, pois eu ia com ele ver suas armadilhas para peixes. Pegamos a canoa e, depois de ele ter remado por mais ou menos uma hora, as bóias foram localizadas. Nos aproximamos delas e Sebastian começou a puxar a longa e forte trepadeira na qual a armadilha para peixes fica amarrada. Ele estava receoso de que alguém tivesse estado lá antes e levado os peixes. Mas cada uma das três armadilhas surgiu com uma multidão de pequenos peixes coloridos, brilhando e agitando-se na claridade do amanhecer. Os peixes pescados com armadilhas nunca são muito grandes; é ruim quando um peixe grande entra em uma delas, pois se ele for forte o suficiente para romper a tela, todos os outros peixes também escaparão e a armadilha precisará de reparos. Sebastian calculou que levaria para casa metade de sua pescaria, para consumo imediato e para salgar e defumar; a outra metade será vendida por duas lempiras. Não foi um mau dia. Mas ele me disse que seu irmão Lorenzo daria risada disso, pois nunca voltaria do mar com uma pescaria que valesse menos do que vinte ou quinze lempiras. E apenas uma pequena parte seria vendida na praia; ele costumava mandar sua pesca para o Hotel Paris e para o hospital em La Ceiba, e para uma loja de frutos do mar em Tegucigalpa. Sebastian, que perdeu a maior parte de suas armadilhas, mostra uma admiração por seu irmão como se ele fosse um herói.

Com isso completei meu conhecimento dos processos de pesca em Trujillo. Durante meu primeiro mês aqui, tinha visto pescaria com linha e anzol, com tarrafa, com rede de arrasto e mergulho para pegar conchas. A pesca de tartarugas com redes não é mais praticada. Esqueci-me do arpão; mas não vejo necessidade de ir ver esse tipo de pescaria, pois, como foi descrito para mim, não difere de qualquer outra parte do mundo.

Montar armadilhas é a maneira mais fácil de apanhar peixe, ou seja, a que exige menos esforço e consome menos tempo. Mas envolve vários riscos e requer habilidade. Correntes, ventos, peixes grandes e outros fatores podem ocasionar a perda ou a destruição das armadilhas; se outro pescador as vir antes de seu dono, em nove dentre dez casos, os peixes serão roubados. Deve-se conhecer essa baía "como sua própria casa" para se obter sucesso. As armadilhas devem ser colocadas em pontos livres de correntes, de ventos, usualmente não freqüentados por peixes grandes e escondidos da vista de outros pescadores. Há um homem em Rio Negro que deixa suas nassas em pontos tão escondidos que ele mesmo depois não as encontra. Sebastian, por enquanto, não tem tido sucesso; ele pode se consolar dizendo bem alto que lhe falta feitiços de pesca, mas isso é somente superficial. No fundo, sabe que não é bom.

JUNHO DE 1948

Em nosso retorno Sebastian comentou que os pescadores com rede de arrasto recusam-se a vender os peixes em Rio Negro. Se eles não encontram compradores em Cristales, preferem dá-los ou deixá-los apodrecer na praia. Parece que a velha rivalidade entre as pessoas de Cristales e as de Rio Negro passa por períodos de maior intensidade. Sebastian disse-me que as mulheres são mais cruéis do que os homens. As mulheres de Rio Negro não permitem que uma mulher de Cristales tenha uma horta nas mesmas colinas em que elas têm as delas. Alegam que as mulheres de Cristales são ladras terríveis e roubariam suas tanchagens e iúcas. Eu observei essa hostilidade entre Cristales e Rio Negro em vários velórios e *embarradas* que compareci. Sempre que tinha uma discussão, (geralmente porque alguém negou um drinque para outro alguém) grupos hostis eram formados, um de rapazes de Cristales e outro de rapazes de Rio Negro. Devo acrescentar que essas discussões nunca eram muito sérias e nunca vi qualquer coisa mais grave do que troca de grandes ameaças e a melhor escolha de termos obscenos das línguas espanhola, caraíba e inglesa.

Esqueci-me de dizer que, no interior das armadilhas de peixes, havia raízes descascadas de mandioca que os peixes mal tocavam e algumas frutas, um tipo de *anonacea* conhecida no Brasil como "fruta-do-conde". Os peixes pequenos parecem gostar muito dessa fruta. Antes de recolocar as armadilhas, Sebastian depositou em seu interior pedaços de *bíu* assada, isto é, fibras de mandioca que não passaram pela peneira. Ele disse que isso atraía mais peixe do que a fruta mencionada.

Sobre Polo David, o misterioso homem da Lagoa, todos afirmam que ele mantém relações sexuais com as próprias filhas: Sebastian, Maria, Alfredo Miranda, Candu Perez. Todas as histórias coincidem nos pontos essenciais. De tempos em tempos, uma de suas filhas mostra sinais de gravidez; então ele acusa algum vizinho como sendo o pai da criança. Como seus vizinhos mais próximos vivem longe, eles não têm dificuldade na apresentação de álibis. Maria diz que todas essas crianças incestuosas morreram antes de completar um mês de vida, o que comprova claramente sua origem culposa.

16

As pessoas estão sempre mencionando comida "quente" e comida "fria"; isso nada tem a ver com a temperatura em que essas comidas são servidas, mas com uma qualidade inerente, algo que pertence à natureza dos diferentes gêneros alimentícios. Apresentei uma lista desses gêneros alimentícios ao Sebastian e à Maria, para que ambos classificassem como "frio", "quente" ou indiferente. Para Sebastian, são coisas "quentes": feijão, pimenta, carne de boi, café, mangas verdes e melancia, à tarde; melancia que é comida pela manhã não é "quente". Maria não concorda: para ela, coisas "quentes" são só o café, a carne de boi e as mangas verdes. Quanto à melancia, ela concorda que não deve ser comida à tarde, mas exatamente porque é muito "fria"; durante a tarde você já se movimentou bastante e seu corpo está quente, portanto, você não deve comer coisas "frias". Quanto à pimenta, por ser um vegetal, é "fria", diz ela; o mesmo se aplica ao feijão.

Coisas "frias" são: peixe, porco, mandioca, inhame, batata doce, *iãpã*, tanchagem, banana, milho, peru, açúcar (rapadura), cebola, tomate, *ayote*[51], quiabo, abóbora, todos os vegetais e frutas em geral.

Para Sebastian, coisas indiferentes são: frango, arroz e carne de caça selvagem. Para Maria, não há comida indiferente em relação a "calor" ou "frieza"; ela classifica o frango, o arroz e a caça selvagem também como comidas "frias". Tanto Maria como Sebastian estão de acordo que algumas comidas são mais "frias" do que outras. Dentre essas especialmente "frias", eles classificam o coco verde, o quiabo, a tanchagem, a banana e a melancia (para Sebastian, somente pela manhã; para Maria, permanentemente). Maria acha que o arroz e o açúcar também são especialmente "frios"; como prova da "frieza" do açúcar, ela me falou da água açucarada que é dada às pessoas atingidas pelo *mal-de-ojo*, para aliviar a sensação de ardor que elas sentem nos olhos.

Alimentos "frios", isto é, aqueles que são considerados extremamente "frios", devem ser evitados por pessoas que têm febre ou que se sentem quentes em virtude de um esforço muscular vigoroso. Isso poderia provocar um resfriado na pessoa.

Comidas "quentes" devem ser consumidas moderadamente. Em excesso, podem provocar bolhas e erupções. Maria está convencida de que minha urticária é provocada pelo excesso de café.

Para mostrar o quanto o conceito de temperatura real está ausente das palavras "frio" e "quente" usadas para comidas, citarei Sebastian: "Dizem que o frio do gelo na verdade é calor. Isso pode ser verdade, don Ruy?" "O que você quer dizer com isso?" "O gelo é feito com amônia que é um gás muito

---

51. Espécie de abóbora pequena. (N. de R.)

quente." Tentei explicar-lhe como a amônia é introduzida nos aparelhos de produção de gelo como um líquido que, ao se transformar em gás, absorve grande quantidade de calor e congela a água. Vi em seu rosto que ele não ficou muito convencido; o calor é uma qualidade fundamental de uma coisa e, mesmo que você coloque alguma coisa fria no fogo, ela pode temporariamente ficar quente, mas não muda sua natureza. Mas agora falo de uma substância roubando o calor de outra substância! "Então por que o gelo pode queimar sua mão, don Ruy?" Respondi que talvez eu estivesse errado e deixei-o registrar um pequeno triunfo.

Maria disse-me pela manhã que ela esteve em sua horta plantando tanchagem. *Coas* (galhos enterrados) são utilizados para esse fim, visto que o buraco deve ser fundo e a terra ao redor não deve se soltar. Brotos ou pedaços de tronco novo são usados para o plantio.

Sebastian diz que sua casa necessita de reparos, especialmente os fundos. Neste caso, não há *embarrada*. Você pede a um amigo para lhe ajudar. Você e ele vão juntos buscar argila, misturam com terra e água e, assim, consertam as paredes, isso é tudo.

17

Ontem à tarde houve um violento temporal. Ocorreram fortes chuvas nos últimos dias, apesar das pessoas dizerem que junho é um mês seco aqui. Estive comentando isso com Sebastian nesta manhã e ele argumentou que esse é um tempo um tanto fora do comum para junho. Mas o temporal de ontem não foi incomum porque era o dia em que *Sirígo* aparece. *Sirígo* é aquele grupo de sete estrelas da constelação Taurus chamado de "las Siete Cabritas" pelos ladinos e de Plêiades pelo resto do mundo. Elas desempenham papel importante no sistema de crenças dos caraíbas; há ervas que devem ser colhidas quando essas estrelas aparecem no céu para ter algum valor. Curandeiros e *búieis* prestam muita atenção ao *Sirígo*. Esse é um genuíno traço aborígine caraíba, encontrado nas ilhas caraíbas e em todas as tribos caraíbas e tribos da região amazônica com influência caraíba.

Sebastian esteve conversando hoje com um homem de Limón que lhe falou sobre a novena em sua aldeia. As pessoas de Limón não iniciam a novena para uma pessoa morta antes de quinze dias após o enterro e, às vezes, até mesmo seis meses após. Isso porque, em Limón, os convidados e amigos do falecido compareçam à sua casa todas as noites da novena para participar das orações. Embora somente dancem a *punta* na véspera do dia do enterro e na última noite da novena, como é aqui. Os convidados que comparecem às rezas devem ser servidos com comida e *guaro*. Naturalmente, a família deve se preparar para isso; se forem ricos, não leva mais do que quinze dias, mas se forem pobres terão de trabalhar muito, plantando feijão, arroz e outras colheitas para vendê-las aqui. Às vezes, passam-se seis meses até que eles tenham o dinheiro suficiente para oferecer a novena. Gostaria de saber o quanto disso é autêntico; parte deve ser gabolice, inspirada pelo orgulho da própria aldeia.

18

A primeira coisa que Sebastian me contou pela manhã é que Polo David, o *búiei*, estava na cidade. Tinha conversado com ele ontem à tarde a meu respeito; Polo disse que estava interessado em me ver e teria prazer em receber minha visita. Meu primeiro impulso foi de ir vê-lo hoje, mas como Sebastian disse que a mulher dele está doente e que ficará na cidade por alguns dias, decidi que seria melhor fazer uma visita amanhã. Meu prestígio diminuirá se eu parecer muito ansioso para falar com ele.

Hoje apliquei o Rorschach e recolhi desenhos de duas garotas, Juliana Herrera e Ester Blanco. Ambas estavam muito tímidas e pouco à vontade, ao contrário dos primeiros meninos que foram meus sujeitos, Mario Martinez e Luis Oliva. Levei muito tempo para conseguir respostas de Ester Blanco que, durante a aplicação, rejeitou cinco pranchas. Fiquei frustado com isso, embora saiba que essas coisas acontecem.

Peguei na loja de don José Castillo duas edições do *La Tribuna*, o jornal liberal. Na edição de 9 de junho de 1948 havia um artigo, "Tragedia sangrienta en Honduras o la paz sobre cadáveres", que é um relato completo dos massacres que ocorreram em diferentes lugares de Honduras desde que Carías está no poder. Transcrevo aqui um parágrafo do mesmo. "A aldeia de San Juan, sob a jurisdição de Tela, é também massacrada indiscriminadamente e por quê? Os pobres morenos ignoram; eles são questionados sobre Jesus Umaña, eles nada sabem sobre ele, eles são mortos." Jesus Umaña foi um líder revolucionário clandestinamente introduzido no país através da destreza dos contrabandistas caraíbas. Disseram-me que foi um caraíba que denunciou os de

JUNHO DE 1948

San Juan como os autores da ação, por isso a ação do governo. Honduras é realmente um país progressista: antes de Guernica, antes de Lidice, antes de Oradour, a destruição maciça de comunidades inteiras foi praticada aqui. É provável que Jesus Umaña tenha sido introduzido no país por um grupo de contrabandistas de San Juan. Estes, muito provavelmente, foram os únicos que escaparam, pois a razia contra a aldeia aconteceu à noite e eles estavam ausentes no mar.

Outra passagem do mesmo artigo: "no Departamento de Colón a onda de crimes continua destruindo vidas e todos são atingidos pelo pânico; eles conversam em voz baixa, ninguém ousa levantar sua voz em protesto e todos os que podem procuram outro lugar para construir seus lares". Há algum exagero em tudo isso, mas é essencialmente verdade. Sei de pessoas que saíram de Trujillo porque a vida se tornou impossível para elas aqui.

19

Pela manhã fui a Rio Negro com Sebastian. Polo David não estava em casa; tinha ido trabalhar na lagoa e era esperado à tarde. Quis conversar com Rafaela, a meia-irmã de Sebastian, mas ela estava em sua horta também. Fomos à casa de Siti, mas encontramos lá duas mulheres ladinas, que pareciam ser clientes. Assim, eu apenas acenei para ele e disse que voltaria à tarde, pois percebi que estava ocupado. Voltamos para a casa de Rafaela, mas ela estava saindo para fazer compras. Sebastian disse-lhe que íamos esperar lá dentro e, assim, entramos e sentamo-nos.

Rafaela, no início, relutou em falar comigo sobre *gubida*; ela ria, falava sobre generalidades. Mas eu tinha questões precisas para lhe fazer sobre o significado do *abaiuahani*, sobre o significado dos montes *gule* e sobre o *uburugudinã*; este último assunto era inofensivo, mas, como os outros, levei muito tempo para conseguir respostas positivas. Ela finalmente cedeu dizendo: "Bem, como você é amigo de meu irmão..." Entretanto, ela não estava totalmente segura com relação a alguns problemas. Por fim, disse que um dia Polo David viria à sua casa e que ela me avisaria por intermédio de Sebastian, assim eu poderia vir e vê-lo trabalhar. Ela mostrou desdém com relação a todos os outros *búieis*: "Mijito (Siti Garcia) sabia alguma coisa quando era mais jovem, mas agora, da maneira como bebe, perdeu todos os espíritos. É muito raro que um espírito responda à sua convocação atualmente. Não sei sobre aquele de Santa Fé, mas esse Fubainagu não sabe absolutamente nada." Porém, Candu Perez acha que Polo David não passa de um velho vicioso que vai para a cama com as próprias filhas e que tem algum talento para convencer e enganar pessoas. Esse é um padrão geral, louvar "seu" *búiei* e ridicularizar todos os outros.

À tarde voltei a Rio Negro com a intenção de encontrar Polo David, mas ele não tinha voltado. Fui então ver Siti, dessa vez acompanhado por Sebastian. Conversamos sobre pescaria, os velhos tempos e muitas outras coisas, e descobri que não tinha mais perguntas sobre os *gubida* para lhe fazer. Gostaria de saber mais sobre as diferentes classes de *biúruba*, por exemplo, mas sempre que abordava isso em visitas anteriores, seu olhar tornava-se vago, ele se fechava em si mesmo e não respondia. Assim, sei que me contou tudo o que lhe interessava dizer sobre isso, talvez mais do que a qualquer outro. Sinto necessidade de corroborar e acrescentar maiores e mais detalhadas explicações ao que já sei. Não creio que haja um fato fundamental nessa cultura que tenha escapado à minha atenção. É possível que haja muitas curiosidades e maneiras peculiares de se fazer algumas coisas como, por exemplo, dançar com um cachorro para curar a caxumba e coisas desse tipo.

Sebastian contou-me que sonhou comigo na noite passada. No sonho, eu estava na praia com minha máquina fotográfica, embora fosse noite. Havia uma lua brilhante e eu estava perto do "cerco", em frente à casa de Miranda, tentando fotografar algumas canoas que subiam e desciam com as ondas. Quando pressionei a alavanca para baixo, uma luz forte, como a de uma explosão, saiu pelas lentes, então disse: "*Caramba!* A máquina está quebrada!" (como cheguei a dizer isso, eu não sei; devo estar mais aculturado do que imagino). Com isso, Sebastian acordou.

Esta noite Sebastian vai a um velório em Santa Fé e vai perguntar algumas coisas sobre o *dogo* da família Gonzalez. Espero que alguma coisa resulte disso, antes do fim da minha estada aqui.

Durante essa última semana Sebastian voltou a ser o que era no início: cheio de atenções, tentando ler meus pensamentos e desejos. Eu sabia que ele estava tramando alguma coisa; hoje aconteceu, ele me pediu para adiantar cinco lempiras de seu salário de julho. Sebastian deve esbanjar seu dinheiro; trinta lempiras por mês, em Trujillo, é um salário bastante bom. E sobra bastante tempo para ir pescar quando quer. Maria, que recebe vinte e cinco lempiras, tem sempre alguma coisa nova para mostrar: vestidos, chapas de ferro corrugado para sua casa nova, etc.

JUNHO DE 1948

Estou concentrando minha atenção nas pessoas que, dizem, odiam *gubida*, para ter uma documentação maior para meu estudo sobre a ambivalência social e discretismo. Supõe-se que Victorino Gonzalez, de Santa Fé, seja uma delas. Lembro-me que quando o encontrei pela primeira vez, em Santa Fé, ele declarou ser evangelista e somente acreditar na Bíblia. No entanto, ele foi comigo e com Taylor fazer uma visita a Faustino Fernandez e, quando o *búiei* cantou canções *dogo*, ele tomou parte. Mas agora, apesar da necessidade urgente, ele se recusou a oferecer um *dogo*, assim, seu irmão Leoncio assumiu a responsabilidade de realizá-lo. Mesmo que o *dogo* não se realize, vou a Santa Fé falar com ele. E também com Pancho Fernandez e sua mãe; seu caso é um dos mais interessantes.

20

Hoje lembrei de algo que Rafaela me disse ontem e que não tive a oportunidade de anotar. Ela estava falando sobre a maneira de descobrir que um espírito é a causa da doença de alguém. Disse que sabia que funcionava, pois tinha testado com sua filha. Antes de se casar, quando ainda era menina, sua filha, certa vez, teve uma doença misteriosa que nenhum médico conseguia curar. Rafaela levou-a ao hospital de Puerto Castilla mas ela piorava dia a dia. Finalmente, trouxe a menina para casa e esfregou com guaro as costas e as partes de trás da cabeça dela; naquela mesma noite, o espírito veio pedir para a menina as missas de que ele necessitava. A menina, compelida pela curiosidade, girou sua cabeça para vê-lo; o que viu deve ter sido horrível, pois ela gritou. Mais tarde ela só se lembraria que vira um rosto horrível e um corpo todo coberto com manchas.

Quanto a Rafaela, os espíritos nunca a incomodaram; eles vêm raramente, mesmo quando ela está dormindo. Ela confidenciou-me que deve isso a seu pai; o velho Tifre costumava pegar as crianças, quando elas eram suficientemente maduras para compreender, e "curá-las", e ensiná-las uma reza para manter os espíritos longe. "Ele não fez isso com você (dirigindo-se a Sebastian) porque você é o último, ele estava então dominado pelos padres."

Sebastian não respondeu, pois ele é sujeito a ataques do *áhari*. No início, ele se vangloriava do "peso" de seu *áfurugu* e falava sobre *ufīē* como se fosse um assunto para risos. Ele conseguiu me persuadir de que não estava muito impressionado com eles. Mas agora não consegue mais manter seu fingimento e mostra sua verdadeira face em relação a seu medo de fantasmas. Por exemplo, ontem, ele me contou que tinha dormido mal na noite anterior. Foi para a cama às dez horas e, quando estava quase adormecendo, ouviu algo que parecia um corpo pesado batendo contra o telhado. (Ele dorme sozinho agora na casa de seu irmão Lorenzo, cujo telhado é coberto com chapas de ferro corrugado.) Apagou rapidamente sua lamparina e puxou os lençóis sobre a cabeça; mas até às duas horas aproximadamente, ouviu alguém andando para cima e para baixo no telhado. Ele acha que pode ter sido um animal selvagem, do tipo de mamíferos carnívoros que atacam galinheiros durante a noite. Mas não teve vontade nenhuma de investigar o assunto; tremeu em sua cama e manteve-se quieto. Ele deve ter ficado profundamente impressionado e perturbado, pois contou-me o fato; ele não o faria ordinariamente, uma vez que gosta de se mostrar para mim somente do ângulo mais favorável.

Meu fracasso nas pesquisas lingüísticas teve o resultado aparentemente paradoxal de me encorajar. Posso ver agora muito claramente a importância do método. Quando faço uma pergunta sobre religião, por exemplo, a resposta que obtenho é confrontada com o conhecimento que tenho do sujeito; sei quais são os pontos delicados, o que é perigoso abordar, sei o significado das metáforas e sei como formular outra pergunta que colocará a conversa no rumo certo. Posso até mesmo interpretar os silêncios, as omissões, as mudanças repentinas de assunto, etc. Mas quando pergunto o que para mim é uma questão bastante simples sobre um verbo, não consigo fazê-los entender o que quero. Não tenho, por exemplo, os meios de simbolizar um caso concreto que requererá tal forma verbal e assim por diante. Tenho estado tão absorvido nos resultados, que raramente presto atenção nos meios de obtê-los. Talvez, o método seja como o nosso fígado que somente pode ser sentido quando há algo de errado com ele. Isso é, talvez, como deveria ser.

21

Hoje foi um daqueles dias em que tudo parece dar errado. O azar foi tão persistente que estou começando a entender as razões para a criação de gremlins e outras personificações das coisas-que-dão-errado. Polo David ainda não voltou, então fui até a escola e escolhi duas meninas para aplicar o Rorschach. Mas a primeira na qual comecei a aplicar o teste, Alicia Alvarez, ficou tão terrivelmente tímida e tão pouco à vontade, que meu primeiro impulso foi o de desistir; mas depois senti o desafio da situação e lancei-me ao seu encontro. Transformei-me todo em paciência e doçura e, finalmente, consegui tirar alguma coisa daquele ratinho assustado. Depois, o céu estava coberto de nuvens escuras e esperávamos os primeiros pingos de chuva a qualquer momento. A outra menina pediu permissão para voltar à escola e buscar suas coisas antes da tempestade e eu consenti.

À tarde fui a Cristales falar com o "Fubainagu", mas não o encontrei em casa. Sebastian disse-me que Rafaela também não estava em casa; fomos ver Pancha Marin, mas ela também não estava. Ouvimos tambores e uma flauta e eu pensei que fosse um ensaio do *máipol*, mas quando nos aproximamos era somente uma pequena banda ensaiando para o baile dos velhos, o "baile dos quinhentos", como eles o chamam. Fiquei andando pela praia, sentei-me com um e outro grupo, fumei um cigarro e voltei para casa, tendo para mostrar como resultado de um dia inteiro de trabalho somente um Rorschach. Bem, amanhã é outro dia.

A situação política está tensa. Sempre dou uma parada para conversar com don José Castillo em sua loja e ele me mantém informado. Um jornal liberal, *El Norte*, está publicando uma lista dos "crimes cometidos pela ditadura" desde a última convenção liberal. Don José vai enviar um memorando de tais acontecimentos em Trujillo e espera uma manifestação do General Zanabria.

22

Todas as atenções estão dirigidas para a *feria*. Quando fui a Cristales, hoje, encontrei a escola fechada; reabrirá somente na segunda-feira. Hoje foi o dia oficial para o início das festividades; o marco seria um concerto da banda, ao alvorecer, o que não aconteceu. O programa para hoje incluía corridas nas quais os participantes têm os pés dentro de um saco de juta e outras coisas do tipo. Essas atividades tiveram a participação de apenas vinte pessoas, todos rapazes; nesta noite haverá uma dança ao ar livre que tenho certeza que atrairá muito mais que vinte pessoas. Amanhã será "representado" o *máipol*; vai haver uma corrida de canoas com remos e talvez com velas também; à noite vai haver uma dança no clube para os jovens, os velhos também terão sua dança e as velhas estarão se reunindo para *bõgóbõgo*, *gundjái* e *sambái*. Como Maria disse hoje, vai ser uma segunda festa de Natal; isso significa que as pessoas vão se embebedar até segunda-feira.

Pela manhã, depois que encontrei a escola fechada, fui para Rio Negro. Fui visitar Candu e encontrei lá o velho Nunez e apliquei-lhe o Rorschach. Candu contou-me que Polo David estava na cidade e que estava fazendo "um trabalho" na casa do outro lado da rua; a família tinha rezado uma missa hoje e, após a missa, Polo fez o *arairaguni* para saber o que mais os *áhari* desejavam. Parece que eles pediram um *cugu* que será oferecido durante a *feria*. Pedi que alguém fosse buscar 1/8 de litro de *guaro* e Candu chamou Polo. Ele entrou e mal conseguia parar sobre as pernas; acho que ele tinha consumido toda a parte líquida de seu pagamento pelos seus serviços. Ele estava alvoroçadamente amigável; apertou-me as mãos, deu-me um abraço e declarou que podia ver que eu era na verdade um moreno e minha aparência não podia enganá-lo. Ele parecia ficar excitado com suas próprias palavras, chamou-me de irmão e prometeu me contar "todos os segredos das ciências ocultas". "Porque sou o doutor negro!" Esta frase aparentemente o agradou imensamente, pois ele a repetiu sem parar com grande satisfação. Disse-me que tinha ouvido falar de mim e de Taylor algum tempo atrás; ontem e anteontem ele soube que eu tinha estado à sua procura. Lamentou que eu não o tivesse encontrado, mas estava em Marañones. Tentei fazê-lo falar, mas uma luz astuciosa apareceu em seus olhos: "Estou bêbado agora, não posso lhe contar muito, mas nos encontraremos outra vez e, então, vou lhe contar tudo." Ele estava quase desmaiando, mas não afrouxou sua defesa. Seus pensamentos fluíam em círculos e ele repetia as mesmas coisas sem parar. Vi que não conseguiria nada dele e, assim, levantei-me para partir. Ao despedir-me de Polo, pedi-lhe que me visitasse quando fosse a Trujillo. "Claro", disse ele, "vou com você agora." Bem, pensei, que bela situação arranjei! Como vou lidar com um *búiei* bêbado em minha própria casa? Nada poderia dissuadi-lo de sua idéia, ele estava disposto a ir comigo até minha casa e eu fui obrigado a me render temporariamente. Assim, lá fomos nós para o centro, Polo gritando cumprimentos a todos que passavam por nós, às pessoas aglomeradas em frente ao quartel da delegacia de polícia, provavelmente o "comandante" e seus subordinados, a todos os cidadãos respeitáveis de Trujillo sentados à frente de suas portas. Quando chegamos à loja de Alberto Crespo, ele parou para dizer uma palavra ao "velho Beto". Vi, então, uma oportunidade e apertando sua mão disse rapidamente: "Sinto muito, não posso acompanhá-lo. Adeus, don Polo, espero vê-lo novamente." Mas ele disse: "Vou para sua casa agora, só vou dar uma palavra ao Beto." Voltei para casa e fui imediatamente ver Maria para combinar um plano de ação; Maria achou que ele não encontraria a casa, mas no caso de ele chegar, após alguns minutos, ela viera até mim para dizer que eu estava sendo procurado em Cristales. Fui trocar minhas roupas e ouvi vozes próximas à porta do quintal. Maria veio logo dizer-me que tinha ouvido passos na porta dos fundos, saiu e viu que era Polo. Ela lhe disse que eu tinha saído novamente; ele insistiu que eu tinha vindo com ele há alguns minutos atrás. Maria reafirmou que tinha certeza de que eu não estava, pois ela mesma tinha acabado de entrar e não me encontrara; finalmente, ele partiu. Posso dizer a ele que eu estava no banheiro (o que é verdade) e que Maria não sabia que eu tinha voltado. É engraçado que, após tentar encontrar o homem por várias vezes, quando finalmente o encontro, eu tenha que me empenhar para me livrar dele! Planejei pedir-lhe que me fizesse uma apresentação de encomenda, usando para isso a casa de Rafaela. Desta maneira, posso lhe fazer várias perguntas. Ele parece estar bem disposto em relação a mim.

À tarde tentei entrar em contato com "Fubainagu" e Rafaela mas, outra vez, nenhum dos dois estava em casa. Fui visitar novamente Candu. Ele me disse que Polo estava um pouco mais sóbrio e que tinha partido para Cristales há pouco. Conversei com ele durante alguns minutos e parti.

A respeito da embriaguez entre os caraíbas. Tenho visto muitas pessoas com todos os graus de intoxicação, durante *embarradas*, velórios e, especialmente, na época do Natal. Mas o álcool nunca tem o efeito de liberar a hostilidade reprimida, como entre os Ojibway do Lac du Flambeau. Somente uma vez vi as pessoas realmente chegarem aos tapas durante um velório e isso por causa de um jogo de cartas. Tenho visto discussões com insultos alternados entre as duas partes, mas sempre outras pessoas intervinham e promoviam a reconciliação. Não raramente, como entre nós, há o efeito contrário, isto é, o de fazer as pessoas tornarem-se amistosas demais. Isso provavelmente estimulará cantores a improvisarem versos repletos de comentários mordazes sobre as fraquezas de seus inimigos ou alusões sarcásticas, como tem me sido contado. Mas, fora isso, não parece estimular a agressividade de uma forma perceptível.

23

Hoje Trujillo parece uma cidade atingida pela peste. Todas as lojas estão fechadas e as ruas, que geralmente carecem de animação, estão completamente desertas. À tarde realizou-se o *máipol* de acordo com a programação.

Fui informado de que começaria à uma hora, assim, fui a Cristales ao meio dia e meia e, ao passar pela casa de Sebastian, vi a porta aberta e entrei. Ele estava passando sua calça para parecer o melhor possível durante a *feria*. Fomos juntos para o local onde estavam os mastros ornamentados (havia dois deles). Disseram-me que a espiral de papel crepom com a qual os mastros foram decorados era vermelha no início, mas teve de ser mudada para azul por ordem do "comandante"(!). Uma pequena árvore ao lado também tinha fitas penduradas nela; era para as crianças.

Ouvi os tambores à distância e a música dos instrumentos de sopro; subindo uma quadra pela rua principal, pude ver um aglomerado de gente no final dela. Sebastian disse então: "Eles foram procurar pela rainha. Você não gostaria de ver?" Tínhamos andado, porém, não mais do que cem jardas quando vimos o cortejo movimentando-se com gritos de "Viva la reina". Assim, ajustei minha máquina fotográfica e esperei. Mais tarde disseram-me que não havia nada de muito importante nesse ato; um membro do grupo dirige-se à rainha e pede-lhe que se digne a descer para, com sua presença, abrilhantar a festa e encher de alegria os corações de seus súditos fiéis. Ela consente graciosamente, dizendo também algumas palavras e o cortejo move-se para o lugar onde eles vão se apresentar.

A rainha era uma jovem de catorze anos (é regra que a rainha seja sempre uma jovem, às vezes com doze ou dez anos de idade) toda vestida de branco, com uma coroa de cartolina dourada sobre a cabeça. Trazia nas mãos um pequeno cetro de madeira também dourado e seu vestido era ornamentado com ramos de pinheiro. Aquelas que estavam fantasiadas também traziam ramos de pinheiro atados, mas era uma minoria. Havia algumas vaqueiras, algumas enfermeiras e outras com saias longas de cores fortes. Três quartos dos participantes usavam sua melhor roupa, a roupa de domingo, mas sem fantasias. Havia também um rei, um menino com um reluzente uniforme naval. Os únicos homens faziam parte da orquestra composta de uma clarineta, uma tuba barítono, um violão e tambores.

Ao se chegar ao espaço aberto onde estavam os mastros, a orquestra recebeu cadeiras para se sentar e os espectadores começaram a chegar. Houve um atraso, no entanto, pois as fitas de um dos mastros tinham se embaraçado. A velha senhora de aparência enérgica, que estava dirigindo tudo (informaram que ela é conhecida como Kúli Alvarez), veio rapidamente para ajudar, mas levou um bom tempo para desembaraçar as fitas emaranhadas. Quando tudo estava pronto, os mastros foram erguidos e a música começou a tocar.

JUNHO DE 1948

O essencial do *máipol* é dançar segurando-se uma fita e formando um círculo ao redor do mastro; na verdade, há dois círculos de pessoas movimentando-se em direções opostas, cada pessoa passando, de forma alternada, em frente e atrás de cada pessoa do outro círculo. As fitas são rodadas ao redor dos mastros formando um desenho de linhas cruzadas e atraindo as dançarinas para cada vez mais perto dos mastros, até que uma moça alta vestida como homem sopra um apito e todos param para um descanso. Depois disso, elas executam os mesmos movimentos em direção contrária, assim, os caminhos das danças tornam-se círculos mais largos, o emaranhado de fitas se desfaz e, finalmente, elas chegam à mesma posição inicial. E tudo começa de novo.

A música era uma espécie de marcha saltitante, tendo algo da polca e alguma coisa do maxixe, compasso 3/4 cheio de síncopes. Era a forma musical que sugeria as danças brasileiras na forma mais definida de todas que já ouvi aqui. É também, talvez, a mais fortemente influenciada pela música ibérica. Enquanto eu a ouvia, de repente, o tema da "ciranda, cirandinha" surgiu, modificado, mas claramente reconhecível. Isso reforça a opinião daqueles que acreditam, como Mário de Andrade, que esta cantiga tão difundida por todo território brasileiro deve ter origem européia.

A dança é muito simples, dificilmente poderia ser chamada de dança, é somente uma marcha com marcação rítmica forte. Mas aquelas que a dançam pareciam se divertir, pois começaram às duas horas e somente pararam às cinco. (Eu saí às três e voltei um pouco antes do fim.) Quando tudo acaba, todos voltam para o ponto onde tinham se reunido, no fim da rua principal, e de lá se dispersam. Dentro do círculo, em cada poste, dançavam duas moças vestidas de velhas, com blusa de renda, saia larga e um chapéu de palha com aba larga; elas tinham vassouras nas mãos e faziam movimentos de varrer, balançando seus traseiros almofadados com grande energia. Esqueci de mencionar também que, na primeira parada, a rainha fez um pequeno discurso ao aglomerado de súditos e foi aclamada e aplaudida. Alguém do meu lado comentou: "Isso está errado. Deveria ter sido no início." Suponho que o atraso em conseqüência do emaranhado das fitas foi o responsável pela mudança. Kúli deve ter pensado, talvez, que as pessoas estavam impacientes para começar e que um outro atraso por causa do discurso não seria bem recebido.

Os comentários feitos foram os de costume; *máipol*, como *uanáragua*, *pía & manadi*, *karapatía* e a *tiras* estão decadentes e carecem de brilho. Nunca, nos velhos tempos, uma moça pensaria em "representar" o *máipol* sem ter feito um vestido especial. Mas se o dinheiro para as roupas coloridas está faltando, não há carência de entusiasmo. Três horas de exercícios contínuos sob o sol do meio-dia, em junho, não está longe de ser uma proeza.

À noite fui ver os bailes. Desta vez, a grande sala da "casa comunal" tinha sido reservada para os velhos; os mais jovens realizaram suas danças na casa usada pelos velhos durante as festas de Natal. Não houve nada fora do comum nas danças; os mais velhos dançaram suas valsas, polcas e escocesas, e os mais jovens boleros e rumbas. O único acontecimento foi um rapaz que sofre de ataques e que caiu no meio da sala, enquanto dançava uma rumba; ele foi rapidamente retirado, a música continuou tocando e as pessoas prosseguiram dançando.

Ontem à noite houve também um velório no fim de uma novena. Passamos pela casa, mas havia poucas pessoas, nenhuma *punta* e ninguém contando histórias.

Eu estava interessado em ver outra vez *gundjái* e *sambái*, mas embora perambulasse por Cristales com Sebastian, não conseguimos encontrar o lugar onde se realizavam.

24

Sebastian chegou de manhã e disse-me, antes de tudo, que a festa das mulheres idosas que estivemos procurando na noite anterior estava bem próxima, perto da "casa comunal". Não conseguimos encontrá-la porque o som da orquestra tinha abafado as canções do *hõgóhõgo* e do *gundjái*.

Juan Lagarto veio me visitar e disse que era seu aniversário; foi batizado Juan Bautista em homenagem ao santo do dia. Dei-lhe uma lempira e o pobre velho ficou feliz.

O tempo hoje esteve nublado e insuportavelmente quente. À tarde começou a chover muito forte; muito provavelmente a regata foi cancelada. A *feria*, nunca muito brilhante, será ainda mais prejudicada. Maria, que acabou de entrar, disse-me que a regata foi transferida para amanhã ou domingo; hoje houve somente um jogo de futebol, interrompido por causa da chuva.

25

De manhã Sebastian veio me dizer que o *cugu* sobre o qual as pessoas estavam falando seria realizado hoje. A missa foi anteontem; foi quando encontrei Polo David, bêbado como um *búiei*, o que ele realmente é. É a primeira vez que vejo a missa não ser no mesmo dia do *cugu*. Preciso saber por que é assim neste caso. Sebastian disse-me que ficou sabendo a respeito porque um rapaz se aproximou dele e pediu-lhe um peixe para "um trabalho". Sebastian perguntou que tipo de trabalho era e, assim, ficou sabendo de tudo. Outra coisa que preciso investigar é se as pessoas que oferecem um *cugu* têm o hábito de pedir aos estranhos pequenas contribuições em comida. Deve ser esporádico; o rapaz talvez tenha visto que Sebastian tinha uma boa pesca e achou que ele não se recusaria a contribuir um pouco para um ato religioso.

O *cugu* estava programado para começar às onze horas, portanto, às dez e meia fui a Rio Negro. (Lá, descobri que eram, na verdade, dez horas; meu relógio estava meia hora adiantado.) Entrei na casa de Candu e, como eu esperava, a primeira coisa que ele me disse foi que aquele ¼ de litro de *guaro* que eu tinha deixado havia acabado. Candu, que é muito sincero, estava aflito e disse-me que tirou a bebida do lugar, olhou para ela, colocou-a de volta e mandou sua filha buscar dez centavos de *guaro*; mas, ontem, quando todos os *estancos* estavam fechados, não pôde resistir e tomou um gole. Depois disso, achou que poderia muito bem beber tudo...

Após alguns minutos de conversa Polo David entrou. Estava menos bêbado do que quando nos encontramos pela primeira vez, mas já tinha começado bem. Sua exuberância, contudo, não tinha diminuído; chamou-me de irmão e abraçou-me como antes e, outra vez, disse-me que estava "comigo até a morte". Também não estava menos orgulhoso, disse: "Hoje você vai me ver trabalhar! Aí então você pode ir e dizer aos outros que viu o trabalho do doutor negro!" Havia um outro rapaz na casa de Candu, também meio bêbado, que começou a contradizê-lo. Ele dizia, "Não fale amigo Polo! Você não tem talento suficiente para falar com um cavalheiro! Ele fala sobre assuntos profundos e você não pode falar com profundidade!" Pensei que Polo fosse ficar zangado, mas ele não se importou. Falou com o rapaz em caraíba, com leve desprezo em sua voz, como se estivesse falando com uma criança tola. Falaram a torto e a direito por algum tempo e Candu surpreendeu-me ao intervir dizendo que o rapaz estava certo, que Polo deveria provar sua excelência como um trabalhador do sobrenatural com feitos, não por elogios a si mesmo. Polo também não levou isso a sério, riu e durante algum tempo os três conversaram entre si. Finalmente, Polo saiu dizendo: "Vou ver se tudo está indo bem, chamarei vocês quando o momento chegar."

Candu começou, então, a elogiar o outro rapaz com termos exagerados: "Você é o único que pode criticar Polo, porque você tem conhecimento!" O rapaz disse: "Eu sou simplesmente um empírico (sic)." E eles começaram a falar sobre "empíricos" e "técnicos". Candu insistia que o rapaz era mais do que um empírico, porque lê livros. "Quando algum de nós quer saber onde encontrar tal e tal coisa, vamos a esse rapaz e ele nos diz a página onde está!" Eu estava perplexo e não sabia o que pensar; se aquele rapaz era realmente tudo o que Candu dizia, ele deveria ter me dito seu nome antes. De repente, apanhei um relance de Candu; os caraíbas piscam somente para fazer a corte, mas eles têm, com certeza, formas expressivas de olhar! Estavam todos zombando do rapaz, com aquela fisionomia de jogador de pôquer, do tipo *pince-sans-rire*, tão apreciada pelos jovens como pelos velhos. Os elogios eram cada vez maiores : "Bem, eu não posso me considerar um técnico!" "Mas você deveria! Um homem iluminado! (*de tantas luces*)."

Polo chamou-me do outro lado da rua e eu entrei na casa do *cugu*. Somente as pessoas da família estavam lá: uma mulher de meia-idade usando pequenas botas de homem e fumando um pequeno cachimbo de barro, uma moça bastante gorda e uma adolescente. A mulher explicou-me que ela não era a "dona" do *cugu*; era a dona da casa e seu primo, que tinha vindo a Trujillo para a *feria*, estava tendo a oportunidade de oferecer um *cugu* aos pais dela, ambos nascidos em Trujillo. "Você quer dizer que a família tem suas raízes aqui?" Ela riu com aquela satisfação que os caraíbas mostram sempre que Taylor ou eu dizemos alguma palavra na língua deles ou demonstramos conhecimento sobre algum ponto do seu culto. Eu ia fazer mais perguntas sobre esse ponto quando Polo, que havia entrado na sala do *gule*, chamou-me. Ele me apontou diferentes coisas: as mesas, duas, cobertas com comida (na verdade, o *cugu* que "Fubainagu" celebrou tinha quatro mesas e maior profusão de comidas); próxima a cada uma delas, uma cabaça cheia de *híu* e *pachitas* de *guaro*, a maioria já vazia, jogadas ao redor em posição horizontal; em frente de cada uma, um punhado de areia jogado sobre o solo e sobre a areia duas velas, uma maior e nova, acesa, e a outra menor, ao lado, apagada. Explicaram-me que aquelas menores tinham queimado até metade durante a missa que foi rezada no dia 22. O *gule* em si foi uma surpresa para mim, porque, ao invés de um monte, havia uma caixa de madeira; sobre ela havia a enorme cabaça cheia de *híu*, ao redor dela ¼ de litro de *guaro*, um vaso de vidro com folhas de crotão e uma imagem do Sagrado Coração de Jesus. As garrafas tinham bolas de algodão como tampas. Eu disse a Polo:

"Vejo que você tem um método diferente em seu trabalho. O *gule* não deveria ser um pequeno monte de terra? Ou isso é o *gule?*" Ele me disse que era o *gule*, mas que, geralmente, ele não trabalhava assim, somente neste caso particular, em que "a senhora estava em trânsito", um verdadeiro *gule* não podia ser construído. "Por quê?" "É muito problemático." "Você quer dizer, chamar a mulher mais velha da família para cuidar disso?" Novamente a mesma risada satisfeita. "Sim", respondeu ele, "essa é uma das coisas, a dona do *gule*". Eu quis saber se havia um nome no dialeto para isso; ele consultou a mulher e ela disse uma palavra que eu repeti, mas quando tentei anotar, ele disse que falaríamos sobre isso mais tarde. Perguntei se os espíritos realmente vêm para o *gule* e ele respondeu que lógico que sim, que esse era o propósito da construção do *gule*. "Para isso eu o chamei aqui; quero lhe mostrar como o doutor negro trabalha." Explicou que ia chamar os espíritos um pouco antes que toda família estivesse reunida; os espíritos podiam esperar no *gule* os membros restantes da família voltarem para casa. (Eu interpretei suas palavras como se minha presença no *arairaguni* pudesse ser embaraçosa para eles, visto que se trata de uma entrevista bastante particular entre os vivos e os mortos.) Ele pediu à mulher que lhe desse seu cachimbo, colocou-o na boca, puxou a fumaça, soltou-a sobre a comida na mesa e na direção do *gule*, esperou somente poucos segundos e começou a falar com os espíritos.

A fama de Polo David como *búiei* é bastante justificada; seu desempenho foi superior a qualquer um dos de Siti que eu presenciei. Em primeiro lugar, ele é um excelente ventríloquo; a mulher mais velha, uma das moças e eu ficamos bem na sala do *gule*. Ele não pediu que saíssemos e fechou a porta, como o faz Siti. Manteve o cachimbo na boca o tempo todo e insistiu para que eu olhasse para ele para ver se ele estava falando; seus dentes estavam cerrados na haste do cachimbo. O primeiro espírito que veio falou com uma voz misteriosa, parecida com o gemido do vento; veio também um segundo espírito que falou com uma voz fraca que parecia com a voz de um rato, nos tempos em que os animais falavam. Ambas eram anasaladas, levemente metálicas e quebradas; a comparação de Sebastian com uma vitrola velha é boa.

Como ator, Polo David poderia ser considerado quase tão eficiente quanto Frank Fay em "Harvey"; sem recorrer ao exagero, usando a extensão normal de sua voz e a expressão habitual de sua face, criou a impressão de outra pessoa na sala. Tirou o cachimbo da boca, falou com o espírito e colocou-o novamente na boca e a voz fraca surgiu do *gule*. Polo falou com eles numa mistura de caraíba e espanhol, ao que eles responderam somente em caraíba (um detalhe muito bem armado, pois sabe-se que as pessoas mais velhas falam o "dialeto puro"). Ele traduziu para mim o que eles estavam falando e o que ele próprio disse.

A conversa não foi longa. Polo disse aos espíritos que a comida sobre as mesas era para eles, que toda a festa era em sua homenagem. Responderam que podiam ver que seus queridos filhos não tinham poupado sacrifícios e que se sentiam sensibilizados e agradecidos. Mas onde estavam os outros? Eles chegarão daqui a pouco, disse Polo; enquanto isso, eis um amigo que veio de muito longe para estudar os costumes dos caraíbas. Eles responderam que sabiam que eu era um bom amigo do povo caraíba e que eu era bem vindo, "eles também eram meus amigos". Para animar a conversa, um dos espíritos ficava acusando Polo de estar zangado com ele; Polo sorriu cordialmente e respondeu como se estivesse apaziguando um velho senil. Não, ele não estava zangado, ao contrário, era ele, o espírito, que estava zangado com ele. Após uns dez minutos de conversa, ele disse que voltaria logo e passamos para a outra sala.

Outros membros da família e amigos próximos estavam lá reunidos. Sentamos por alguns momentos e conversamos. Polo contou-nos que nunca havia pensado em se tornar um *búiei* quando era criança. Não fazia muito tempo que tinha tido sua estrada de Damasco (um dos argumentos de Candu contra Polo baseia-se nesse fato; enquanto seu favorito Siti é filho de um *búiei* famoso). Certa noite, ele estava sozinho em sua casa na lagoa, pois sua esposa havia viajado, quando, de repente, um *zope* (abutre de carniça) pousou no telhado, com um tremendo estrondo. Vozes começaram a falar com ele, incitando-o a se tornar *ebu*; ele não sabia o que isso significava e não tentou saber. Terrivelmente assustado, dormiu, naquela noite, agarrado a uma imagem do Sagrado Coração de Jesus. Incidentalmente, as vozes falaram com ele na mais antiga e primitiva forma de *leidimuhái* que consiste simplesmente na inversão da posição das sílabas na palavra. *Ebu*, portanto, corresponde a *búiei* (o *i* é considerado puramente eufônico, nesta e em outras palavras). Polo David declara que nunca aprendeu nada de sua ciência com um ser humano; somente os espíritos o instruíram.

O rapaz que tinha estado na casa de Candu também entrou. Ele ainda estava contradizendo Polo e eles começaram outra vez a discutir. Num certo momento, o jovem, falando em espanhol, mencionou que tinha visto três aparelhos para repercutir a voz listados no catálogo da casa De Laurence, de Chicago. Então, De Laurence é conhecido aqui também! Súbito, eu lembrei que os espíritos estavam esperando no *gule* e despedi-me. Disseram-me que as coisas ficariam realmente animadas à uma hora. Antes de partir, deixei uma lempira com Polo para ajudar nas despesas.

Quando voltei, à uma hora, as coisas ainda não estavam muito animadas. O *abáimahani* tinha começado, mas o grupo não era numeroso. Pouco a pouco, a sala foi ficando lotada, o coro cresceu em volume e em qualidade de desempenho. Às duas e meia, eles trouxeram os tambores e dançaram *gundjái* e até mesmo a *punta*, pois o morto assim tinha pedido. Mas eles tiveram os tambores somente durante uma hora e os tocadores eram de segunda categoria.

Então, uma coisa curiosa aconteceu. Algumas mulheres ladinas estavam entrando e saindo, davam uma olhada e até mesmo bebiam um gole de guaro, se fossem próximos à dona da casa. Mas eram pessoas de Rio Negro que, provavelmente, estavam familiarizadas com *gubida*. Contudo, aconteceu que alguns homens brancos passaram a cavalo e pararam para dar uma olhada. Imediatamente, uma das mulheres começou a gritar "Viva San Juan!" Eles logo se foram.

Eu entrava na casa para me sentar por um momento e saía, quando a chuva permitia, para ter um pouco de ar fresco. Fôra um dia sufocante e a chuva, embora forte, não refrescou; dentro da pequena sala, onde tantas pessoas estavam confinadas, estava insuportável. Outra coisa desagradável era que, sob os efeitos combinados do álcool e do crescente entusiasmo, as demonstrações de amizade de Polo por mim tornaram-se mais exuberantes. Ele não podia me ver na sala sem que viesse me abraçar e falar encostando sua face contra a minha; ele estava transpirando muito e bastava seu hálito para me deixar bêbado. Fortifiquei minha alma com o pensamento em todos os mártires da causa da etnologia e, assim, fiquei. Fui chamado duas vezes para contribuir com uma lempira para o *guaro*.

Perto das quatro horas, estava desfrutando o ar fresco da casa de Candu quando Anastacia Nunez, filha da proprietária da casa, aproximou-se de mim. Pensei que Polo estivesse pedindo por mais dinheiro, mas desta vez ele queria que eu fosse ver o enterro das comidas. Perguntei se não haveria *abaiuhani* ao que ele respondeu que os mortos não o tinham pedido. Rafaela Tifre, que agiu como uma espécie de assistente de Polo, como Dudu o fôra para "Fubainagu", tinha então assumido completamente o comando do ritual. Fora ela, talvez, que mandou Anastacia avisar-me. Polo disse: "Eu não estou em condição de fazer isso por mim mesmo, mas quero que você veja como é feito." Pareceu-me que todos que não tinham tocado a comida foram chamados para receber então uma pequena parte. A mim foi oferecido um copo de *híu*, que, a propósito, era o melhor que já tinha provado. A comida foi colocada sobre as clássicas folhas de tanchagem e jogadas no interior de dois grandes baldes. Levaram isso para um lugar distante no quintal, onde o velho Nunez tinha cavado um buraco circular com aproximadamente três pés de profundidade. Somente os membros da família, Polo, Rafaela e eu estávamos presentes. Rafaela e uma outra mulher cantaram uma canção muito simples, mais com o caráter de uma canção de ninar, sem os altos sons nasais dos cantos *abáimahani*. De início, foram lançadas as velas novas e maiores, já consumidas pela metade, depois a comida, depois o *híu* e o *guaro* e, então, a terra para cobrir tudo. Uma mulher, que suponho ser a "dona" do *cugu*, começou a chorar e as moças tinham os olhos cheios de lágrimas. Polo, ao meu lado, que até então tinha permanecido silencioso, disse: "Ela está se lembrando de sua mãezinha!" Não houve nada particularmente misterioso ou esotérico na cerimônia. Mesmo assim pude entender porque as pessoas, em outros *cugus*, impediram que Taylor e eu a víssemos. Era particular, íntima; possuía a simples dignidade fundamental dos sentimentos humanos, como a impossível saudade de um ser amado que partiu confere aos atos dos homens. Embora as formalidades exteriores fossem bastante estranhas para mim, pude me solidarizar com seu espírito. Lembrei-me vivamente de minha mãe e de minhas tias na missa de um ano pela morte de meu avô. Não havia nada encenado, nenhuma exibição de emoção; aquelas lágrimas não eram para ninguém ver, nem mesmo um espectador pouco comum como eu. Alguns momentos depois, estavam todos cantando outra vez *abáimahani*, com prazer redobrado.

Foi-me pedido mais dinheiro para mais *guaro* e dei minhas últimas lempiras (felizmente, eu tinha pouco dinheiro comigo). Anastacia pediu-me um fósforo e dei-lhe uma caixa; olhei no interior da sala do *gule* e vi Rafaela supervisionando o *águdahani*, a queima de guaro sobre as mesas. Cada um tomou então um pouco de *guaro*, porém não fizeram *funsu*.

Eles não foram à praia para enterrar a comida por uma razão muito simples: tinham medo de ser apanhados pela chuva. Rafaela disse-me que me daria, em outro dia qualquer, todas explicações que eu quisesse. Ela estava ocupada recolocando as mesas em seus lugares habituais e preocupada com as pessoas que tinham ido comprar *guaro* e que ainda não tinham voltado.

Os *abáimahani* continuariam até tarde da noite. Então, haveria outro *arairaguni* se as pessoas estivessem suficientemente sóbrias para isso. Na verdade, não achei que a cerimônia duraria muito mais. Ver Polo mantendo-se em suas próprias pernas, mais do que tudo que já tinha visto hoje, leva-me a imaginar se, no final das contas, ele não teria espíritos que o amparavam. De qualquer forma, eu nada ganharia ficando por mais tempo e voltei para casa.

26

Alguns dos detalhes omitidos da jornada de ontem. Polo, em certo momento, declarou que tinha um pacto com as "almas abençoadas do Purgatório." Parece que todo tipo de relação duradoura, por assim dizer contratual, entre um homem e as entidades espirituais é chamado pacto. Eu queria saber a palavra em caraíba para pacto; o pacto em si é *agáse* e o verbo (creio que seja um substantivo verbal) é *agaseruni*.

É bastante surpreendente que Polo tenha simpatia por mim, pois ele é considerado um homem reservado. Muitas pessoas que têm suas plantações ao redor da lagoa, possuem, contudo, uma casa em Cristales ou Rio Negro. Mas ele vive isolado todo o ano e prefere a solidão de sua propriedade à convivência da cidade. Ele mesmo me disse: "No me llego a las personas." "Não me aproximo das pessoas" (isso no sentido figurado, é claro).

Conversando com Candu eu disse que Polo era "um bom trabalhador." Para não parecer que estava menosprezando Siti, disse que talvez Siti tivesse mais conhecimento teórico e lesse mais livros, o que pode ser verdade. Perguntei-lhe o nome do rapaz que tinha estado conversando com Polo e conosco. Com um gesto impaciente, descartou-o: "É um tolo! Está sempre se fazendo de tolo! Leu dois ou três livros e vive repetindo palavras longas cujo significado ele dificilmente consegue imaginar." E isso bastou sobre ele.

Antes de levar a comida para o buraco feito no solo, eles borrifaram-na com *bíu* e *guaro*, como os padres fazem com a água benta; a operação foi repetida no local do enterro, sobre a comida colocada no buraco. Tenho curiosidade de saber se é uma imitação do ritual católico, embora seja um problema de solução muito difícil. Disseram-me que se trata de um antigo rito, há muito conhecido dos caraíbas, e tendo um significado especial, mas mesmo assim isso pode não significar nada. Pois essas pessoas foram sujeitas à influência da religião católica desde Labat (1645).

Tem mais uma coisa que aconteceu ontem e que eu não contei. Ao chegar à casa à tarde, encontrei Maria do lado de fora. Ela disse que tinha esquecido de me avisar que iria a um "banquete" na casa comunal; vi que estava levando parte dos meus talheres, mas não disse nada. Maria disse-me que tinha deixado tudo pronto e que Juana me serviria. Hoje Sebastian contou-me que também esteve no banquete e que tudo correu bem.

Sebastian parecia um tanto doente e tomava limonada. Concluí que todos em Trujillo estavam sentindo, mais ou menos, a mesma coisa. Eu tinha certeza de que aqueles que estiveram no *cugu* ontem estariam muito pior que ele. Como estava chovendo e abafado, pareceu-me um bom dia para ficar em casa e datilografar. E foi o que fiz.

A única novidade hoje foi o Rorschach que apliquei em Juana, que eu havia adiado até agora porque ela está sempre à disposição. Também Juan Lagarto veio me visitar à tarde. Ele estava indo para a lagoa cortar madeira para a sua nova casa que está construindo em Santa Fé e veio me pedir duas lempiras para comprar comida para quando estivesse trabalhando. Atendi ao seu pedido e ele me deixou consideravelmente embaraçado ao beijar minha mão.

Sebastian vai amanhã para Santa Fé apresentar suas condolências à família de Hipólito Caballero, um amigo de seu pai que morreu de disenteria há alguns dias atrás. Ele vai para se certificar se haverá um *dogo* na segunda-feira. É muito provável que o famoso *dogo* dos Gonzalez tenha sido adiado; infelizmente, é muito provável que eu não tenha oportunidade de vê-lo, se é que isto vai se concretizar. Levará um ou mais meses para que tudo esteja pronto e, então, já terei partido.

27

Lydia foi ontem a La Ceiba, onde está morando com uma tia. Maria disse-me que, tão logo eu tenha partido, sua mãe também irá a La Ceiba e ela vai a Cortés esperar seu marido. Posso agora ter alguma perspectiva sobre o caso de Lydia, embora ainda não tenha uma idéia precisa de seus motivos.

A persistente recusa de Lydia em submeter-se ao Rorschach aumentou minha suspeita. Tive algumas conversas com Maria sobre ela, observei-a cuidadosamente e logo passei a vê-la como ela realmente é. Para encurtar a história, Lydia é uma namoradeira, uma das maiores *heart breakers* em Trujillo. Na ausência de Esteban, manteve muitos flertes com vários outros rapazes que vinham à minha cozinha para homenageá-la. Ela, provavelmente, também usa com eles a técnica da boa amiga, fornecida pela cultura; eu a vi algumas vezes envolvida em brincadeiras pesadas com eles e isso estranhamente me fez lembrar de cenas semelhantes da *Deerings Meadow*...

Toda a sua "confissão" foi uma peça muito inteligente de falsidade, um emaranhado de meias verdades e fatos levemente distorcidos, o que é mais eficaz do que mentiras puras. Por exemplo, ficar chocada por ter visto os órgãos genitais masculinos foi uma experiência da infância; ela tinha visto somente as partes sexuais dos meninos de sua própria idade (oito a nove) e ela achou que as dos adultos deveriam ser proporcionais ao tamanho do corpo deles. E a parte sobre o casamento de Maria foi um relato exagerado das emoções naturais de uma moça de dezesseis anos que dorme no quarto contínuo ao do casal que está passando a noite de núpcias.

Agora, com relação aos seus motivos, acho que um dos principais foi a curiosidade. Percebi, há algum tempo, que minha vida sexual era um ponto muito interessante e enigmático para os caraíbas de ambos os sexos. Maria e Lydia viram o retrato de Madeleine sobre minha escrivaninha e fizeram muitas perguntas a respeito dela. Para Maria, eu sou uma espécie de sir Galahad, ou Lancelote do Lago, um cavaleiro romântico inteiramente devotado ao amor de sua amada e isso era o bastante para ela. Mas Lydia não estava satisfeita e queria saber mais a meu respeito e minha brilhante vida na universidade americana. (Pobre moça!...) E, como eu tinha suspeitado no início, havia muito de coqueteria também. Um dos aspectos disso foi a velha técnica do grande olhar inocente, convidando ao ataque por sua própria candura... "Vovó, por que esse dente tão grande?" Mas havia também algo muito sofisticado a respeito: ela queria se tornar um caso psicológico para atrair minha atenção. Não tenho confirmação desse ponto e pode soar como complicado demais, mas sinto que esta é a verdade. Estou pronto a admitir que é bastante extraordinário que uma moça de dezoito anos, que nunca esteve fora de sua pequena cidade, com só três anos de escola elementar, possa alcançar um tal grau de sofisticação psicológica por "instinto", se é que essa palavra cabe aqui. Parece menos estranho quando se sabe que, às vezes, ela ficava no mesmo cômodo comigo e Sebastian, quando eu tentava sondar a vida dele e suas primeiras reminiscências. E ela também sabia que tentei várias vezes fazer com que Maria me contasse sua vida. Ela adivinhou o que me interessaria e também qual era a verdadeira natureza do Rorschach: ela recusou a se submeter ao teste até o fim... Em resumo, Lydia é uma das moças mais espertas que encontrei em qualquer cultura;

estou certo de que, em outro meio, ela poderia se tornar uma segunda madame de Pompadour ou Ninon de Lenclos. Ela é ambiciosa, perspicaz, tem bom nível de inteligência, é *maîtresse de soi* e tem grande talento para lidar com os homens.

Não posso deixar de compará-la a certas mulheres intelectuais de nossa própria cultura. Na vida prática, elas fariam bem se aprendessem uma ou duas lições com essas espertas jovens negras. É verdade que muitos intelectuais, sem distinção de sexo (apenas é esperado que as mulheres sejam mais intuitivas, então isso torna-se mais evidente entre elas), perdem o contato com o concreto, com a vida real. Quando se lida somente com símbolos, muitas vezes símbolos de símbolos, há uma tendência para materializá-los e esquecer que eles são somente um relato taquigrafado e parcial de uma realidade multifacetada. A lente de aumento é um instrumento muito útil, mas não deve ser usada constantemente, como lentes corretivas; se assim for feito, quem a usa verá muito bem os pequenos detalhes das coisas, mas nunca um todo significativo. Isso para não falar do perigo de cair em poços...

Devo lembrar que eu mesmo não sou totalmente imune a isso. Por várias vezes estive perdido no meio de uma névoa de símbolos e fórmulas, até que não pudesse distinguir a verdade da ficção, mesmo quando os fatos brilhavam sob meus olhos. Com relação a isso, essa viagem foi muito útil. Na pesquisa de campo, tem que se negociar com pessoas vivas, com motivos humanos e necessidades diárias, com suas crenças pessoais, com as próprias definições de mundo no qual elas vivem e seus mecanismos. A percepção da extrema diversidade das reações individuais e a extrema complexidade de suas regras inspiraram forte cepticismo e muita perplexidade que estão registrados neste diário. Foi somente uma fase, creio que saudável. Estou começando agora a discernir as articulações dos diferentes fatos que observei nessa cultura. Mas o *daimon* familiar que fica ao meu lado nunca pára de puxar minha manga recomendando cautela.

Hoje realizou-se finalmente a procissão com a imagem de São João que tinha sido adiada no dia 24 por causa da chuva. Mas (outra vez o velho refrão) não é como costumava ser no passado. Não havia crianças vestidas de anjos, a banda era pequena, havia poucos fogos. Vi duas vezes: na sua ida para Cristales e na volta, indo para Rio Negro. Para falar com franqueza, comparada com as que vi em Tegucigalpa, parecia pobre. Isso para não mencionar aquelas que participei, como anjo, há vinte anos atrás, no Brasil...

28

Hoje pela manhã Sebastian disse-me que haveria outro *cugu* em Cristales, conduzido pela famosa Timótea. Fui com ele a Cristales, passamos em frente à casa e vi algumas velhas sentadas, tomando *bíu*. Estava tudo muito silencio-so. Sebastian notou roupas penduradas em uma corda e chamou minha atenção. Lembrei subitamente que tinha me esquecido de mencionar esse detalhe no meu relato do *cugu* do dia 24. Em um canto da sala do *gule* havia uma corda presa a duas vigas, formando um ângulo, onde estavam penduradas roupas de mulheres. Lembrei de perguntar se haveria também um "banho das almas", mas me responderam que o *áhari* não tinha solicitado isso.

Passei toda a manhã em Cristales, andando para lá e para cá. Fiz uma visita a Alfredo Miranda e conversei também com os homens na praia. Quando voltava para casa ao meio-dia, pude notar que o *cugu* ainda não tinha começado ou então tinha havido uma grande interrupção. As portas estavam semi-abertas, apesar do calor, e a casa parecia bastante silenciosa.

À tarde Sebastian disse-me que o *cugu* ia se realizar, mas com poucas pessoas e a portas fechadas. Estavam desencorajando obviamente a presença de espectadores ou de desconhecidos. Como não conheço ninguém da casa e Tetéia é uma completa estranha para mim, achei que seria melhor não me envolver.

Parece que estamos na temporada dos *cugus*: Sebastian disse-me que haverá outro na quarta-feira, oferecido por uma ramificação da família Cacho. Mais precisamente, será dado pela mesma Kulí Alvarez que dirigiu a apresentação do *máipol* e é casada com um membro da família Cacho. Provavelmente, Tetéia será a *búiei* e, assim, terei a oportunidade de ver seu "trabalho". Tentei saber qual a razão para tantos *cugus* ao mesmo tempo, mas não obtive nenhuma resposta satisfatória. Sebastian acha que é por causa do tempo; como normalmente não chove no verão, as pessoas podem vir de toda parte para as missas que são realizadas em Trujillo. Isso explicaria por que as pessoas que vêm de Santa Fé, Aguán, Limón e outros lugares escolhem o verão para esse fim. (Só por acaso, eu gostaria de saber se o clima de Trujillo não é igual ao da Califórnia...) Mas por que os trujillanos fariam o mesmo? Talvez seja mera questão de hábito.

Tenho a impressão de que era a mesma coisa em Honduras Britânica quando Taylor esteve lá na mesma época. Pelo menos, havia uma carta dele para o sr. Herskovits, recebida em junho ou início de julho de 1947, descrevendo um *dogo*. Gostaria de saber se ele conseguiu alguma explicação para isso. No entanto, há uma diferença: em Honduras Britânica havia *dogos*, não *cugus*. Isso pode ser explicado pela diferença de nível econômico. Tenho a impressão de que as pessoas em Honduras Britânica estão em situação econômica melhor do que as pessoas desses lados de Honduras.

Outra coisa que me esqueci de anotar. No dia 24, um dos pontos da discussão entre Polo David e Patricio Mejia (o jovem que gosta de falar sobre coisas profundas) era que os *búieis* não deveriam beber porque a bebida debilita suas forças espirituais. Polo, muito compreensivamente, manteve que, ao contrário, ajuda a desenvolver os poderes espirituais. Entre as palavras caraíbas, algumas das quais eu conseguia entender, havia as espanholas como poeta e inspiração. Suponho que Polo estava comparando o *búiei* ao poeta que consegue sua inspiração a partir do uso do álcool. Um argumento bastante sofisticado. Preciso perguntar a Candu Perez se minha interpretação é ou não verdadeira.

Pensei em organizar hoje uma lista dos possíveis sujeitos do Rorschach e começar a trabalhar com eles sistematicamente.

29

Pela manhã apliquei o Rorschach em duas garotas (Lydia Martinez e Isabel Benedict). À tarde fui ver Rafaela Tifre e parei para visitar Candu Perez também. Rafaela deu informações sobre muitos pontos do ritual *gubida*.

30

Ainda não disse uma palavra sobre o terremoto que houve no dia 27 de junho. Eu quase não o percebi. Às três horas da madrugada, os vizinhos tinham chegado de uma festa e um homem estava indo para sua plantação. Um caminhão veio buscá-lo e houve bastante barulho. O terremoto ocorreu às sete horas; acordei com a impressão de que a cama estava tremendo, mas pensei que fosse outra vez o caminhão e adormeci em seguida. Aparentemente, as pessoas não tiveram uma visão tão tranqüila dos fatos. Houve um início de pânico na igreja; as imagens dos santos balançaram e os padres interromperam o sermão, as pessoas correram para os corredores, mas nada sério aconteceu. Parece que o terremoto durou três minutos e foi um dos mais graves registrados em Trujillo.

Conversei com algumas pessoas sobre isso e várias delas disseram-me: "Foi São João!" Dizem que São João está sempre perguntando à sua mãe: "Quando é meu aniversário?" e ela responde: "Será logo." Mas quando ele pergunta nos últimos dias de junho ou nos primeiros dias de julho, sua mãe diz: "Foi há dois (três, ou quatro) dias atrás." Então ele fica realmente furioso e bate os pés; e é por isso que há sempre terremotos nesta época.

É claro que ninguém leva isso muito a sério; considera-se como uma pequena e divertida lenda. Mas as pessoas a repetem com prazer. Todavia, Arthur Ramos relata uma identificação de São João com Xangô. Isso me deixa curioso...

JULHO

01 a 06

Outra vez a gripe. Acredito que o vírus da gripe é de um tipo particularmente virulento por aqui; provavelmente encontraram nos caraíbas um "campo virgem" e uma espécie virulenta foi desenvolvida localmente. Pois há muito tempo, que eu me lembre, que eu não fico gripado duas vezes em um período tão curto e com tanta febre. Com isso, uma semana inteira foi perdida.

Sebastian havia me dito, algum tempo atrás, que haveria um *amuiedahani* para o *áhari* de seu pai. Esta semana, ele me disse que vai ser, provavelmente, na sexta-feira. O dia deve ser marcado de acordo com a lua; hoje é lua cheia, portanto deve ser daqui a três ou quatro dias. Amanhã ele me dirá com certeza quando será. Foi-me dito que é uma cerimônia simples e não há nada de esotérico nisso; não obstante, estou contente, pois terei a oportunidade de ver com meus próprios olhos. Creio que tenho boas informações sobre o assunto, mas mesmo o melhor dos informantes apresentaria omissões em seus relatos.

Estou planejando meus últimos ataques em massa no *front* do Rorschach. Vou continuar com as crianças, em ritmo dobrado, pela manhã; à tarde, tentarei pegar os adultos. Acho que não conseguirei obter uma centena de protocolos, como era minha primeira intenção. Mas não estou mais preocupado com isso. Se eu puder apresentar uma série contínua, incluindo amostras de todas as faixas etárias que são possíveis de se testar, ficarei satisfeito.

Sebastian trouxe-me outra nota política para ser datilografada. Esta foi escrita por ele mesmo: sem pontuação, sem divisão de períodos, sem a mínima tentativa de concordância gramatical, a mais fantástica ortografia (por exemplo, *hienorar* por *ignorar*). Ele, aparentemente, estava orgulhoso do que fez; disse-me que somente não estava muito seguro a respeito de algumas pequenas coisas... Decidi copiar palavra por palavra, sem a menor correção. Quando a procurei, percebi que tinha desaparecido; será que Sebastian a levou embora?

Maria estava um tanto alarmada com minha doença; o caraíba tem horror à febre alta. Talvez seja pela sua falta de resistência orgânica, verificada pelo dr. Zelaya. Mas quando tudo tinha passado, sua mãe veio me visitar. Conversamos sobre doenças e a sra. Lacayo disse: "A causa disso é a sua partida, em breve." Quis saber por que e ela me explicou que era provavelmente minha mãe que, sabendo da minha chegada, estava desejando intensamente que eu já estivesse lá; e eu mesmo estava pensando muito na minha partida. Tudo isso afastaria meu *áfurugu* de mim, de volta ao Brasil; como conseqüência, eu estaria sem proteção e exposto a ataques de todos os tipos. Maria, que não racionaliza suas crenças tanto quanto sua mãe, parece pensar que o fato de minha alma corpórea perambular para tão longe é, por si só, o fator responsável pela minha doença. Ela sugeriu que eu começasse a empacotar os baús, a fim de atrair os interesses do *áfurugu* para o que está acontecendo aqui e, assim, trazê-lo de volta. Mas eu lhe assegurei que, tão logo comece a aplicar o Rorschach outra vez, os interesses de meu *áfurugu* estariam dirigidos novamente para o que estiver fazendo.

Lembro-me de ter lido há muito tempo atrás sobre pessoas no Saara, trabalhando sob o comando de engenheiros franceses (não me recordo a qual grupo eles pertenciam). Estavam ansiosos para usar os caminhões, contrariamente à expectativa daqueles que os estavam empregando. Mas logo descobriram que os caminhões não ajudavam em absoluto a tornar o trabalho mais rápido, pois ao alcançar um oásis, os nativos ficavam lá por dois ou três dias, a fim de permitir que suas almas os alcançasssem. Comigo acontece o oposto: ao invés de uma alma vadia, a minha é impaciente demais.

07

Pela manhã apliquei o Rorschach em Mateo Garcia, aprendiz de Candu Perez. Pedi para o Sebastian ir falar com Siti sobre a rede de pescaria que está tomando-lhe mais tempo para fazer do que Penépole levou tecendo. Ele prometeu que estaria pronta na segunda-feira.

Sebastian disse-me que o *amuiedahani* será no próximo sábado. Estou contando com Rafaela para me dar todas as explicações necessárias.

08

Estou lendo minhas notas com muita atenção e estou com uma impressão simplesmente horrível. Elas possuem tantos buracos quanto uma peneira e são muito inconsistentes. Toda a minha bela segurança dos últimos tempos desapareceu. Agora penso que até mesmo mais um ano aqui não resolveria meus problemas. Tento convencer a mim mesmo de que a maior parte dos antropólogos sente-se assim ao concluir sua viagem de pesquisa de campo, mas não funciona. Mas alguma coisa dentro de mim diz que é somente uma crise e que logo será superada.

09

Estou revendo minhas contas e não estão batendo. Tudo no mundo está caminhando totalmente errado e eu estou ficando maluco. Vou deixar tudo isso de lado por dois dias.

10

Pela manhã fui procurar Sebastian que disse que estaria me esperando na casa de Lorenzo onde tem dormido ultimamente. Cheguei dez minutos antes e esperei vinte minutos. Depois disso, comecei a suspeitar. Sei que um *amuiedahani* é uma cerimônia privada e achei que sua mãe se oporia à presença de um estranho, e um homem branco, nela. Fui até a casa de Sebastian para ver o que estava acontecendo por lá.

Ao chegar à sua casa, vi que estava no quintal se lavando; então percebi que ele tinha acabado de voltar do mar, mas não tinha ido me procurar na casa de Lorenzo conforme havia prometido. Eu tinha algumas dúvidas quanto à permissão de sua mãe para que eu visse o *amuiedahani* e agora tinha certeza de que ela era contra. Chamei Sebastian de lado e perguntei-lhe com bastante franqueza se a família tinha feito qualquer objeção à minha presença na cerimônia. Ele sorriu embaraçado e respondeu que a cerimônia tinha se realizado às cinco horas da manhã, antes que ele tirasse sua canoa do mar. Nada pude fazer senão sorrir e dizer que não tinha importância. Desde o início disso tudo, quando ele mencionou o assunto pela primeira vez e eu, imediatamente, pedi para participar, percebi uma nota falsa em seu pronto consentimento. Contudo, fiquei ressentido, como etnógrafo e como ser humano. Sebastian já me viu em três *cugus* e conhece minha atitude em relação a assuntos religiosos. Por exemplo, eu somente entrei na sala do *gule* quando o *búiei* ou seu assistente, ou ambos, como no caso de Polo David e Rafaela, formalmente convidaram-me a entrar. Se ele tivesse me dito que um *amuiedahani* é um assunto privado e a família (talvez tanto os vivos como os mortos) fazia objeção à presença de uma pessoa estranha, eu teria compreendido.

Lógico, não disse nada sobre meu desapontamento, sorri e mantive-me agradável como de costume. A propósito, essa atitude está bem em consonância com o comportamento característico caraíba e acho que Sebastian estava ciente de todo seu significado. Ele se desdobrou em atenções e sua mãe também. Levou-me para ver o reservatório que, no momento, estava seco e com roupas penduradas em uma corda sobre ele. Em frente do reservatório havia uma pequena vela consumida até a metade, um recipiente de metal com café e um pedaço de pão sobre ele. Sebastian perguntou onde estava o cachimbo, mas sua mãe respondeu que já o tinha recolhido.

Segundo o relato de Sebastian, foi uma cerimônia muito simples. Sua mãe não preparou a água com *casabe*, como parece ser o costume; ao invés disso, ela preparou uma infusão de ervas e folhas. Cada membro da família por ordem de idade (os mais velhos primeiro) entrou e encheu uma cabaça com essa infusão e despejou-a na cova, fazendo o mesmo em seguida com água pura, acompanhando o gesto com as palavras: "Isso é para seu banho." Depois disso, o recipiente com toda a infusão foi esvaziado no reservatório e água pura foi adicionada para enchê-lo completamente. E isso foi tudo. Todos foram embora e deixaram a casa vazia.

Tentando, como os franceses dizem, *faire bon cœur contre mauvaise fortune*, fiquei por um longo tempo conversando com a mãe de Sebastian. Ela é um caso muito interessante. Achei que relutava em falar sobre os *gubida* apenas segundo os padrões habituais comigo, isto é, o sigilo e a cautela que são inerentes à estrutura da personalidade básica caraíba. No caso dela, há também razões especiais para isso.

Ela me contou que tinha um irmão mais velho que ficou doente repentinamente quando tinha quinze anos de idade (ela tinha nove ou dez). Sua mãe levou-o a um *búiei* que tentou curá-lo; sua mãe ofereceu um *cugu* e pagou missas, mas tudo foi em vão. Após duas ou três semanas, ela levou o rapaz ao hospital, mas era tarde demais e ele morreu. Ela amava muito o rapaz e sua tristeza foi muito profunda. Havia então um padre, em Trujillo, o Padre Nadal, que disse a ela que Deus a tinha punido pelo pecado de idolatria. Ela acreditou e fez seus outros filhos jurarem que eles nunca se envolveriam com *búieis* e *gubida*.

Assim, Amalia de Tifre cresceu sem ter nenhum contato com o culto *gubida*. Um ponto curioso: a mãe disse aos filhos que se "ela quisesse alguma coisa" após sua morte, ela mesma viria a eles e os filhos não deveriam ir ao *búiei* por esse motivo. Isso significa que ela não tentou abalar a crença de seus filhos no princípio fundamental do culto *gubida*, segundo o qual o morto precisa do culto de seus descendentes. Seu ressentimento, explorado inteligentemente pelo padre, virou-se contra os *búieis* e não contra o culto *gubida*.

Amalia de Tifre, como todos os caraíbas, sente-se fortemente atraída pelos rituais *gubida*. No seu caso, há o fato adicional de que ela é uma grande amiga de Timotéa, a mulher *búiei*. Ela é também um pilar de uma das sociedades religiosas (católicas) de Trujillo e esta é uma outra razão para se manter fora do culto *gubida*. Tudo isso divide sua alma; um caso típico de ambivalência socializada.

Ela me disse que nunca tinha assistido a um *dogo* ou a um *cugu* por obediência à promessa feita para sua mãe. Mas isso não a impediu de dar uma olhada nas cerimônias (ela usou o expressivo verbo espanhol *curiosear*). E também não acredita que sua promessa implique em não falar sobre o assunto. Ela segue sua mãe sendo descrente dos *búieis* de hoje em dia. Ela despreza Siti Garcia e "Fubainagu", mas respeita Polo David, embora o considere um homem bêbado e imoral. Claro que Tetéia é diferente; ela tem poderes de verdade e é a única pessoa que possui alguns dos segredos dos *búieis* do passado. (A mesma atitude demonstrada por Candu em relação a Siti, ou Rafaela em relação a Polo.)

Conversamos por algum tempo quando ela disse: "Por que você não vai conversar com ela?" Eu não sabia que ela ainda estava na cidade, mas adoraria a oportunidade de ter um encontro com ela. Despedi-me e Sebastian acompanhou-me para me mostrar o caminho da casa onde ela está hospedada.

Fomos para a outra extremidade de Cristales, perto da casa de Pedro Moreira, e logo chegamos ao lugar indicado. Uma mulher estava sentada perto da janela lendo um livro e deu-nos uma olhada por sobre os óculos. Sebastian falou com ela em caraíba e então me disse para entrar. Eu não sabia se era a Tetéia ou não, mas minha dúvida desapareceu assim que ela começou a falar. Perguntou de uma maneira tipicamente profissional: "Por que você veio me ver? Algum assunto particular?" (O que me leva a crer que um cliente branco não é novidade para ela.) Quando eu lhe disse que tinha entrevistado outros *bûieis* e estava interessado e saber mais sobre "o culto da sua raça", notei nela uma mudança quase imperceptível. Ela perdeu sua familiaridade inquisitiva de sabe-tudo, e assumiu uma outra mais solene: ela mudou de *gariahati* para *bûiei*.

Tivemos então uma longa conversa, mas nada de surpreendentemente novo foi dito. Coisas que Sebastian ouvira de sua mãe e que depois me repetiu foram ouvidas novamente, mas dessa vez diretamente da fonte. Eu estava particularmente curioso para ouvi-la falar sobre o "escrúpulo" dos *áhari* como base para o *abaiuhani*, mas ela não deu nenhuma importância especial a isso. Pareceu ser muito natural para ela que os *áhari*, que têm todos os atributos das pessoas vivas, tenham também esse outro. Ela tampouco acredita que eles se tornam mais "escrupulosos" após sua morte. Também não tinha nada a acrescentar ao fato das pessoas possuídas comportarem-se como crianças. Ela nunca vira isso, mas tinha sido informada que isso às vezes acontece e significa que os *áhari* estão "chamando-os para outra festa". Ela não sabe a razão disso, exceto que é assim.

Pareceu um pouco hesitante sobre certos pontos do ritual e confessou-me francamente que não tem um conhecimento profundo de todas as suas implicações. Ela não começou como *bûiei*, porque os espíritos dela não a conduziram para esse tipo de trabalho. Porém, mais tarde, trabalhou com Polo David por algum tempo e agora tem espíritos que lhe aconselham sobre o que fazer em um *cugu* ou *dogo*. "Ouço vozes que me dizem o que fazer e sigo-as rigorosamente." Eu disse-lhe que gostaria de conhecer o modo como trabalha. Ela interpretou isso como sugestão para uma demonstração privada para mim e, após alguma hesitação, mandou à rua uma criança que voltou em seguida com uma pequena vela. Eu havia pensado em outra coisa, mas não quis interferir visto que tinha começado.

Tetéia levantou-se e eu pude então vê-la na plena majestade de sua figura alta. Pegou a vela, acendeu-a, escolheu uma cadeira sólida (precaução necessária para alguém que possui um tremendo traseiro) e colocou-a perto de uma mesa sobre a qual depositou a vela. Esqueci-me de dizer que, enquanto a criança esteve ausente, ela lavou um copo, encheu-o com água pura e colocou-o sobre a mesma mesa. Assumiu a posição de reza e emitiu murmúrios audíveis por alguns momentos com os olhos fechados e todos os sinais exteriores de profunda concentração. Depois, ambos esperamos olhando a chama da vela, ameaçada constantemente de extinção pelas rajadas de vento. Após algum tempo, disse: "Você sentiu eles chegarem?" Confessei não ter sentido nada. "Eles estão aqui! Estão exatamente nesta sala! Sinto em meu corpo! Mas só que eles não se manifestarão. Eles são assim às vezes." Ela apagou a vela e retomamos nossa conversa. Não parecia vexada pelo comportamento mal humorado dos espíritos.

Contou-me muitas das suas façanhas e curas milagrosas. Sebastian, que ficou quieto de forma pouco usual durante toda a conversa, demonstrou interesse nisso, uma vez que conhecia algumas das pessoas que ela mencionou. Não havia nada de novo nessas histórias; nada se assemelha mais à ira de um *gubida* e a maneira de acalmá-lo do que a ira de outro *gubida*, e não há dois modos diferentes de acalmá-los (*amaĩha*). Um caso, no entanto, foi contado de uma bela maneira.

Na história, na volta da festa *adugahati*, houve uma terrível tempestade e não foi possível chegar até a praia. (Quando há tempestade, a ressaca no Mar dos Caraíbas não é brincadeira.) Tetéia estava na praia esperando e percebeu a aflição deles. Pediu que os tamborileiros viessem para a praia e, quando chegaram, começou a cantar *úienus* e todos cantaram em coro. Ela pegou suas *sisire* (chocalhos ritualísticos), apontou-as para as canoas e começou a puxá-las para a terra, "arrastando-as", diz ela, com a força de sua magia e também de seus bíceps, suponho eu. De pé, com ambos os braços esticados para frente, um olhar magnético em seus olhos penetrantes, ela era bem impressionante. Sempre que uma canoa ameaçava afundar, ela levantava seus chocalhos e, como os remadores disseram depois, eles sentiram claramente uma força puxando a canoa para cima.

Levantei-me para partir e dei a ela duas lempiras "para uma vela ou qualquer outra coisa necessária para o culto". Isso ajudou a melhorar ainda mais nosso bom relacionamento.

Sebastian ficou impressionado com a última história. Ele me disse: "Caramba! Eu gostaria de ter estado na praia e ver como ela puxou aquelas canoas com seus chocalhos!" Aparentemente, nunca questionou a veracidade do relato.

11

Este foi positivamente um dos mais miseráveis domingos de toda minha vida. Cada vez que revisava minhas contas, chegava a um novo resultado e até comecei a procurar pequenos erros que não estavam lá. Às duas horas da madrugada estava atordoado e não conseguia somar dois mais dois (literalmente). Desisti desesperado e fui para cama debater-me com a insônia e cochilar por alguns momentos.

12

O sr. Glynn cedeu-me por hoje uma de suas máquinas de somar e eu dediquei o dia inteiro para colocar as coisas em ordem. Sempre soube que eu era um mau guarda-livros, mas nunca imaginei me defrontar com erros como esses. Não almocei, comi somente alguns biscoitos e tomei uma xícara de chá, trabalhei durante nove horas e trinta e cinco minutos sem parar. À noite estava completamente exausto e cochilei no meu banho quente, deixando Maria um tanto alarmada, mas tudo ficou em ordem (espero).

13

Eu estava indo para Rio Negro, mas não pude resistir à tentação e revisei mais uma vez minhas contas. Descobri ainda alguns pequenos erros. Decidi deixá-los de lado e fazer a revisão final no Brasil, com a ajuda do contador de meu irmão.

14

Pela manhã fui ver Siti e saber a respeito da famosa rede de pescar. Precisa somente de um pedaço de chifre de boi para seu acabamento final. Fiz uma rápida visita a Candu Perez no meu caminho de volta, como se tornara meu hábito.

Ao passar pelo teatro, a caminho de casa, ouvi música. Entrei para ver o que estava acontecendo e lembrei-me então que hoje é feriado, aniversário de algum herói nacional. Os professores de Trujillo tinham organizado um espetáculo que foi igual aos outros que tenho visto por aqui. A coisa curiosa para mim foi a segunda parte, uma imitação bastante boa de um espetáculo de menestréis; a curiosidade reside no fato de que muitos dos que pintaram suas faces de preto tinham também uma pele preta sob a pintura.

À tarde Tetéia veio me visitar. Tínhamos conversado sobre o *Livro de São Cipriano* e ela quis vê-lo. Não se demorou muito, pois viu Maria pondo a mesa para o jantar. Pensei em aplicar-lhe o Rorschach, mas também era hora do jantar dela. Emprestei-lhe o livro e combinamos que eu iria buscá-lo na próxima sexta-feira. Aí, então, terei oportunidade de aplicar o Rorschach.

15

Pela manhã trabalhei com minhas notas. Juan Lagarto veio me ver, queixando-se de uma terrível dor de dente; dei-lhe uma aspirina e, atendendo a outro pedido, uma lempira também. Ele parecia desanimado e ficou por pouco tempo.

Candu Perez veio me visitar à tarde; falamos sobre generalidades. Suspeito que o principal motivo de sua visita era me oferecer, de maneira descompromissada, seus serviços profissionais, no caso de eu precisar de alguém para passar minhas roupas para a viagem.

A impressão negativa que minhas notas me causaram está um tanto modificada. Estou começando a acreditar que elas têm algum conteúdo. Sinto muito fortemente, no entanto, que é só agora que estou captando as coisas. Quando estou começando a saber alguma coisa dessa cultura, é hora de partir.

16

Pela manhã estive com Tetéia e apliquei-lhe o Rorschach. Foi muito interessante, mas nada do que tinha esperado; elevado nível formal, como havia previsto, mas ênfase nos detalhes minúsculos, o que é uma característica única em todos meus protocolos caraíbas. Em todos há uma tendência marcante para as respostas W. Gostaria de saber se isso tem alguma coisa a ver com o fato de estar lidando mais com o seu lado de consultas e curas da profissão de *búiei*: a necessidade de uma observação exata do cliente a fim de conseguir os pequenos indícios com os quais a solução para o caso é construída.

Disse-me que voltaria à tarde para trazer o livro que lhe emprestei. Eu saí, deixando instruções para me avisarem caso chegasse, mas ela não veio. Provavelmente por causa da tempestade que caiu hoje ou, talvez, pelo desejo de ficar com o livro. Quando a visitei pela primeira vez, ela me disse que queria um livro chamado *Espejo Historial* (isso foi o que eu pude entender do título que ela me deu). Seu endereço é:

Sra. Timótea Zuñiga
Sambo Creek, via La Ceiba
Honduras, C.A.

Eu queria saber, há muito tempo, se o bastão que Siti carrega tinha alguma função mágica. O próprio Siti foi um tanto vago e nunca me deu uma resposta precisa. Tetéia disse-me que esse bastão (que ela chama de *muréua*) tem o mesmo significado que os chocalhos. Através dele, um *búiei* pode invocar os elementos e produzir uma tempestade. (Há algo sobre isso no dicionário do padre Breton que devo consultar novamente.)

17

O Rorschach de Tetéia deu-me muito trabalho para datilografar. É um dos mais longos que já tive. Descobri hoje uma das razões para eu achar meus resultados tão superficiais. Estive conversando muito sobre coisas que registrei em minhas anotações com diferentes pessoas para conseguir confirmação de diferentes fontes. Hoje, por exemplo, estava sob os coqueiros na praia conversando com o velho Pará, de quem nunca fui muito íntimo. Fiz-lhe perguntas sobre *agaiumau, úmeu* e outras coisas às quais respondeu prontamente. Como estou acostumado a encontrar uma forte resistência (nas mais diferentes formas, algumas muito sofisticadas) fiquei surpreso e disse para mim mesmo: "Se ele está tão disposto a conversar sobre essas coisas, deve ser superficial." Esqueci que ele me via passar uma ou duas vezes por dia em frente de sua porta, durante quase onze meses; várias vezes parei para trocar uma ou duas palavras, um comentário sobre o tempo ou outra amenidade social. Ele foi se acostumando comigo, suponho, e não me considera mais com um completo estranho. Além disso, sei mais sobre essas coisas agora e posso discuti-las inteligentemente, evocando outras opiniões. Tomando, por exemplo, o caso da *agaiumau*. Primeiro, na opinião de Sebastian, tinha sempre a forma de um caranguejo; era algo relacionado ao *ogoreu* e pertencente à categoria de espíritos animais. Depois, Candu falou-me do seu lado Lorelei e que ele afastava o *áfurugu* das pessoas. Depois, Baldomero disse-me que às vezes podia assumir a forma de um crocodilo (a palavra *agaiumau* e a palavra *cayman* em espanhol e em inglês vêm da mesma raiz caraíba). Depois, Siti forneceu-me mais detalhes a respeito. E então... Eu somente pude conhecer todos aqueles que contribuíram para me dar um conceito consultando minhas anotações.

Não é de se admirar que, tendo ouvido e anotado tantos dados sobre isso, eu possa conversar conhecendo esse conceito, e a pessoa com quem converso não terá a impressão que está revelando um segredo, mas que está discutindo o assunto com um perito.

Tudo isso me fez compreender o quão forte são as resistências contra a divulgação de qualquer tipo de informação nessa cultura. Nesta altura, eu já contava com isso, de maneira que nunca parei para pensar nelas. Mas elas existem e, talvez, sejam mais fortes entre os caraíbas do que em qualquer outro grupo negro do Novo Mundo (exceto os negros Bush, talvez) por razões históricas bem conhecidas.

18

Planejei ir a Santa Fé hoje pela enésima vez, mas foi impossível por causa do tempo. Maria veio me acordar às cinco e meia da manhã; enquanto tomava meu café, vi que o céu estava nublado e logo começou a garoar. Às sete horas Juan veio me dizer que seria melhor adiar a viagem. Mas pretendo fazer essa viagem e vou fazê-la algum dia da próxima semana.

Durante todo o dia o tempo ficou abafado, úmido, depressivo. Nunca mais falarei levianamente sobre os trópicos depois desta viagem. Costuma-se pensar no Rio ou em São Paulo como cidades tropicais, mas o *verdadeiro* trópico é algo bem diferente. Tive a raríssima sorte de ter Taylor comigo durante a estação chuvosa, quando, às vezes, choveu por dez dias sem parar.

À noite estava sentado à mesa para o jantar quando, de repente, as luzes começaram a piscar, apagaram-se e acenderam novamente. Excitada, Maria passou por mim e correu para a porta para ver o que estava acontecendo; um cheiro de borracha queimada invadiu a rua. Faíscas e fumaça saíam da casa do outro lado da rua e todo o sistema elétrico de Trujillo entrou em curto circuito. As pessoas começaram a se aglomerar na frente da casa que estava vazia. Todos falavam ao mesmo tempo, todos os tipos de planos foram propostos até que, finalmente, chegou Nino, que trabalha para o Glynn, e descobriu a causa do problema: um galho velho da mangueira do fundo do quintal caiu sobre os fios, ocasionando o curto.

Dessa maneira, tivemos um pouco de emoção para uma noite calma de domingo. Maria comportou-se conforme imaginei que ela o faria nessas circunstâncias: falando muito, gritando ordens para Juana, apagando nossas lâmpadas, exclamando sobre o quanto estava temerosa e desfrutando cada momento. Tive a impressão de que ela ficou um tanto desapontada com o final que foi um anticlímax. É claro que ela não queria ninguém ferido, mas um incidente dramático, digamos um galho caindo da árvore, com um homem atirando-se para evitar que uma criança fosse atingida por ele, tenho certeza de que teria lhe proporcionado imenso prazer.

19

Pela manhã fui ver Rafaela e apliquei-lhe o Rorschach. É um protocolo bastante pobre com grande ênfase nas respostas anatômicas. Absolutamente nada do que eu esperava de Rafaela. Também conversei com ela, principalmente sobre pontos dos quais quero confirmação por outras fontes.

À tarde trabalhei em casa.

20

Hoje foi um dia sem sorte. Antonio Martinez recusou a aplicação do Rorschach apresentando a frágil desculpa que está muito ocupado. Atuasio Arzu deu a mesma desculpa, que neste caso é mais aceitável. Apliquei o teste em Lorenzo Martinez que teve algumas respostas muito boas.

Estava pensando em visitar "Fubainagu" à tarde, mas Sebastian observou que nós tínhamos ido vê-lo várias vezes e ele nunca estava em casa. Acha que, na última vez que fomos visitá-lo, ele percebeu nossa chegada e tratou de sumir antes que nós entrássemos em sua casa. Sebastian acha que o viu de relance desaparecendo por detrás da casa. É bem possível que ele tenha medo de minhas perguntas; tive a mesma suspeita. Desisti da idéia.

A atitude de Antonio Martinez deixou Sebastian bastante indignado. Ele repetiu inúmeras vezes: "O velho é louco!" Provavelmente estava dando vazão às suas próprias queixas contra o velho. Nunca pensei que Sebastian desgostasse tanto dele.

21

Pela manhã apliquei o Rorschach em mais duas garotas, Lucilla Cálix e Lucrezia Ramos. À tarde trabalhei em casa. Vou tentar realizar amanhã aquela tão adiada viagem a Santa Fé.

22

Os resultados de minha viagem a Santa Fé não corresponderam às expectativas! No que se refere ao Rorschach foi simplesmente negativo. De qualquer modo, consegui algum material comparativo interessante. Desde minha última longa excursão a pé, na plantação de Felix Moreira, aprendi a respeitar o sol dos trópicos. Assim, pedi a Sebastian que contratasse antecipadamente uma canoa. Maria veio me acordar às seis horas da manhã e após o café fomos para a praia. A propósito, Sebastian disse-me no domingo passado que o *cayuco* custaria uma lempira. Hoje, disse que era uma e meia; tenho certeza de que os cinqüenta centavos a mais taparam um buraco de seu orçamento.

Sebastian remou lentamente, tentando cantar de vez em quando, mas com tal resultado que preferi conversar com ele. Passamos pelos pontos de referência habituais, Rio Grande, Campamento, Mojaguay... Sebastian reconheceu algumas moças na praia voltando para Santa Fé, aproximou-se da beirada e iniciou conversa. Consegui entender algumas palavras aqui e ali, naturalmente, as coisas mais comuns como perguntar a Sebastian notícias sobre "Al Capone" (Lorenzo Tifre, irmão de Sebastian).

Paramos antes de entrar na cidade para Sebastian trocar de roupa. Ele colocou sua melhor camisa e uma calça que, na minha opinião, não era muito melhor do que aquela que descartou. Mas, "este é o costume de nossa raça". Pensando nisso, nunca tinha ouvido essa resposta e nunca perguntei por que é assim. Suponho que alguém tentaria formular alguma racionalização. Lembro-me agora do Taylor discutindo com os caraíbas sobre viajar de madrugada ou mesmo à noite.

Chegamos à cidade, paramos aqui e acolá e sentamo-nos para conversar. Isso também faz parte do ritual, mas eu não tinha tempo para amenidades sociais. Pedi a Sebastian para reduzir as conversas a meras formalidades de cortesia e fomos para a casa de Pancho Fernandez.

Sua mulher informou-nos que ele tinha ido com a mãe a San Antonio para o velório de uma irmã dela e que deveria voltar em breve. Com relação ao velho Faustino Fernandez, sua nora disse-nos que estava na praia. Fomos para o outro lado da cidade e voltamos pela praia. Encontramos o *búiei* deitado na areia, no meio de um grupo de netos, esperando pelo retorno dos pescadores.

Faustino Fernandez apresentava um aspecto muito diferente daquele que vi da primeira vez. Deitado na areia entre as crianças, não podia assumir suas maneiras para grandes ocasiões, assim pude ver sua personalidade do dia-a-dia. Pude ver que aquele profeta fulminante é na realidade um avô afetuoso. Lembrei-me de Antonio Martinez que parece tão suave quanto queijo *cottage* e é um tirano doméstico. Os netos de Faustino não demonstravam nenhum medo ou respeito apreensivo com relação a ele, como poderia se esperar. Ao contrário, mais tarde, quando a mãe de Pancho tirou um pedaço de cana-de-açúcar das mãos de uma menininha, ela começou a chorar e correu em direção ao avô em busca de carinho.

Deixei Santa Fé às três e meia e passei todo o tempo com os Fernandez, o pai, o filho e a mãe que tinham voltado de San Antonio às duas horas e outro filho que é pescador. Tive uma longa conversa com Faustino Fernandez, que foi uma espécie de revisão geral de todo o mundo sobrenatural caraíba. Na maioria das vezes, confirmou meus pontos de vista anteriores, mas em muitos casos apresentou sua interpretação altamente pessoal, baseada freqüentemente na Bíblia. Vou dar alguns exemplos disso.

Ele enfatizou o significado da comunhão do *abaiuhani*: as crianças devem compartilhar a comida dos mortos. Mas, acrescentou ele, a cerimônia data do tempo de Moisés. (Os caraíbas são descendentes dos judeus, para ser mais preciso, da tribo de Manassés.) Os hebreus tinham pecado contra Deus e estavam perambulando pelo deserto passando muita fome. Foi então que, sob o comando de Moisés, o maná caiu do céu como chuva e as pessoas, velhos e jovens, correram para apanhar a comida espalhada pelo chão.

A possessão do espírito (que ele chama de *auehani*; ouvi outros dizerem *aubehani*, uma forma moderna que evoluiu de acordo com os princípios fonéticos apontados por Taylor) também é encontrada na Bíblia. Ele me lembrou que, quando os discípulos e a Virgem Maria encontraram-se em Emaús, o Espírito Santo desceu sobre suas cabeças na forma de línguas de fogo, fazendo com que eles ficassem delirantes e falassem em diferentes línguas. E essa é a celebração católica do pentecostes.

Eu estava preparado para ouvir afirmações desse tipo, mas confesso que o velho me surpreendeu por várias vezes. Por exemplo: "Don Faustino, que são os *hiúruhá*?" "Os *hiúruha* são espíritos píticos." (No começo, não conseguia acreditar nos meus ouvidos e pensei que ele estivesse se referindo ao sisal ou ao cordame que é feito dele.) "Isso tem alguma coisa a ver com a pita?" "*Que vá!* Falo dos espíritos que apareciam para as sacerdotisas na Roma Antiga, que se apossavam delas e, através delas, faziam profecias." "Você quer dizer as sibilas do templo de Apolo em Delfos?" "Sim, senhor! É o que quero dizer."

Outra afirmação: o *ogoreu* era conhecido entre os antigos pelo nome de basilisco. Muitos autores mencionam este lagarto malicioso que podia levar as pessoas à loucura e até matá-las com seu olhar.

Voltando à possessão pelos espíritos: ele tem visto mulheres agirem e comportarem-se como crianças ao sair da possessão. Confirmou a informação anterior que tive de que isso significa que as moças estão sendo chamadas para receber os espíritos em alguma outra cerimônia. Mas ele tinha uma explicação para isso. As moças comportam-se assim porque os espíritos que se aproximam delas para transmitir a mensagem são os "anjos da família" (espíritos de crianças que morreram logo após o nascimento e que não têm pecado). Iniciou uma explicação um tanto longa do papel dos anjos como mensageiros.

Ele ampliou um pouco sua explanação sobre o *gule* e *arairaguni*, que eu já tinha ouvido antes de seu filho Pancho. Cantou algumas das mais sagradas canções *mali* como, por exemplo, a que é cantada quando os galos são sacrificados durante o *dogo*, e outras. Muitas vezes durante minha visita, manifestou sua profunda tristeza por eu não ter tido a oportunidade de ver um *dogo* e, então, "ele poderia me dar o significado profundo de cada pequeno detalhe, do começo ao fim". (Isso realmente tocava na ferida.) Ele também repetiu várias vezes: "Você vai ser nossa salvação!" Ele espera que, se eu escrever um livro, os cavalheiros de Tegucigalpa irão lê-lo e ver o culto *gubida* com outros olhos. Claro, não matei as esperanças do velho, mas também não o encorajei.

A propósito do culto *gubida*, ele me disse que esta palavra é na verdade o nome de um profeta da antiguidade. As pessoas começaram a chamar o *dogo*, que foi instituído por ele, de "dança do Gubida" e, com o passar do tempo, tornou-se dança gubida, sem maiúscula. "Você sabe quem era este Gubida?" "Não." "Maomé." Engoli isso pasmo, mas não tive força para um comentário inteligente.

Como minha visita estava chegando ao fim, peguei minhas pranchas de Rorschach e caprichei o mais que pude no meu pequeno discurso introdutório. Ele pareceu interessado e concordou com a aplicação. Fiquei exultante, peguei meu lápis e meu caderno de anotações e coloquei a primeira prancha sob seu nariz. Ele a olhou durante seis minutos, enquanto eu prendia minha respiração e prestava muita atenção. Ele virou sistematicamente a prancha, olhou-a nas quatro posições movendo os lábios o tempo todo. Quando ele a baixou eu disse: "Bem, don Faustino, o que o senhor viu?" Ele olhou seriamente para mim: "Desculpe. As coisas que eu vi são de tal natureza que não posso falar sobre elas." E isso foi repetido para cada uma das dez pranchas! Eu me senti arrasado. Felizmente, Sebastian tinha ido visitar alguns amigos, sua presença teria me desmoralizado completamente.

Depois disso, o velho e falso aperto de mãos expressando seus melhores votos e foi embora para casa. Fiquei com Pancho, mas depois de tudo, não ousei propor que ele se submetesse ao Rorschach. Era hora de desmontar minha barraca e bater em retirada.

Penso que os motivos que inspiraram a atitude de Faustino Fernandez são esses: 1) suas reações autênticas. Provavelmente, como Siti, ele viu muitas imagens relacionadas com a arte de adivinhar, com a magia e com o mundo sobrenatural e nosso relacionamento era muito recente para que ele confiasse totalmente em mim; 2) ele quis ganhar maior prestígio sendo misterioso; quis que eu ficasse me perguntando: "o que ele pode ter visto?"; 3) medo. Receio que, no meu zelo para conquistá-lo a submeter-se ao Rorschach, eu tenha dado ao teste uma importância muito grande. De acordo com minha apresentação, ele tem sido experimentado principalmente com intelectuais, médicos, artistas e universitários. Faustino Fernandez, sem dúvida, tem um alto conceito de si mesmo. Todavia, a idéia de ter seu desempenho intelectual comparado com as maiores inteligências do mundo civilizado pode ter lhe causado uma pequena apreensão. O resultado claro de tudo isso foi que eu não consegui o Rorschach tão custosamente perseguido. Repeti para mim mesmo várias vezes: "Se eu tivesse aplicado primeiro em Pancho!... Se eu não o tivesse louvado tanto!... Se!..."

Bem, foi isso. Nada mais podia fazer a não ser me despedir de todos e iniciar meu caminho de volta. Uma caminhada alegre a Trujillo com Sebastian puxando a canoa dissipou um pouco minha melancolia.

24

Pela manhã mais duas pessoas recusaram-se a se submeter ao Rorschach e, à tarde, mais uma. Depois disso, senti-me muito desencorajado e voltei para casa para trabalhar em minhas anotações. É uma tolice fazer isso quando meu tempo aqui está se esgotando, mas eu não pude enfrentar a perspectiva de outras recusas.

Timotéa Zuñiga veio me visitar e comunicou sua partida dentro em breve. Pensei que ela já tivesse ido. Após falar sobre generalidades, tirou de sua bolsa o livro que eu havia lhe emprestado. Eu sabia o que estava por vir e, quando ela iniciou um longo discurso sobre como ajudar uns aos outros, sobre a caridade cristã e o quanto é sublime dar alguma coisa a quem precisa, eu a interrompi: "Eu estava pensando que talvez você gostaria de ficar com o livro." Ela ficou radiante; sim, isso seria uma grande ajuda para ela, pois o livro contém muitas coisas interessantes. Respondi aos seus agradecimentos e acompanhei-a até a porta, tendo sua garantia de que eu sempre teria uma amiga em Sambo Creek.

25

Mais recusas para a aplicação do teste. O Rorschach está em baixa. Eu tentei realmente encontrar uma razão especial para isso, mas não consegui. Acredito que seja apenas uma atitude geral de desconfiança; é verdade que o Rorschach parece suspeito. Eu gostaria de saber o que há por trás disso de uma maneira mais precisa. Medo de revelar-se? Foi o caso de Lydia, mas esse caso era muito especial. Medo de feitiçaria? Sabe-se que eu procuro bastante a companhia de *búteis*. Além disso, estou sempre falando sobre como as coisas são no Brasil e na África e minha reputação como perito dos assuntos sobrenaturais é grande, suponho. Em um momento de fantasia, concebi a idéia de que eles podem estar com medo de que, ao se observar as pranchas demoradamente, eu possa adquirir poder sobre o *áfurugu* deles e ser capaz de "arrastá-lo para mim" quando eu estiver em um lugar no exterior. Mas isso soa um pouco forçado, talvez.

À tarde Lorenzo Martinez veio me ver e pediu dinheiro. Dei-lhe duas lempiras. É curioso que a maioria que consentiu na aplicação do Rorschach ou devia alguma obrigação para mim ou esperava algum favor. Mas deduzo que isso faz parte da natureza humana.

25 [52]

Examinando meu diário, notei que pulei um dia, sexta feira, 23 de julho, o dia seguinte à minha viagem à Santa Fé. Não houve nada para registrar naquele dia, a não ser os fracassos ao tentar aplicar mais testes. O número de pessoas que se recusaram a se submeter ao teste aumenta para quinze; estou

---

52. Repetição da data do original. (N. de R.)

chegando ao fim da minha lista de possíveis sujeitos, com resultados insatisfatórios. Vou trabalhar agora com grupo de meninas e irei à escola todos os três dias que ainda me restam. Pelo menos as pobres crianças não podem se recusar a olhar as pranchas.

Passei o dia todo empacotando minhas coisas e sinto-me muito cansado. Talvez seja a fadiga acumulada dos últimos dias ou de toda a viagem de pesquisa de campo.

Outro impedimento ao meu trabalho com os testes é que um número bastante considerável de jovens deixou a cidade e está trabalhando em algum outro lugar. Examinando minha lista vejo que Pancho, Eliseu, Berto, Luis, Teófilo (eu tenho seu Rorschach), Abraham Blanco e outros foram para La Ceiba, San Pedro Sula, Tegucigalpa ou outra cidade. Trujillo está ficando melancólica e mais deserta ainda. A sra. Lacayo e Lydia partiram há algumas semanas atrás, Maria recebeu uma carta de seu marido avisando-a para deixar a cidade tão logo eu vá embora e aguardar seu retorno em Puerto Cortés. Talvez eu seja o cronista dos últimos dias de Trujillo...

Título:	Dias em Trujillo
Autor:	Ruy Coelho
Formato:	14,0 x 21,0 cm
Tipologia:	Gatineau 9,5/14
Papel:	Cartão Supremo 250 g/m2 (capa)
	Polén Rustic Areia 85g/m2 (miolo)
Número de Páginas:	272
Editoração Eletrônica e Laserfilm:	PS Comunicações
Fotolito de Capa:	Macin Color
Impressão:	Lis Gráfica